新闻学与传播学“十四五”规划教材·案例型系列教材

企业危机传播管理

张慧子 / 著

中国传媒大学出版社
·北京·

目 录

第一讲 餐饮业卫生安全的危机

——媒体专业暗访，企业成功应对危机 001

一、用“一个声音”回应 004

二、受众的接种免疫理论 009

三、日常公关塑造的形象 010

四、对内公关的溢出效应 012

五、“信息一致性”原则 014

六、及时整改让股票回升 017

第二讲 饮用水标准之争的较量

——媒体舆论监督，企业抗争的勇气与实力 025

一、大众媒体的职能及其报道依据 029

二、危机中的企业回应媒体的方式 035

三、企业应对危机应掌握的传播要素 038

四、企业如何与外部公众进行沟通 040

五、危机中协商与对抗的沟通模式 042

第三讲 企业营销不当引发的危机

——利用媒体营销，广告宣传擦边球的困境 047

一、跨文化传播中的文化尊重问题 048

二、广告反映社会问题而引发争议 054

三、用新闻热点中负面元素博眼球 055
四、广告代言人陷入负面新闻危机 062
五、广告引发品牌危机的应对策略 066

第四讲 来自竞争对手的公开信
——“毛巾哥”与网易严选的“搭车营销”之争 073
一、由竞争对手引发的危机需要第一时间回应 075
二、区别对待利益相关者 078
三、媒体态度对舆论走向的影响 079
四、多渠道设置危机议题 083
五、消费者以“价格为王”鲜有“道德洁癖” 084
六、游走在法律边界的不正当竞争是企业发展中的潜在威胁 088

第五讲 来自监管层或大企业的法律诉讼
——腾讯诉老干妈拖欠营销费用 093
一、新闻舆论中心的危机修辞 095
二、公众面对危机事实的解读 100
三、公众面对危机的情感效能 104
四、危机过错方主动塑造弱者形象 106

第六讲 来自外部公众的匿名监督
——五星级酒店客房的卫生堪忧 111
一、危机爆发自隐患的累积 112
二、危机处理的循环和重现 115
三、媒体呈现的规律性报道 117
四、消费者面对行业的态度 119
五、外部利益相关者的反思 123

第七讲 来自资本市场的质量检测
——茅台酒、酒鬼酒等塑化剂风波 129
一、自媒体议题与议题管理呈现 130
二、危机的真相与品牌媒体呈现 131
三、危机中利益相关者的态度 135
四、设置媒体议程与消费者态度 138

五、消费者自我认同的作用机制 141
六、从危机预警到品牌议题建构 142

第八讲 企业社会责任的公众期待
——游戏行业暴力引发质疑批评 149
一、腾讯的危机对策与媒体呈现 150
二、对腾讯危机处理的点评分析 155
三、企业社会责任的定义和指标 157
四、企业的社会责任与企业危机 160
五、从社会责任视角去塑造品牌 163

第九讲 企业家新闻引发的组织危机
——企业家个人言行引发的社会关注 169
一、差序格局与道德示范的期待 176
二、企业家负面新闻的类型区分 176
三、道德评价与企业形象关联度 178
四、企业家负面新闻的传播渠道 180
五、规范个人行为预防组织危机 183

第十讲 由内部员工引发的企业舆情 189
一、利益相关者与企业品牌 200
二、危机中对话式沟通理论 201
三、危机中与内部员工沟通 203
四、危机中与品牌顾客沟通 204
五、危机中与业务伙伴沟通 205

后 记 211

Chapter 1
第一讲　餐饮业卫生安全的危机
——媒体专业暗访，企业成功应对危机

- 用“一个声音”回应
- 日常公关塑造的形象
- “信息一致性”原则
- 受众的接种免疫理论
- 对内公关的溢出效应
- 及时整改让股票回升

● 主案例

2017年8月25日上午10:23《法制晚报》新媒体客户端自制特色栏目“看法新闻”发布名为《恶心！暗访海底捞：老鼠爬进食品柜 火锅漏勺掏下水道》的文章，10:55，《法制晚报》官方公众号也发布了同样的报道，引起强烈而广泛的社会舆论关注。一时间，凤凰网、北青网、网易、新浪等十几家媒体都相继转载了“海底捞食品安全问题”的新闻。《法制晚报》记者“卧底”北京地区的海底捞火锅劲松店和太阳宫店当服务员，将日常观察进行报道，反映的主要问题是后厨内有老鼠、清洗用具污秽不堪两个方面。其中劲松店后厨老鼠爬进装食品的柜子，扫帚、簸箕、抹布与餐具一同清洗，洗碗机内部一层油污；太阳宫店火锅漏勺用作掏下水道垃圾的工具。（见图1–1）报道以文字说明和照片相结合的形式呈现，内容清晰，证据确凿。记者在文章末尾明确贴出《食品安全法》中两条相关法规，每一条内容的披露都做到有法可依。文章标明：《法制晚报》“看法新闻”原创作品拒绝任何形式删改，“看法新闻”保留追究法律责任的权利。说明文章虽然是发布在新媒体上，以电子传播的方式扩散，但内容却是经过传统媒体专业记者调查取证获得的，这也说明该栏目报道的严肃性和可靠性，没有任何虚假信息。

这篇报道一经发布，立即引发了朋友圈刷屏转载评论，同时多家传统媒体报道跟进，微博讨论、百度搜索、热点新闻排名上升紧跟其后，海底捞声誉受损，股价下跌。

图1–1 《法制晚报》暗访海底捞报道新浪微博截图

报道要点归纳：

1. 老鼠横行的问题

后厨出现过老鼠的问题，在配料房、上菜房、水果房、洗碗间、食品柜等地均发现老鼠踪迹，虽然海底捞方面解决过此类问题，请除鼠公司清理过一次老鼠，但没过几天，问题再次出现。（见图1–2）

2. 员工缺乏安全卫生意识、不按卫生规定操作的问题

员工会一边打扫卫生一边洗碗，清扫地面、墙壁、下水道等地方的扫帚和簸箕还会用以清理洗碗机和储物柜。清扫工作完成后，簸箕和抹布会被放入洗碗机内进行清洗，扫帚

会放到洗碗机传送带上进行沥水。当卧底记者向员工对此提出质疑和建议的时候，员工却告诉记者“做好你自己的事情就好”。（见图 1–3）

图 1–2　《法制晚报》暗访海底捞报道图片

后堂下水管道堵塞时，员工使用顾客吃火锅的漏勺进行清理，路过的员工和后堂经理无一对其提出质疑或制止，表现得习以为常。这些漏勺最后会和餐具一起进行清洗，卫生状况令人担忧。

图 1–3　《法制晚报》暗访海底捞报道图片

3. 卫生清理不到位的问题

海底捞员工每天只是对洗碗机表层进行清理，其内部的油污并没有真正得到清除。

有员工曾向记者抱怨，洗碗机内部味道大又清洗不了。记者把洗碗机打开后可以看到内部沾满了油污，内壁上有许多油渍和腐烂的食物残渣，用手可以刮下来厚厚一层油，并散发出阵阵腐烂恶臭的气味。（见图 1–4）

文章在《法制晚报》官方微博转载，短时间内登上热门搜索榜，引发大量网友评论转发。在此条微博下的评论大致分为四类：赞扬记者职业道德、对中国食品安全不抱希望、指责海底捞的不负责任行为、质疑相关部门的监管不力。可见，在海底捞做出回应之前，公众的态度大多为愤怒和失望，舆论指向相对集中。

图 1-4 《法制晚报》暗访海底捞报道图片

一、用“一个声音”回应

从海底捞卫生环境危机产生的原因来看，这是一次由“内部员工”引发的危机，虽然来自媒体记者暗访，但是报道的内容是只有内部员工才能看到的卫生安全状况，这样的负面事实具有更强的“杀伤力”。卫生环境的不合格千真万确，没有否认机会和解释余地。在这种情况下，企业要做的就是在最短的时间内面对公众承认错误，同时推出整改措施，说服消费者相信企业有“改过自新”的决心。能否获取消费者的二次信任直接影响到餐饮业的生存。让我们来看一看海底捞的做法，为什么它被评为公关界的“优等生”。

（一）反应及时，认错道歉

事件被曝出大约 3.5 个小时之后（2017 年 8 月 25 日 14:46），海底捞迅速回应，承认媒体的相关报道属实，同时，发出致歉信向公众致歉。（见图 1-5）

海底捞官方在第一时间发布致歉信，承认《法制晚报》所报道内容属实、向大众致歉、介绍官方网站公告信息的查询方法、感谢媒体和公众，从语气、措辞等方面将自己的姿态放到最低。海底捞没有任何抵赖，也没有推卸责任，而是就此问题给了大众一个明确答复，消除了大众对于此事的猜测。

致歉信介绍，在海底捞官网食品安全版块有“管理公告”栏目，其中所公示的问题大致有食材过期类、设备失效类等。每一个问题出现后都有后续处理方式，并与考核严格挂钩。官网还有海底捞创始人张勇的一句话：海底捞可能有两种死法，一种是管理出问题，如果发生，死亡过程可能持续数月乃至上年；第二种是食品安全出问题，一旦发生，海底捞可能明天就会关门，生死攸关。我们明白，抓好食品安全这条路虽然曲折艰辛，但不会白走。

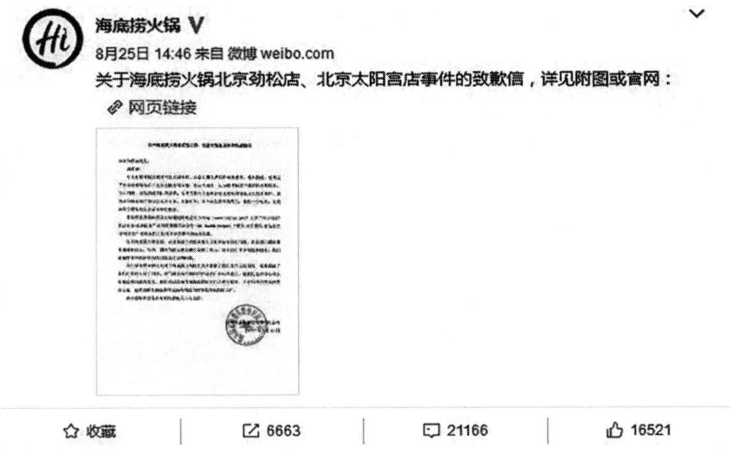

（a）

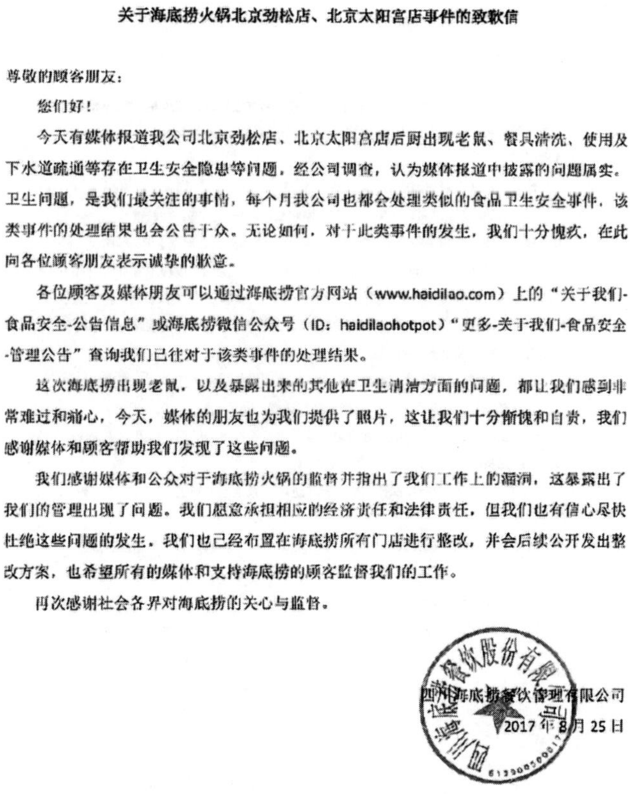

关于海底捞火锅北京劲松店、北京太阳宫店事件的致歉信

尊敬的顾客朋友：

您们好！

今天有媒体报道我公司北京劲松店、北京太阳宫店后厨出现老鼠、餐具清洗、使用及下水道疏通等存在卫生安全隐患等问题，经公司调查，认为媒体报道中披露的问题属实。卫生问题，是我们最关注的事情，每个月我公司也都会处理类似的食品卫生安全事件，该类事件的处理结果也会公告于众。无论如何，对于此类事件的发生，我们十分愧疚，在此向各位顾客朋友表示诚挚的歉意。

各位顾客及媒体朋友可以通过海底捞官方网站（www.haidilao.com）上的“关于我们-食品安全-公告信息”或海底捞微信公众号（ID：haidilaohotpot）“更多-关于我们-食品安全-管理公告”查询我们已往对于该类事件的处理结果。

这次海底捞出现老鼠，以及暴露出来的其他在卫生清洁方面的问题，都让我们感到非常难过和痛心，今天，媒体的朋友也为我们提供了照片，这让我们十分惭愧和自责，我们感谢媒体和顾客帮助我们发现了这些问题。

我们感谢媒体和公众对于海底捞火锅的监督并指出了我们工作上的漏洞，这暴露出了我们的管理出现了问题。我们愿意承担相应的经济责任和法律责任，但我们也有信心尽快杜绝这些问题的发生。我们也已经布置在海底捞所有门店进行整改，并会后续公开发出整改方案，也希望所有的媒体和支持海底捞的顾客监督我们的工作。

再次感谢社会各界对海底捞的关心与监督。

四川海底捞餐饮管理有限公司

2017年8月25日

（b）

图 1-5　海底捞及时发出致歉信—新浪微博截图

（二）力推整改，唤起希望

事件发生当天下午（2017 年 8 月 25 日 17:16），海底捞再次通过微博发出对本次事件的处理通报，落实责任并说明整改措施和方案。（见图 1–6）

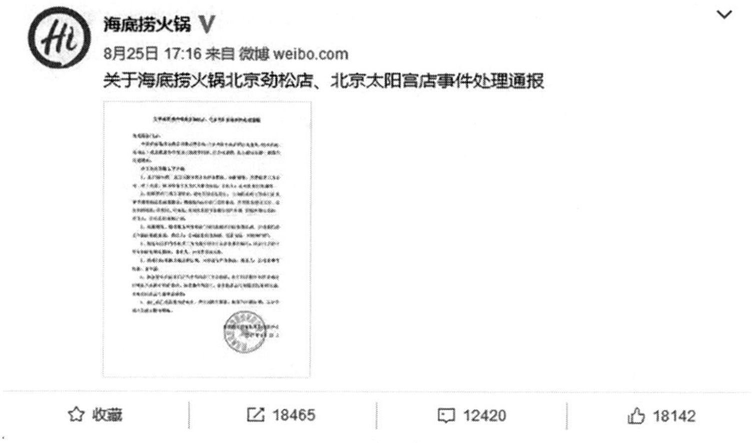

（a）

关于海底捞火锅北京劲松店、北京太阳宫店事件处理通报

海底捞各门店：

今天有媒体报道我公司北京劲松店、北京太阳宫店后厨出现老鼠、餐具清洗、使用及下水道疏通等存在卫生隐患等问题。经公司调查，认为媒体报道中披露的问题属实。

公司决定采取以下措施：

1、北京劲松店、北京太阳宫店主动停业整改、全面彻查；并聘请第三方公司，对下水道、屋顶等各个卫生死角排查除鼠；责任人：公司副总经理谢英；

2、组织所有门店立即排查，避免类似情况发生；主动向政府主管部门汇报事情调查经过及处理建议；积极配合政府部门监管要求，开展阳光餐饮工作，做到明厨亮灶，信息化、可视化，对现有监控设备进行硬件升级，实现网络化监控；责任人：公司总经理杨小丽；

3、欢迎顾客、媒体朋友和管理部门前往海底捞门店检查监督，并对我们的工作提出修改意见；责任人：公司副总经理杨斌；联系电话：4009107107；

4、迅速与我们合作的第三方虫害治理公司从新技术的运用，以及门店设计等方向研究整改措施；责任人：公司董事施永宏；

5、海外门店依据当地法律法规，同步进行严查整改；责任人：公司董事苟轶群、袁华强；

6、涉事停业的两家门店的干部和职工无需恐慌，你们只需按照制度要求进行整改并承担相应的责任。该类事件的发生，更多的是公司深层次的管理问题，主要责任由公司董事会承担；

7、各门店在此次整改活动中，应依据所在国家、地区的法律法规，以及公司相关规定进行整改。

四川海底捞餐饮股份有限公司

2017 年 8 月 25 日

（b）

图 1–6 海底捞对涉事门店发出处理通报—新浪微博截图

处理通报的主要内容为对事发门店的处理、对所有门店进行排查、配合政府进行监督管理、和第三方虫害治理公司协调、所有责任由董事会来承担、欢迎提意见。《法制晚报》在当日下午针对事发门店进行了回访调查，并将视频发布在官网和微博上。

在海底捞这则通报中，每一条处理方案最后明确标注责任人，彰显了海底捞公司对此次事件的重视程度以及处理的决心，这也是在其他品牌公关中难以见到的。令网友热议的是通报中第六条：主要责任由公司董事会承担。这一条内容可谓给员工吃了一颗“定心丸”，增强了员工的企业归属感，也让大众看到公司高层在危机事件面前敢于承担的精神，更被网友赞为“这锅我背，这错我改，员工我养”的满分危机公关。

（三）痛定思痛，深刻检讨

事件发生两天后（2017 年 8 月 27 日 15:04），海底捞再发声明，表示将积极整改，接受社会监督。（见图 1–7）

两天后海底捞的再次表态，增强了社会各界尤其是政府对它的信任，继续营造了一个有责任、敢担当的企业形象。

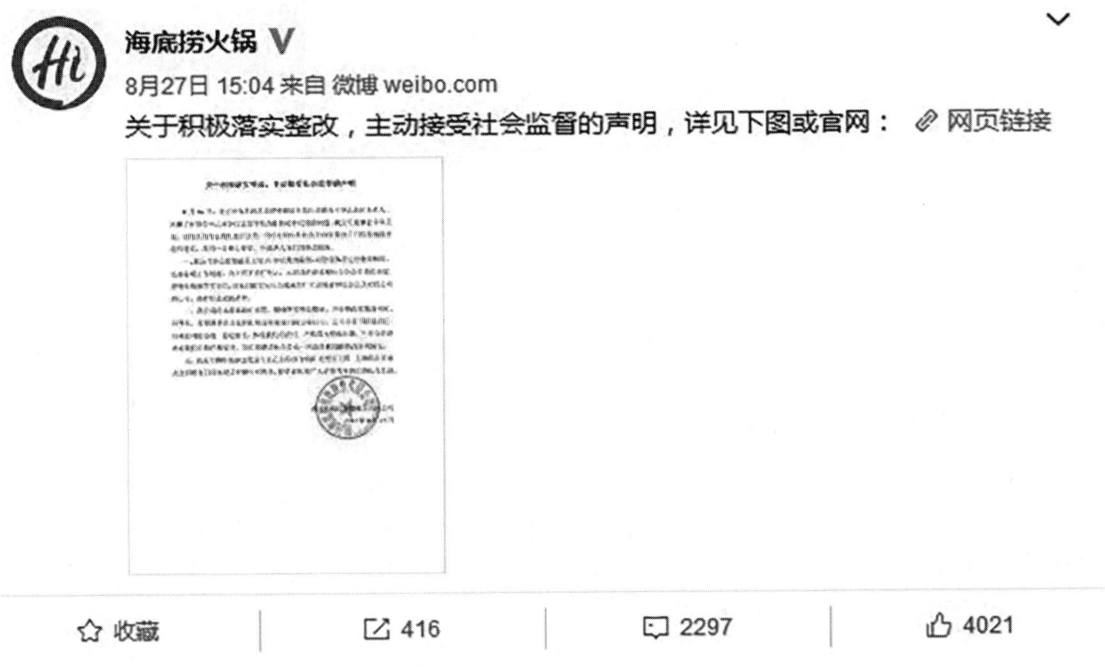

（a）

关于积极落实整改，主动接受社会监督的声明

8 月 26 日，北京市食品药品监督管理局再次约谈我公司华北地区负责人，通报了对我公司北京各门店监督检查的情况和发现的问题。我公司董事会非常重视，对约谈的内容我们全部接受，同时对媒体和社会公众对我公司门店指出的问题和建议，我们一并虚心接受，全部纳入我们的整改措施。

一、我公司将全面加强员工培训，并以此为案例，对管理体系进行全面梳理，完善各项工作制度，自上而下责任到人，本着对消费者和社会公众负责的态度，把整改措施落实到位，用我们的实际行动来赢得广大消费者和社会公众对我公司的认可，维护好企业的品牌。

二、我公司将本着真诚的态度，积极落实整改措施，并将整改效果透明化、公开化。希望消费者及媒体的朋友关注我们的实际行动。公司本着不回避责任，坦诚面对的态度，通过整改，体现我们的责任；严格落实整改时限；不辜负消费者对我们的信任和支持，我们将邀请社会公众一同监督我们的整改落实情况。

三、我公司将积极参加北京市正在倡导推行的阳光餐饮工程，主动将北京市及全国所有门店实现后厨操作可视化，接受媒体和广大消费者对我们的社会监督。

四川海底捞餐饮股份有限公司

2017 年 8 月 27 日

（b）

图 1-7　海底捞落实整改声明—新浪微博截图

（四）兑现承诺，邀请监督

2017 年 9 月 30 日，涉事的两家海底捞重新开张恢复营业，在店门口放出“邀请函”，欢迎顾客随时参观后厨，并配有工作人员进行讲解。店中还配有设备直播后厨工作，叫号屏幕和点餐 iPad 上均有后厨视频监控。同时，工作人员主动给离店顾客提供优惠卡和一小包零食，欢迎顾客下次再来消费。

根据海底捞在此次危机公关中的表现，我们可以看出，自始至终，企业领导者、管理层只有一个声音：对不起，我们做错了！我们要改正！我们改正好了，请您来监督！中国有句古语：知错能改，善莫大焉。消费者为什么会对海底捞格外宽容？这主要来自两个方面：一方面是中国食品安全环境现状不容乐观，频频出现各种负面报道，尤其是自媒体朋友圈的谣言更加重了消费者对食品安全卫生问题的焦虑，同时也让消费者有了足够的心理准备；另一方面是海底捞企业日常良好的公共关系和危机防范意识为它赢得了信任。接下来我们具体分析。

二、受众的接种免疫理论

根据相关的质量以及检测标准对食物进行等级划分，我国食品等级可为有机食品、绿色食品和无公害食品三类。海底捞所提供的食品属于最低级别的无公害食品，所以消费者对其安全期待也处于一般水平。

（一）食品安全法的普及

根据《中华人民共和国食品安全法》第三十三条关于食品经营者的安全标准要求如下：

（1）具有与生产经营的食品品种、数量相适应的食品原料处理和食品加工、包装、贮存等场所，保持该场所环境整洁，并与有毒、有害场所以及其他污染源保持规定的距离；

（2）具有与生产经营的食品品种、数量相适应的生产经营设备或者设施，有相应的消毒、更衣、盥洗、采光、照明、通风、防腐、防尘、防蝇、防鼠、防虫、洗涤以及处理废水、存放垃圾和废弃物的设备或者设施；

（3）有专职或者兼职的食品安全专业技术人员、管理人员和保证食品安全的规章制度；

（4）具有合理的设备布局和工艺流程，防止待加工食品与直接入口食品、原料与成品交叉污染，避免食品接触有毒物、不洁物；

（5）餐具、饮具和盛放直接入口食品的容器，使用前应当洗净、消毒，炊具、用具用后应当洗净，保持清洁；

（6）贮存、运输和装卸食品的容器、工具和设备应当安全、无害，保持清洁，防止食品污染，并符合保证食品安全所需的温度等特殊要求，不得将食品与有毒、有害物品一同运输；

（7）直接入口的食品应当使用无毒、清洁的包装材料、餐具；

（8）食品生产经营人员应当保持个人卫生，生产经营食品时，应当将手洗净，穿戴清洁的工作衣、帽；销售无包装的直接入口食品时，应当使用无毒、清洁的售货工具；

（9）用水应当符合国家规定的生活饮用水卫生标准；

（10）使用的洗涤剂、消毒剂应当对人体安全、无害；

（11）法律、法规规定的其他要求。

可见海底捞的两家门店主要违反了此法第三十三条的（2）和（5）。此法从2015年10月1日起开始实施，（2）和（5）属于2018年修订时新增条目范畴。对于消费者而言，大家从心理上本能排斥这些潜在风险，尽管暂时没有受到实质性伤害。

（二）接种免疫理论作用

接种免疫理论原意是指如果一个在无菌环境中长大的人，突然被暴露在细菌环境中，身体就会很容易被感染。那是因为这个人没有任何抵抗力（resistance）。要获得抵抗力，可以通过良好的饮食、运动锻炼、休息等；但也可以经过一种预防接种（inoculation）的方式，即有计划地接触处于微弱状态下的细菌环境，从而刺激个体抵抗力的发展。

传播学者麦奎尔和帕帕乔吉斯指出[1]，当人们接收到对其基本信仰的攻击和对这些攻击的反驳后，将发展出一种普遍性的抵抗力，使基本信念即使遭到不同方式的攻击，也不可能改变。在宣传过程中，坚持以正面宣传为主、负面宣传为辅的方式可以增强正面宣传的传播效果。消费者在近年来经历了三聚氰胺奶粉等事件之后，人们对于食品安全负面新闻已经有了一定程度的接受度和心理预期，当其降低了对现实的期待之后，对于食品安全领域发生的坏消息，就不会有过于强烈的抵触情绪。

海底捞的就餐卫生环境和食品生产环境的问题属于级别较低的一种，虽然相关报道给消费者展示了具体图片，证明大家的就餐环境存在潜在的健康威胁，但并未受到显著伤害（截至《法制晚报》暗访海底捞报道发稿，尚未发现有关消费者因就餐海底捞而发生疾患的公开报道），并且在食品卫生安全与消费者伤害之间没有显著关联事实，只是存在潜在威胁，所以消费者根据自己日常积累判断，认为其对于身体的伤害较小，而对于心理的伤害较大，与此同时，这种心理伤害又会随着时间推移而消减。这也是为何海底捞虽然面临食品安全卫生危机，却可以平安渡过“险情”的原因所在。每一个企业、每一次危机，都具有矛盾的特殊性。

三、日常公关塑造的形象

（一）日常与消费者充分互动

海底捞平时公关与营销做得都十分到位，大部分消费者对海底捞持有着比较良好的评价和积极的态度。2017 年 6 月，有一种名为“海底捞体”的段子曾在网上广为传播。（见图 1–8）

图 1–8 “海底捞”体—新浪微博截图

[1] 赛佛林，坦卡德 . 传播理论 [M]. 北京：华夏出版社，2006:190.

“海底捞体”指的是网上针对海底捞的服务而写出来的段子，后经过微博传播，发展成为一种独特的语体。例如，有网友曾发：“昨天在海底捞，无意中跟朋友抱怨京东抢的奈良美智大画册怎么还没到货，结果结账的时候服务员问了我京东会员账户，今天一早三本大画册都送来了！”网名为“猫叔 Ryan”发的这条微博被转了 35,000 多次。虽然后来作者辟谣这是他写的一个段子，但仍然引起了不小的反响，并有不少人仿照这个段子进行传播。微博营销是口碑传播最好的方式之一，“海底捞体”最初可能是用户真实的评价，但因其独特性被用作营销传播，这也属于海底捞公关营销的方式之一。

（二）官网每周更新自检报告

海底捞作为一家连锁餐饮企业，日常定期自检，根据官网呈现的数据、日期、自检报告来看，这不是一朝一夕的事，也不是危机发生后才有的，而是企业的一种日常流程。因为餐饮企业规模庞大、企业员工众多，关于日常出现的食品、就餐环境、员工服务等问题定期常规化通报会让消费者感到放心，同时也博得了其信任和好感，更为企业自己时刻敲响警钟，可以说是值得其他同行参照学习的日常自检方法。海底捞在官网中开辟公告信息模块，公布日常食品安全检查的处理公告，不管是两包调料已过生产日期，还是食物摆错了位置，都事无巨细地进行批评说明。（见图 1–9）这既是危机处理的一次次“小演习”，也是对外、对内公关的具体表现。

由此可见，海底捞平时服务、公关、营销做得十分到位，营造出了十分优秀、可靠、值得信赖的企业形象。

图 1–9　公告信息目录—海底捞官网截图

（三）靠服务获得消费者好评

随着人们生活水平的提高，越来越多的消费者开始注重生活品质，关注消费所享有的服务价值。在外出就餐的过程中，人们不仅仅要求餐厅提供的食物味道好，同时开始关注就餐环境、服务员的态度等。海底捞作为一家普通大众消费的火锅连锁餐饮店，并不仅仅强调味道好吃，还在众多餐饮企业中以服务“体贴入微”，提供产品的附加价值如排队等位过程中的美甲、擦皮鞋、游戏等，让消费者在碎片化的时间中情绪体验最优化，从而带着一份好心情去就餐，这对海底捞品牌提升具有重要影响力。

有一本书《海底捞，你学不会》让中国企业执着于味道好吃的时候，开始反思服务的重要性。提升服务员待遇的重要性，对待服务员像对待亲人一样，服务员才能发自内心服务好顾客。顾客外出就餐体验的不仅仅是食品，更重要的是体验服务带给消费者的情绪价值。企业如何让员工满意，员工如何让顾客满意，这是一个循环刺激的过程。企业从中注入正向的情绪价值，最终受益者不仅仅是员工和消费者，同时也会给企业带来最大化的经济效益和提升优化的品牌价值。

四、对内公关的溢出效应

（一）日常公关的溢出效应

溢出效应（Spillover Effects）是指消费者对相互关联品牌中的一个品牌的评价发生了变化，而影响消费者对其他品类或品牌评价发生变化的现象。在营销学领域，溢出效应可分为五类：一是产品危害危机（Product harm crisis）溢出效应；二是共同品牌（Umbrella Brangding）溢出效应；三是广告溢出效应；四是企业社会责任声誉溢出效应（Corporate Social Responsibility）；五是竞争性品牌间的溢出效应。[1] 本书要分析的“溢出效应”是从公共关系角度而言的。如果消费者对于企业内部公关满意，就会对企业做出正向评价。在此次危机中海底捞领导层勇于承担责任，不是让底层员工去“背锅”，不同于很多企业“开除临时工”“欺凌底层员工”的做法，而是强调这次危机的主要责任在于领导层，犯了错误的员工不用担心被开除（即便开除对消费者的利益也没有实质性影响），企业会继续对其培训、管理，支付其薪水，了却了员工的后顾之忧。这样一种保护员工像保护家人一样的负责任、敢担当的大企业形象塑造不仅会让内部员工安心踏实工作，更重要的是会将正向溢出价值传递给外部受众——消费者。因为消费者本能的同情心会让他联想到，如果自己作为企业员工，犯了错误之后，是愿意被企业开除，还是期待领导主动承担责任，对自身进行批评教育进而给自己改过自新的机会？毕竟普通一线员工都是按照上级层层下达的指示行事，如果一旦出现危机，就让企业底层员工去承担责任，会带给内部员工不安全感和外部受众不信任感。海底捞在此次危机之中，对待内部员工反其道而行之，收获了外部消费者的认可和原谅。

（二）对外道歉是正常流程

危机发生 3.5 个小时后，海底捞迅速做出反应，发出致歉信。

---

[1] 晋向东，张广玲等．强势品牌广告竞争的溢出效应 [J]. 心理学报，2018(6):678–692.

这份声明有四大亮点：第一，反馈及时，发声迅速。第二，承认所披露的问题属实，没有推卸责任，敢于直接面对问题。第三，企业表明愿意把其他类似事件的处理结果告知公众，将矛盾公开化、问题透明化，不留任何隐患。第四，海底捞给了公众一个可以直接查询到卫生问题处理结果的详细地址，使问题处理结果可操作化。与此同时，海底捞足够诚恳，不仅对公众表达歉意，还对问题揭露者——媒体表示了诚挚的感谢，感谢媒体帮助它揭露了卫生方面的问题，这也使海底捞将自己和媒体放在了同一立场之上，拉近了两者之间的关系，让两者之间更像是朋友而不是对立方的敌人。在“化敌为友”这一点，海底捞公关处理得十分巧妙。

（三）对内负责显企业包容

事发当天，海底捞继发出致歉信之后再次发出处理通报，表明态度：“这锅我背，这错我改，员工我养。”

海底捞的这篇通报，相比起致歉信就显得更为深思熟虑了。通报共发布了七条具体措施，包括停业整改、配合政府监督管理要求、欢迎顾客监督以及责任承担等方面的内容。这份处理通报更像是一份满分答卷，不仅责任落实，文字更写得滴水不漏，处处可以看出海底捞的诚恳，全文亮点满满。［见图 1–6（b）］

第一，这篇通报中更为诚恳地承认了错误，肯定了媒体报道的属实。七条具体措施之中，准确落实到了五位责任人头上，并给出了责任人详细的联系方式和所担任的职位，让公众可以清楚看到，责任落到了实处。解决措施之中，海底捞首先提出解决卫生安全问题，将媒体和公众所关注的问题放在了最前面。对于相关利益人—政府和消费者，海底捞积极表态，积极配合，表现出了一种主动态度。

第二，它欢迎作为相关利益人的消费者和媒体对海底捞进行监督，提出建议，把自己放在了一个很低的位置上，向公众虚心讨教，更容易引起人们的好感。第六条还提出了有关海外门店整改的内容和措施，主动扩大整改范围，让人更放心，也体现出一个大企业的责任心与担当。

第三，也是整篇处理通报中最大的亮点，企业高层主动站出来承担责任、承担错误，为作为相关利益人的涉事门店内部员工背锅。如果说前面几条已经是满分答卷了，那么这条的出现绝对就是加分项。这几年各类公共卫生安全问题事件频发，人们已经看过足够多的公关文章中写着“涉事员工已被公司开除”这句话。而海底捞在危机中的态度——“涉事停业的两家门店的干部和职工无需（须）恐慌，你们只需按照制度要求进行整改并承担相应的责任”——让员工们安心。整篇整改措施之中还不忘安抚员工，同时打着温情牌，完美地借助了公众的同理心，让人们看到了海底捞站在内部员工的角度为其着想。这一做法不仅让海底捞员工增加了忠诚度，对海底捞这家企业产生信心，更让公众对海底捞产生好感，体现出海底捞的温情之处。

“该类事件的发生，更多的是公司深层次的管理问题，主要责任由公司董事会承担。”海底捞高层主动为普通员工承担压力，让公众看到了一个不推卸、不妥协，敢于直面问题、直面错误的企业管理层形象。公众都喜欢敢于承担错误、愿意谦虚改正的企业领导层，海底捞领导层愿意主动站出来，在这一点上它就赢得了大多数公众的好感。

（四）善待员工打动消费者

市场竞争激烈，大多数企业发生危机多会开除员工，或者不承认涉事员工是企业的正式员工，让员工去承担责任。但是海底捞一反常规，将员工的错误归因为自身机制不够健全，责任由企业来承担，这种做法让消费者感动。因为每个消费者本身大多参与市场运行，多数都隶属于不同企业，作为员工，犯错也是时有发生的事情，只是行业不同，错误有大有小，显然这次危机所犯错误并未导致直接的人身伤亡，而是企业声誉受损和暂时的财务损失，这些都是可以通过后期的消费者支持迅速改善的。所以海底捞企业管理层勇于承担普通员工日常操作中的错误，赢得了消费者的情感支持。

五、“信息一致性”原则

媒体是人们获取风险信息的重要途径，拥有政府背景或官方属性的媒体一直是风险传播的重要载体。伴随着社交媒体的发展，非官方媒体在风险传播中的作用日益突出。[1] 当企业处在危机之中时，官方媒体和非官方媒体有可能对同一事件采用不同的信息框架进行报道。对消费者而言，他更倾向于通过自己原有的信息积累和渠道来获取自己愿意相信的信息及观点，在这一过程中不断强化自身已有知识储备，以防止接受的新信息和原有信息储备产生冲突。就是传播学中的“信息一致性”原理。在海底捞食品卫生危机事件中，对比不同的媒体声音我们发现，传统媒体多倾向于批评海底捞，但自媒体却出现了很多支持海底捞的声音，这是一种情绪的分化和情感的偏向。相较于容易被他人意见感染的公众舆论情绪的自我表达，传统官方媒体的评价更加冷静和理性，对整个行业的态度和观察也是管中窥豹、见微知著。

（一）传统官方媒体的态度

1. 事件背后的食品安全问题仍待破局

——中国社会科学评价研究院、《南方都市报》

这一观点认为，消费者之所以能够原谅海底捞、理解海底捞，一方面是因为海底捞的品牌形象与品牌地位较高，企业长期以来在人们心中留有非常好的印象，海底捞的服务为其掩盖了食品卫生方面所出的问题。另一方面是消费者对于食品安全的包容度高。在海底捞微博道歉信下，有留言：“如果海底捞的火锅都不能吃，那市面上已经没有火锅可以吃了。”一次次的食品安全问题，让很多消费者对于不卫生的环境司空见惯。《南方都市报》评论指出：“食品安全的底线，不能降低到海底去捞，不能降低到一个认错、

[1] 王丽丽．信息一致性视角下媒体报道对风险感知的影响 [J]. 北京理工大学学报（社会科学版）,2016(11).

整改就可以获得点赞受到好评的地步。全社会对待公共卫生和食品安全问题，应该是零容忍的，不能觉得矮个子里拔高个，就认为海底捞还是不错的。”因此，面对食品卫生安全问题，重要的是去整改，去营造出一个百分百安全卫生的环境，而非让消费者的标准一降再降。

2. 以海底捞事件为契机推动“明亮厨房”改革

——新华社

新华社观点认为，这次事件虽然对于海底捞及相关企业是一个教训，但更是一个契机，一个推动从“闲人免进到明厨亮灶”改革的良好机会。消费者们不必因卫生问题而对所有餐饮类企业失去信心，这类事件的发生，让更多的人、让餐饮行业对于卫生安全问题高度关注，让更多的消费者意识到安全卫生的重要性。经过这次整改，后厨卫生问题将不再是“黑洞”。让卫生安全问题曝光在阳光下，关键是在源头进行治理，这不仅需要监管部门的不懈努力，更需要每一个消费者的关注和参与。相关部门也应提供更为便利的监督反映渠道，让食品卫生安全的社会监督深入人心，行之有效。

3. 舆论关注海底捞模式，现代企业制度才是出路

——《新京报》

《新京报》署名文章（作者陈兴杰）认为：糟糕的后厨暴露海底捞模式的短板。除以服务和营销制胜外，与大多数工商企业一样，海底捞的模式主要靠乡村熟人社会建立起来的。海底捞以员工归属、信任和感恩为核心的管理模式，让从农村出来的服务人员体会到了城市生活的职业尊严。这种模式在商业拓展中可以大行其道，但在风险防范上，却存在先天不足。海底捞在熟人社会基础上形成的经营模式，显然并不能适应现代社会以及商业伦理的需求。明智的做法是从实处做好，按照现代企业制度办事。

海底捞模式虽然为其提供了不小的便利和优势，但熟人模式却容易产生类似“裙带”关系，从长远来看，对于企业的发展是不利的。海底捞若想真正改革，应该落在实处，走现代企业制度之路。

（二）网络平台的公众声音

1. 被疑水军公关，舆论呼吁解决真问题

——凤凰网、新华网

该观点认为，一直以来海底捞无论是在公关意识还是公关实操方面，都有着非常好的表现。海底捞的公关和营销活动都做得十分到位，因此，长期以来海底捞给人营造出了一种良好的品牌形象。例如“海底捞体”现象，让人们对于海底捞的好感度大幅提升，海底捞长期优质的服务在人们心中打下烙印。但同时海底捞事件发生后，微博下的评论疑似水军，影响了舆论风向。海底捞评论下有很多类似“敢于承担的企业是好企业”“说实话我是觉得有人在抹黑海底捞”“其实我觉得海底捞大部分店面还是不错的”这样的热评。这一观点认为多数夸赞、鼓励性质的热评，为海底捞自己所请的水军，不能代表公众的意见。但是，比较 2016 年饿了么卫生事件下大量观点一致的水军评论，海底捞的“水军论”看

起来还是有些牵强。

2. 媒体小题大做，反思媒体伦理

——知名微博用户 @ 烧伤超人阿宝、@ 李子暘 Lee、@ 刘春

这一观点在众多观点中显得十分有趣，该观点认为：媒体卧底在海底捞四个多月才攒出一篇 1,000 多字的文章，如果海底捞真的有大问题，四天时间就够了。所以说明这家店已经十分良心了。更有观点表示，到任何一家餐馆蹲点四个月都能拍到脏画面，一拍一个准。他们认为，海底捞事件是媒体小题大做，食品卫生安全问题每个餐饮企业或多或少都有，这已经不是什么特别的事情了，反而是媒体无事找事，报道良心企业。

（三）自媒体中沉默的螺旋

微信及微博等

在微信公众号上搜索有关于海底捞事件的文章，多为夸赞海底捞公关做得好，或分析海底捞事件为什么能够让人们选择原谅。严厉的批评和大篇幅的负面内容少之又少。海底捞在微博上发表了致歉信后，网上的舆论几乎一致偏向海底捞，并表示会继续支持海底捞，甚至不少人在海底捞官方微博发表的致歉信下询问某些地方的海底捞分店开业情况。让我们来听听不同的声音：

（1）公关完美到可怕。海底捞的此次公关，把自身降到了一个非常低的位置，而低姿态是一种非常有效的自我保护措施。我们知道，再用力也无法打痛一坨棉花，因为棉花根本不受力。

（2）海底捞的危机不算事儿。近些年来的各大新闻报道中，食品安全问题层出不穷。“其实大家都不干净”似乎成了消费者心知肚明的“潜规则”。由于大环境下的食品安全本身就有大量值得关注的问题，消费者便对食品安全的要求降低了标准。在企业运营的过程中，特别是作为一家全国连锁品牌，有着几百家店面、几万名员工的海底捞，出现这样或那样的违规行为，毫不奇怪。无论丑闻是被对手发现的、被媒体特意卧底四个月发现的，还是内部查处的，都说明企业管理还有漏洞，有改进空间。面对媒体的负面报道，海底捞第一时间直接面对，迅速发布致歉信，公布处理方案。处置合理，不媚上，不迎下。再加上海底捞一直在官网上做每月的食品安全通报，大家对海底捞又多了一些宽容。海底捞在官网上主动曝光了自己那么多黑料，比同行不知道好几百倍几千倍，难道非要一棒子打死一个主动认错的良心企业吗?

（3）国人对餐饮卫生问题的容忍度太高。在我国，食品安全卫生标准是近些年来网友一直在讨论的事，公众也在质疑相关部门是否存在监管不到位的问题。由于餐饮行业的食品安全标准良莠不齐，慢慢地使消费者难以从标准角度考量餐饮行业的食品卫生安全问题，造成国人对它的高容忍度。

（4）海底捞的“过度服务”。各种各样的“贴心服务”是海底捞一直以来的企业特色。但是网友在探讨此次危机事件时，慢慢地把焦点转移到了海底捞的“过度服务”上，这是企业标志化行为为消费者带来的心理印记和品牌形象认知。也有观点表示，海底捞以超出

期待的服务和良好的企业形象，挽回了负面舆论雪崩的态势。企业的“过度服务”让消费者不得不“点赞”，从而忽视危机事件本身。

（5）微博大 V“带节奏”。海底捞在官方微博连续发布的致歉信、处理通报和整改声明，激起了许多微博大 V 的热烈讨论与转发。在这些讨论与转发中，几乎全是对海底捞公关的称赞，却鲜有思考食品卫生安全问题背后的发生逻辑和解决方案。由于网络社交平台是典型的“沉默的螺旋”舆论结构发生场景，网友的认知角度与情感偏好容易受到“舆论领袖”的引导，他们对海底捞危机事件选择原谅与宽容的，甚至开始盛赞其态度诚恳、公关表现堪称典范。

六、及时整改让股票回升

（一）危机发生股价受挫

危机发生后当日，百度指数有关海底捞信息搜索量明显增多。“海底捞”一词的百度指数迅速攀升至 78,492 的高点，媒体指数也随之增加。海底捞卫生安全问题让公众广泛关注。同时，有关媒体暗访海底捞的负面新闻成为主要搜索对象。事发一周内，“海底捞”的整体搜索指数环比上涨 345%。其中，移动搜索指数上涨 305%。舆情数据显示，海底捞事件被曝出前，正面评价约所占总评价的七到八成；被曝出后正面评价内容有着明显的下降，只有一到两成；海底捞做出回应后的几天，正面评价数量又有一个逐渐上升的趋势，两日后有四到五成的正面评价。（见图 1–10）

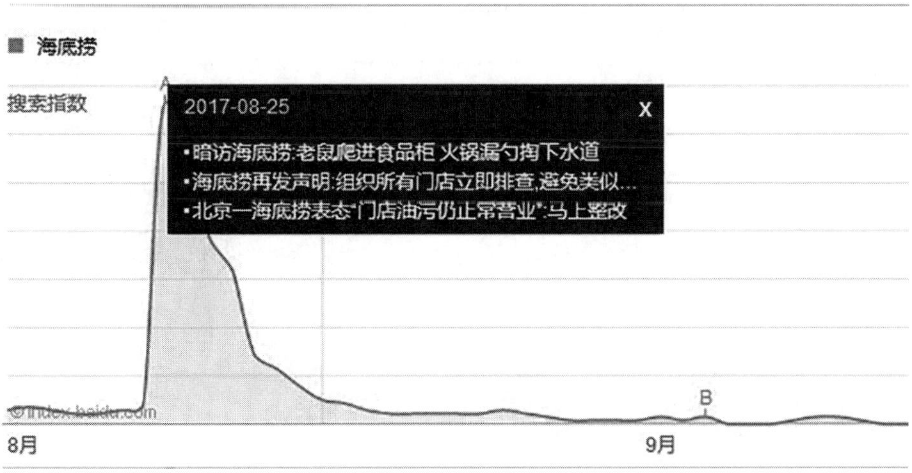

图 1–10　卫生事件被曝前后海底捞百度指数

与之相对的是，在海底捞卫生事件发生前，其负面评价只有不到一成，然而被曝出有卫生问题之后，负面评价增加至五成左右。事件发生后的两天，舆情稍有平息，负面评价又降低至不到两成。由此可见，海底捞危机公关从数据搜索引擎指数来看是非常有成效的。（见图 1–11）

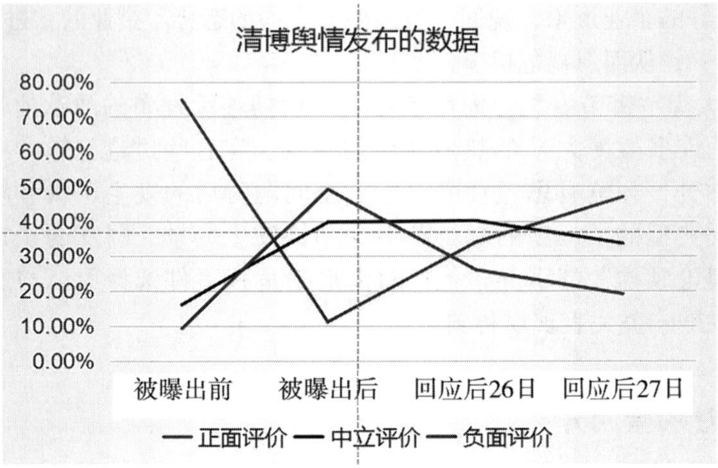

图 1-11 卫生事件被曝前后海底捞的清博舆情数据

（二）及时应对效果显著

由于餐饮企业普遍存在财务不太透明、税收监管存在盲区（比如不需要开发票）、员工福利不健全等问题。一直以来，餐饮企业上市十分困难。2016 年 7 月 13 日，海底捞独家底料供应商颐海国际控股有限公司在港交所正式上市。海底捞也借助颐海跻身资本市场。在海底捞此次危机事件中，我们可以通过对颐海国际控股有限公司的股价波动情况来看资本市场利益相关者对待危机的态度。（见图 1–12）

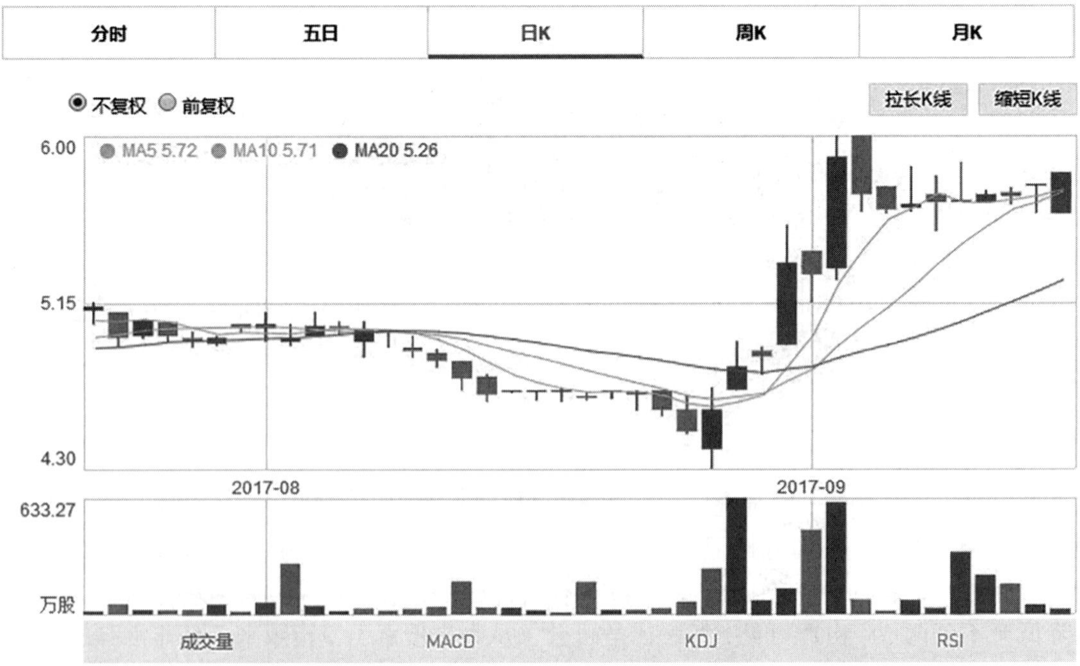

（a）

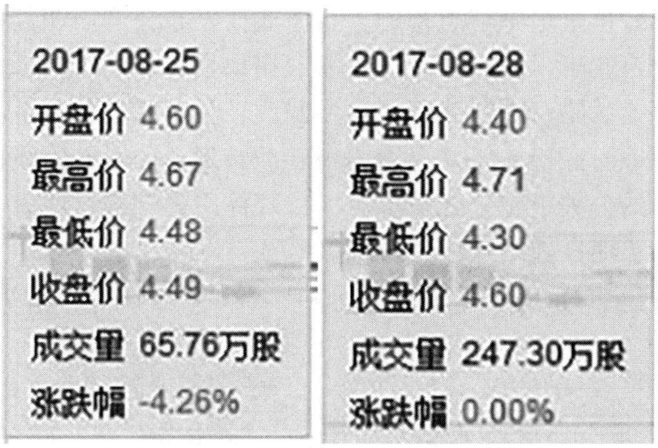

（b）

图 1-12　海底捞卫生事件被曝前后颐海国际股价波动情况—新浪财经截图

事件发生当天的 8 月 25 日，股价有明显的下跌趋势，收盘为 2017 年整个 8 月跌幅最高日。8 月 25 日为周五，是本周股市收盘日。8 月 28 日为海底捞后厨问题被曝光后的第一个交易日。当日，在海底捞进行有效公关后，颐海国际股价又上涨了 2.45%。

海底捞在危机发生后发布的致歉信、处理通报与整改声明中把企业的姿态放到最低，以求大众同情、原谅，字字斟酌。食品药品监督管理局约谈相关负责人后，海底捞发布的《关于积极落实整改，主动接受社会监督的声明》，主要内容为全部接受约谈内容、积极配合政府阳光餐饮工程。切实做到了事件处理的每一步都公之于众，良好的配合态度赢得了政府、民众的一众好评。结合微指数，在 2017 年 8 月 25 日当天，“海底捞”的搜索量达 8 万之多，其中移动端搜索量占到四分之三。热门微博是《法制晚报》的报道转载、海底捞的致歉信和处理通报。海底捞的“满分公关”帮助它在短短两天之内渡过危机。事件之后的几个月里海底捞官方没有做出其他的举动，几次搜索量上升都是由于其他微博账号发布关于海底捞的安利等文章，侧面也可以反映出此次危机事件对海底捞的影响并不大。

结合百度指数的舆情分析，在危机发生之前，曾有过关于海底捞食品安全的舆论，但没引起广泛关注。除此之外，都是对海底捞的赞赏声音，更有企业借海底捞之名进行营销宣传（《大迈 X7 以“海底捞”般品质服务 直逼市场重新洗牌》）。可见海底捞之前在大众心中积累的贴心服务形象。

◆ 如何看待危机公关的“优等生”？

A. 正方观点

海底捞主动出击，在短时间内积极回应食品卫生安全问题，让人们看出了海底捞重视问题并愿意积极解决问题的负责态度，在最佳时间内赢得了人们的好感。

速度与态度的结合，让海底捞在半日之内扭转局势。（见图 1-13）罗马不是一天建成的，海底捞的公关也绝非“半日之功”。它的背后，定然有着对企业公关的长期建设，才能有此临危不乱、从容不迫的危机处理流程。在危机来临时，媒体的力量是可怕的，反之在处理危机时，舆论的声音也是最不容忽视的。在海底捞发布公开声明与处理方案之后，便有大量媒体正面跟进报道此事，一时之间，《海底捞出事，他们公关却火了！用户：当然是选择原谅他》《海底捞认错：这锅我背，这错我改，员工我养！这危机公关 100 分》《为什么那么多人选择原谅海底捞》等文章纷纷被转载转发，公众的视线也随着媒体的引导从危机事件转向海底捞的公关措施。之所以有大量媒体愿意刊载这些有着明显引导意义的文章，这得益于海底捞长期良好的媒体关系维护。

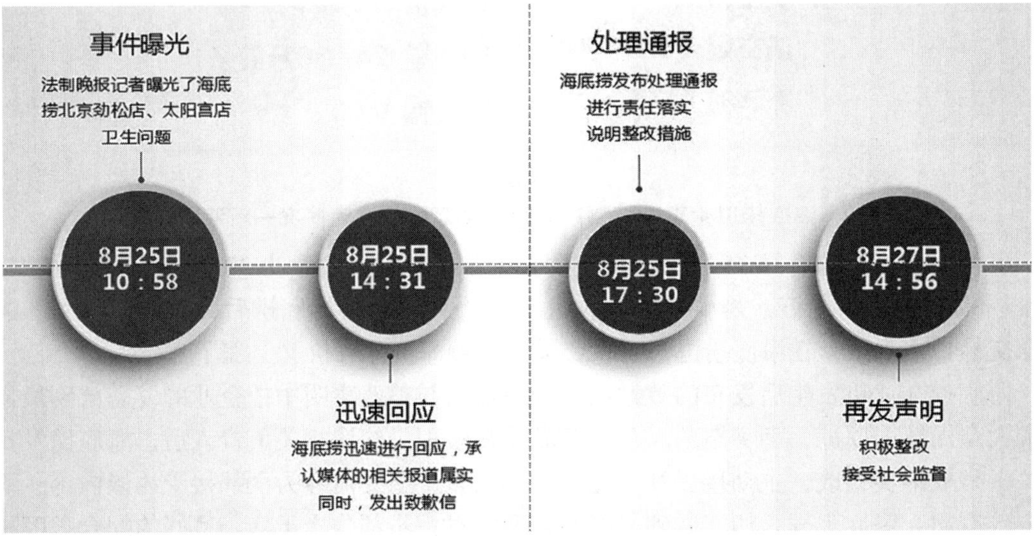

图 1-13　海底捞卫生事件公关时间轴

短短的几个小时内海底捞连续两次就此事向公众发布信息，而且其中包含详细的处理意见，这中间需要经历企业管理层统一指挥、各部门协同研究讨论并最终决策的过程，而为这个过程争取足够时间的，就是舆情监测机制或负面预警机制。舆情监测让海底捞能够在第一时间捕捉到信息，继而在应对速度上获得先机。当重大危机来临之时，很多企业都会自乱阵脚，后果不堪设想。海底捞面对危机，有条不紊、快速有效地拿出了解决方案，其背后必然有着企业系统的危机处理机制作为支撑。

a. 承担责任原则（Shoulder）

危机发生之后，一般两个问题会成为公众关注的核心：一个是利益问题，一个是感情问题。只有涉事企业勇于承担责任，才能赢得公众的信任。

海底捞在首次回应中，开篇便承认问题属实，允诺在所有门店进行整改，并愿意承担相应的经济责任和法律责任，体现了勇于承担责任的态度。一方面，海底捞并没有按照“惯例”，用责任切割方式将事情缩小在问题门店，而是坦然承认“每个月我公司也会处理类似的食品安全事件”，还向公众告知了通过官网或微信查询此类信息的详细方式，让公众对涉及自身利益方面的问题进行核实。另一方面，海底捞并没有将责任推给个别员工，而是将其归因为管理制度问题，并告知“涉事停业的两家门店的职工无需（须）恐慌”，主要责任由公司董事会承担，这种在舆论面前竭力保全员工的态度，被舆论称为“这锅我背、这错我改、员工我养”，赢得了多数网民的好感。

b. 真诚沟通原则（Sincerity）

危机事件中，涉事企业应第一时间拿出最大诚意，主动、全方位与公众沟通，说明事实真相，促使双方互相理解，消除可能存在的疑虑与不安。

在这次危机舆情应对中，海底捞始终保持诚恳、认真、负责的姿态，在公开发文中多次表示“十分愧疚”“十分惭愧和自责”，并且以谦卑的口吻，感谢媒体和公众帮助自己发现问题，希望大家监督自己的工作，不断传递正面积极的处理态度。纵观海底捞三次公开发布的信息，没有任何言语闪躲和煽情段落，做到了内容直击要点、措辞不偏不倚，体现了企业勇敢承认错误、真诚道歉的处置基调。除了言语修辞方面，海底捞在行动方面也迅速做出了处理、应对和反馈，如发表处理细则、明确相关责任人、公开监督电话等，一连串动作都有力彰显了企业面对卫生安全问题痛改前非的决心，有利于品牌信誉的重建。

c. 速度第一原则（Speed）

新媒体时代，信息呈现裂变式传播，涉事企业越早介入危机越能把握主动权。在舆情处置的时间要求上有“黄金6小时”“黄金12小时”法则。这也说明在充分准备的前提下，最大限度缩短回应时间，以最快速度与舆论场对接，就能获得最好的应对效果。

此次海底捞快速化解危机，是对“速度第一原则”的再次佐证。8月25日11时，《法制晚报》报道揭发海底捞的食品卫生问题，紧接着信息扩散呈现铺天盖地之势。面对严峻局面，海底捞在最短的时间内发现问题并采取实际行动，在事发后3.5个小时内进行了首次回应，以道歉为主旨，是迅速止损的第一步，紧接着又在20分钟后发布了处理方案，面面俱到地详细罗列了七条后续举措，为危机处置搭起了整体框架，可以说是与公众舆情发酵争分夺秒。

d. 系统运行原则（System）

危机妥善过渡的关键，在于建立全面有效的协调机制，通过系统运作控制事态，使其不扩大、不升级、不蔓延。

海底捞训练有素、自成章法的应对，正是其危机公关机制系统性运作的结果。在信息发布方面，它依次发布了道歉信、处理通报、整改声明，先是态度上认错，再是问题纠正，最后是制度完善，遵循了舆情处置规律。在实体处置方面，海底捞接连公布了一系列整改措施，从新技术的运用到门店设计，再到社会监督方式等，并且注重从细节入手提升可操作性，如公布了整改具体负责人的职位、姓名甚至联系电话，让一场浮于表面的“危机公关”变为有迹可循的“公关管理”。整体来看，海底捞应对危机时的系统部署和周密策划，不仅稳住了阵脚，也增加了公众对其的信赖感。

e. 权威证实原则（Standard）

“他山之石，可以攻玉”，危机面前切忌孤军奋战，要善于援请权威或中立的第三方代言，破除公众的不信任心理。

此次事件中，海底捞多次提及“聘请第三方公司在卫生死角排查除鼠”“与第三方虫害治理公司合作”等，表示对暴露问题的处理决心。海底捞还充分利用权威第三方表明积极处理危机的态度，比如表示将主动向政府主管机关汇报，与政府和媒体积极配合，增强了公司的公信力和影响力。此外，海底捞擅于利用媒体为己宣传，在其公开发布处理通报与整改声明之后，便有大量正面跟进报道，一时之间，《三小时内火线回应，海底捞危机公关高在哪里？》《为什么那么多人选择原谅海底捞》等文章纷纷被转发，公众视线也随之转向海底捞的公关措施。

此次舆情逆转得益于海底捞高超的危机公关技巧，它在舆情处置中确实有可圈可点之处。值得警惕的是，再完美的危机公关都是"面子"问题，而亟待解决的则是"里子"问题，这也是后续被一些媒体敏锐指出的关键点。危机与公关、实情与舆情，是本与末的问题，只有将危机暴露的实体问题妥善处理，只有达到"面子"和"里子"的统一，才能真正让公众心服口服。危机如能暴露问题并督促解决就是好事，它作为系统失控的信号，有大量尚未被挖掘出来的价值。

B. 反方观点

有消费者认为，海底捞此次卫生问题，不管再怎么公关，依旧是零容忍的大问题，解决的态度甚至不能被餐饮同行认可。海底捞在鼠患排查和消杀上存在严重失职，而且对类似问题有放任态度。

a. 主打温情牌，对问题避重就轻

海底捞把姿态放到最低，打温情牌把员工护下来，但是没有细讲问题是怎么造成的。承认错误，态度诚恳，但不给消费者明确的解释。避重就轻，谈感情带节奏，不应成为一群人纷纷给海底捞站台的理由。首先，致歉信第一段表面诚恳地说这个情况属实，却犯了偷换概念的逻辑错误。作为饭店，卫生问题是第一问题，该文不提卫生问题的起因却重点表述海底捞一直重视卫生问题的查处，来突出海底捞对厨房卫生的重视。这明显是在转移大家的视线。其次，该文没有提到任何对于这件事的解决方案，而是将公司的网址邮箱公布于众，试图让公众帮忙监督，明显有颠倒主客之嫌。再次，该文还只字不提这件事对消费者的伤害，对员工的问责，明显南辕北辙，员工的定心丸有了，可是作为衣食父母的消费者在该文中却没有被提到。最后，该文提到了对所有海底捞店铺整改，明显是在说明其卫生问题普遍存在，整改没有时间节点。一家知名餐饮企业被曝出卫生安全问题，公众却关心企业的公关手法。

b. 工作强度大，压低成本是关键

有观点认为：海底捞之所以会出现以上各种脏乱差，是因为后堂人手实在不够。一旦超过后堂的最大荷载，就可能会出现这种情况。为什么海底捞后堂的人手会不够呢？原因在于餐饮企业普遍存在的人工成本控制。海底捞靠服务打下了火锅店的半壁江山，但是"过度服务"也引发了不少争议。消费者去就餐是否需要那么多服务员问好？卫生间是否需要有人开门递送纸巾擦手？一个人连续干 12 至 13 小时还能高效不出错是非常困难的，高强度的工作和前厅高密集服务人员是否导致看不见的后堂人手不足造成卫生隐患？这是危机事件起因的另一个思考视角。

c. 名企业如此，还能否放心就餐

有观点认为海底捞食品安全危机事件将消费者置于了一个“很尴尬”的境地。总有人要在外面吃火锅，每天都要面对食品安全问题，这个行业是否都存在类似问题？海底捞处理问题的态度端正，但对于消费者来说，如果他们依旧要出去吃，既不想原谅海底捞，又不想自欺欺人，就会陷入一个“无处可去”的死循环。长久看来，应该由监管部门建立有效的食品监督随机抽查机制，持续检查、不定期曝光。资本都是逐利的，靠企业自律并不现实，唯有社会公众重视自身权益、监管层采取切实有效的惩治措施才能有效管控餐饮业的卫生安全问题。

d. 海底捞的卫生危机和应对策略

成熟的市场不仅需要成熟的制度管理，也需要成熟的消费者。成熟的制度管理来自企业对于自己发展的洞察和总结，成熟的消费者来自自身的素质修养。对于企业来说，想要在面对不可控的危机时尽量挽回企业形象，不仅需要态度诚恳的歉意，更需要向消费者表明问题所在，告知消费者解决这一类问题的具体措施和监管体制。海底捞的态度是一定要学习的。此次危机处理之所以能被称为企业危机公关范本，是因为海底捞的低姿态无懈可击。但是食品安全事件不能因为是老生常谈就不被重视。要想杜绝此类事件的发生，还需要全社会共同努力，法律层面、制度层面、公众认知和企业自律层面，一个都不能少。

➢ 课后思考

1. 请对海底捞危机后发布的信息进行分析，对外公关态度如何影响内部员工？

2. 危机爆发两天后，海底捞为什么要再次发布整改声明？对企业危机传播管理有哪些作用和影响？

3. 从海底捞日常公关维护的角度分析，好的品牌形象塑造在企业发生危机后对消费者具有哪些影响？

4. 请从利益相关者角度分析海底捞在此次食品卫生安全的危机传播管理中，消费者、员工、管理层、股东、媒体、监管层的态度变化。

Chapter 2

第二讲　饮用水标准之争的较量

——媒体舆论监督，企业抗争的勇气与实力

- 大众媒体的职能及其报道依据
- 企业应对危机应掌握的传播要素
- 危机中协商与对抗的沟通模式
- 危机中的企业回应媒体的方式
- 企业如何与外部公众进行沟通

● 主案例：农夫山泉诉京华时报社[1]名誉侵权

2017年6月22日，为期近五年的农夫山泉与京华时报社的名誉侵权纠纷案件终于落下了帷幕。农夫山泉股份有限公司于2017年6月13日向北京市朝阳区法院提交撤诉申请，同时朝阳区法院也驳回了京华时报社对农夫山泉的诉讼请求，全文如下（见图2–1）：

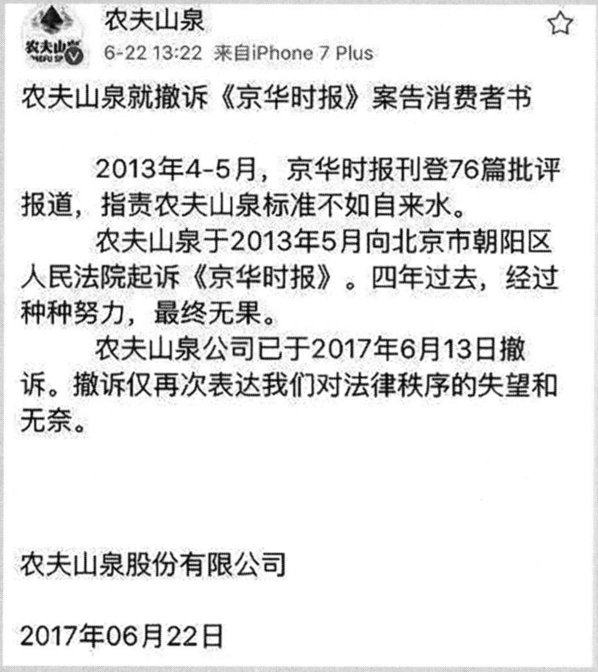

农夫山泉
6-22 13:22 来自iPhone 7 Plus

农夫山泉就撤诉《京华时报》案告消费者书

2013年4-5月，京华时报刊登76篇批评报道，指责农夫山泉标准不如自来水。

农夫山泉于2013年5月向北京市朝阳区人民法院起诉《京华时报》。四年过去，经过种种努力，最终无果。

农夫山泉公司已于2017年6月13日撤诉。撤诉仅再次表达我们对法律秩序的失望和无奈。

农夫山泉股份有限公司

2017年06月22日

图2–1 《农夫山泉就撤诉〈京华时报〉案告消费者书》—新浪微博截图

2013年3月，21世纪网一篇报道指出农夫山泉有黑色沉淀物，随后农夫山泉指出这篇文章的幕后黑手是“华润怡宝”，很快《京华时报》展开了为期28天、67个版面、76篇报道的“媒体奇观”。这在新闻报道舆论监督的历史上也是非常罕见的，尤其是一家都市报针对异地的民营企业。

在农夫山泉举行的记者招待会上，作为被媒体点名批评的企业也一改道歉认错的公关风格。农夫山泉董事长钟睒睒通过100多页的PPT，向媒体普及法律常识、卫生标准知识、食品安全常识甚至新闻报道常识，其中罗列了《京华时报》“五大问题”，直指其报道是“舆论暴力”。

《京华时报》记者在新闻发布会上与农夫山泉董事长当面对质，问题焦点集中在三个方面。

【焦点1】

《京华时报》：为何只标地方标准，不标国家标准?

钟睒睒：国家强制标准无须标示，强制执行，也就像《中华人民共和国民法通则》《中华人民共和国刑法》，无须特别指出，我是中国公民，就要遵守这些法律。这种强制标准不

---

[1] 《京华时报》是由人民日报社主管主办的新闻类综合性都市日报，创刊于2001年5月28日。2011年9月京华时报社主管主办单位变更为北京市委宣传部。2017年1月1日停办。

是你可以选择的，只要有这个标准，任何企业都必须自动执行。

【焦点 2】

《京华时报》：农夫山泉瓶子上明示的浙江DB33/383，浙江地方标准在硌、砷这些指标上，是不是低于国家标准？为何不选择国家标准？

钟睒睒：第一个问题你最好问浙江省卫生厅。第二个问题，国家标准正在制定之中，制定国家天然水质量标准的项目于2008年5月启动，现在还处在由中国饮料工业协会采集意见、求证意见的过程中，你们怎么可以讲标准已经出台？

【焦点 3】

《京华时报》：请问为什么北京质监局要求农夫山泉在北京的工厂停产，请您做回答，难道执法部门执法错了吗？

钟睒睒：我们不会在北京再开工厂生产。因为不可能让一个企业在这样的环境之下生产，员工们不能以正常的心智在自己的工作岗位上。农夫山泉的尊严比金钱更重要，停产出于农夫山泉的责任心。一个产品的行业协会就可以让一个公司的产品下架，一个产品协会的决定就可以让《京华时报》把它登在头版头条，这样的环境农夫山泉只能退出。

【危机背景】：农夫山泉在“标准门”事件爆发前，在中国饮用水行业市场占比能够达到22%，位居饮用水市场前三名，其中华北地区为主要市场。《京华时报》在北京有着举足轻重的地位。危机发生前，2013年4月9日，北京钓鱼台国宾馆阳光厅举行了一次具有公益性质的发布会，会议由华润怡宝出资举办。会上提及了“部分企业水源地受质疑，饮水安全存在隐忧”。从4月10日到5月7日，可以说这是农夫山泉成立公司以来舆论压力最大的28天。这期间，《京华时报》以67个版面、76篇报道，直指农夫山泉水质“标准不如自来水”。这件事成为农夫山泉此次危机的导火索。

【危机进程】：在首篇报道刊发次日，农夫山泉通过官方微博发表声明，称该指责无中生有，有理由相信是竞争对手的蓄意策划，但它并没有指出谁是幕后黑手。《京华时报》记者则针锋相对地进行反驳，他表示每一篇报道都经得起推敲、都是客观报道。报道中还援引北京市桶装水协会的建议，称建议农夫山泉下架。事件一出，农夫山泉主要水源地所属的地方监管部门浙江省卫生厅否认瓶装水只执行地方标准，称浙江《瓶装饮用天然水》标准中确实有5项指标低于国家标准，但一直按照“国标地标并行、就高标准执行”，严格执行国家强制性标准。浙江省卫生厅三年对农夫山泉抽查检验38个生产批次样品，全部合格，检验依据包括国家标准和地方标准。地方监管部门为农夫山泉声援。

【企业应对】：在以钟睒睒为中心的管理层指导下，农夫山泉的危机处理方案显得十分激进。4月28日，农夫山泉向北京二中院提起诉讼，根据当时已产生的损失向京华时报社索赔6,000万元。5月6日农夫山泉在北京召开新闻发布会。对于大桶水下架一事，钟睒睒在新闻发布会上表示，一个协会就让产品下架，在这样的环境下他们不可能继续生产了。他说，与其让北京消费者担忧，不如关闭工厂。在100余页精心制作的PPT中，钟睒睒普及了法律常识、卫生标准常识、食品安全常识甚至新闻报道常识，罗列了《京华时报》“五大问题”，称对方“创造了一家媒体批评一个企业的新闻纪录”，直指对方系“舆论暴力”。整个发布会围绕“农夫山泉符合标准”这一主题展开。发布会当天，农夫山泉关停了北京的工厂。整个危机对农夫山泉华北地区的销售造成了影响，使其市场占有率下降。因为农夫山泉股票没有上市，我们无法具体查到此次危机对企业的总体影响。

【持续维权】：2013 年 11 月 4 日，农夫山泉新闻发言人周力带队进京，向国家新闻出版广电总局举报《京华时报》进行虚假报道，要求索赔 6,000 万元。2013 年 11 月 29 日，农夫山泉诉京华时报社侵犯名誉权纠纷案在北京市朝阳区人民法院开庭审理。农夫山泉方面有明确的诉求，要求京华时报社道歉，赔偿经济损失。农夫山泉对于京华时报社的索赔额已由 6,000 万元升至 2 亿元。

事件时间表

2013 年 3 月 8 日，消费者李女士投诉称，其公司购买的多瓶未开封农夫山泉 380ml 饮用天然水中出现很多黑色不明物。发现这些水中的黑色不明物后，消费者李女士曾与农夫山泉联系，农夫山泉方面坚称产品合格，并未解答其黑色不明物究竟是何物的疑问。这种做法让消费者感到气愤。

3 月 15 日，农夫山泉通过其官方微博做出回应称，细小沉淀物实为天然矿物元素析出所致。经第三方权威机构检测，符合国家标准中的各项安全指标，并不影响饮用，亦无安全问题。

3 月 25 日，有网站爆料《农夫山泉丹江口水源地垃圾围城，水质堪忧》，将农夫山泉又一次推上风口浪尖。农夫山泉新闻发言人周力正告始作俑者和一些公关策划公司，商业竞争不能以消费者对食品安全的恐慌为代价。

4 月 11 日，农夫山泉向中国网消费频道发声明回应称，农夫山泉饮用天然水的产品品质高于国家现有的饮用水标准，并指责华润怡宝蓄意策划抹黑农夫山泉。同时，农夫山泉还邀请媒体和消费者参观产品的水源地和生产过程，以求取得公众信任和舆论支持。

4 月 12 日，《京华时报》撰文称饮用水协会确认农夫山泉标准不及自来水。任何瓶装水企业都必须以国家强制性标准《生活饮用水标准》为底线，若不能执行则有违反国家食品安全法之嫌。

4 月 12 日，农夫山泉官方微博发布关于质量与标准的声明——回复媒体报道，称《京华时报》声称农夫山泉标准不如自来水、浙江标准低于广东标准或者国家标准，是不严谨、不科学的。

4 月 13 日，《京华时报》再次撰文称农夫山泉水质的声明混淆视听，自认自来水标准为底线，回避了其所执行的浙江标准中，重金属指标未达到自来水标准的问题。

4 月 14 日，农夫山泉再发声明称《京华时报》无知。2011—2013 年浙江省质监局对农夫山泉天然水监督抽查共 13 批次，全部合格。《京华时报》拿整套标准中的几个指标做判定属强词夺理。

4 月 15 日，《京华时报》发文称浙江部分指标是为农夫山泉特设的。在农夫山泉发布声明自辩后，浙江质量技术监督局紧接着称“地方标准并不宽松”，中国民族卫生协会指出地方政府涉嫌袒护造假。

4 月 15 日上午，农夫山泉通过官方微博警告《京华时报》“你跑不掉，也别想跑”，信口开河的时代过去了，“农夫山泉产品标准不如自来水”这个问题必须给公众讲清楚。再次申明农夫山泉砷、镉、硒、硝酸盐和溴酸盐五项指标检测结果优于国标 2—11 倍。

4 月 16 日，《京华时报》四度撰文称检测报告佐证农夫山泉不如自来水，称由上海某检测机构出具的检测报告显示其仍采用浙江地标，其中砷、镉、硒、溴酸盐的指标限值仍不及自来水标准。

4月16日下午，农夫山泉也发布声明四度回应《京华时报》，称137项内控指标的检测报告原本是企业机密、核心技术，但为了洗刷冤情不得不公布于众，可是《京华时报》根本不给农夫山泉辩白的机会。

4月17日，农夫山泉针对《京华时报》的连续跟踪报道在官方微博上多次发表声明指责《京华时报》“连一个电话采访，一个普通解释、辩白的权利都不给农夫山泉”。而《京华时报》针对农夫山泉的相关声明在第一时间予以反驳，称其不断与农夫山泉主动联系，但都未得到回应。农夫山泉不寻找自身问题，也不与本报沟通，却将莫须有的“不采访”罪名强加于本报，实在让人费解。并提供相关照片加以证明。

4月25日，随着农夫山泉“标准门”事件的不断升级，浙江卫生厅针对此次系列报道回复《京华时报》表示：国家标准或行业标准实施后，地方标准自行废止。浙江卫生厅将该回复以《关于对媒体反映瓶装饮用天然水适用标准情况的说明》为题挂在其官网上。而有关专家表示：这意味着农夫山泉公司所有正在生产的工厂必须立即整改。

5月2日，《京华时报》继续加大火力，陆续发表6篇评论敦促农夫山泉自省以下问题：第一，饮用水标准不是橡皮筋；第二，饮用水标准不可任人玩弄；第三，标准面前谁也跑不掉；第四，较真水标准关注健康权；第五，标准不透明农夫山泉澄而不清；第六，企业自省才能留住市场。

2013年5月6日下午3点，农夫山泉在北京就标准问题召开新闻发布会，用数据证明自己的标准严苛于国标、地标，是目前国内执行最高饮用水标准的企业之一。农夫山泉已经向北京市中级人民法院提起诉讼，要求京华时报社赔偿名誉损失费6,000万元。

农夫山泉“标准门”事件持续27天，《京华时报》用67个版面对农夫山泉进行报道，堪称锲而不舍，在各界关注和讨论下，事件也持续发酵升级。

2013年11月4日，农夫山泉派员上京举报《京华时报》，称《京华时报》当年4月10日至5月7日连续发表针对农夫山泉的负面新闻，捏造事实，进行虚假报道，对公司造成严重损害。当日，国家新闻出版广电总局已受理，农夫山泉对于京华时报社的索赔额已由6,000万元升至2亿元。

一、大众媒体的职能及其报道依据

传播学奠基人拉斯韦尔和赖特将大众媒体的职能概括为以下几点：第一，对社会环境进行监测。及时、准确地向社会报告刚刚发生的涉及公众利益和国家利益安全的重大事项。第二，使社会各部分为适应环境而建立相互关系。媒体帮助人们及时了解情况、获得信息之后调整认知，调整自己与外部世界的关系，建立相应的新的关系。赖特将其定义为解释和规定职能。第三，文化传承功能，使社会遗产代代相传。传播、刊登新闻，把赖以生存的社会环境的文化构成记录并传承下来，把文化创新记录下来供后人参考认知。赖特将其定义为社会化职能。第四，提供娱乐，发挥社会减压阀功能。我国媒体具有特殊性，根据其“党和人民的舆论喉舌”的性质，判断其主要功能是进行“舆论监督”。一方面代表党政权力机关对社会舆论现状进行监测和反馈，另一方面代表公众对各种社会事务进行监督。

哈贝马斯指出：传播除了受政治控制、意识形态控制以外，还有一种无形的控制，就是科技力量的控制。谁掌控了技术，在某种意义上它对媒体的内容定义就充满了合理性。2020年6月10日，国家互联网信息办公室指导北京市互联网信息办公室约谈新浪微博负责人。针对微博在蒋某舆论事件中干扰网上传播秩序以及传播违法违规信息等问题，责令其立即整改，暂停更新微博热搜榜一周，严肃处理相关责任人，同时，要求北京市互联网信息办公室对新浪微博依法从严予以罚款的行政处罚。这一事件充分展示了技术媒体时代，网络技术平台公司对于网络舆论的违规操纵。恰恰印证了哈贝马斯所言“谁控制了技术，谁就对媒体内容的定义充满了合理性”。当然我国政府监管部门充分意识到技术公司和资本对信息传播秩序的干扰，依法及时对相关事件责任人进行查处。

（一）市场因素对大众媒体的影响

新闻媒体作为社会环境的监督者，天然对负面新闻具有追逐的兴趣，在媒体眼中正面新闻只是吹捧的广告。以上四种职能是站在媒体所处社会关系和社会结构体系的一种判断，站在市场经营的角度，媒体的报道选题有其具体依据。

第一，考虑消费者需求。面对激烈的市场竞争，媒体花了很多钱研究它们的观众。报纸密切关注发行量，电视关注收视率，网络平台关注流量和点击量。广播公司依靠尼尔森（Nielsen）和阿比特龙（Arbitron）等公司为其节目提供收视率和市场份额数据。媒体对其受众规模和人口特征非常感兴趣，这主要是因为广告主必须知道如何到达其目标受众。相关数据有助于衡量公众对这一事实的接受程度，但是却对媒体研究如何报道具体内容筛选没有直接帮助。从信息产品的性质来看，“新闻是什么？”本质上比“销售具体产品”更难回答。相比较而言，严肃新闻的界定和筛选远比娱乐新闻更难。娱乐产品与消费者发生联系比新闻信息产品与消费者发生关联相对更容易。通过观看畅销书列表、票房最高的电影和收视率最高的电视节目，娱乐节目制作者知道什么是卖点，但是新闻节目制作人需要有自己的预设判断：什么样的信息内容、产品形式才能吸引和影响受众。观众调查可能会让媒体工作者了解观众、听众和读者的总体兴趣，但对他们即将面临的日常新闻制作选择没有多大帮助。

第二，从社会运行系统的角度来看，媒体不仅要考虑经济压力，更要考虑所处的社会政治环境、文化环境和制度环境。需要严格遵照新闻报道的相关规则，在进行新闻选题和报道的时候全方位考虑报道可能引发的社会后果。基于此，媒体在面对公共议题或者涉及政府职能部门新闻的时候需要尤其慎重和小心，而面对企业市场运行监督，尤其是对民营企业的相关报道相对比较强势。

第三，在融媒体时代，由于互联网技术对人们日常接触信息方式的改变，传统大众媒体如广播、电视、报纸、杂志的生存日益艰难，大量传统媒体一旦面向市场经营自负盈亏终将走向破产倒闭，唯有少数靠财政拨款的大众媒体或者兼并了新媒体、开拓了多元经营渠道的媒体集团还能继续在竞争中生存。在运营过程中，多是以新媒体开发客户流量和盈利来带动传统媒体发展甚至为其生存提供补贴。传统大众媒体在巨大的生存压力面前开源创收、进行企业化经营是自救的唯一方式。因此，新闻报道中它也会与大量商家结合，开展商业活动，或者是把媒体品牌作为一个活动公司的平台进行相关资源整合。

由于网络市场形成初期所主导的自由理念以及网络上失信的违约成本极低，很多企业利用人性的弱点设计各种产品来获取流量，而不顾消费者的长期利益和市场的良性发展。比如一些信息服务公司，通过各种打擦边球的图片、噱头标题吸引用户点击观看视频、新闻。这种利用人性弱点，诱使用户使用产品的行为实际上是不正当的，甚至是触犯法律的。[1]

（二）传统媒体的生存压力和境遇

我们在分析媒体报道动机的时候，不仅需要从其职能入手，更要从媒体的生存现状分析。2015年至今，传统报业媒体人的生存现状可以用一个“逃”字来描述，逃离传统媒体平台，奔向新媒体互联网公司的怀抱。以下是2015—2017年部分传统媒体人转型案例。

陈朝华：2015年1月8日，《南方都市报》总经理陈朝华宣布告别纸媒，出任搜狐副总裁及总编辑；2017年1月，离开搜狐，出任360副总裁、北京时间联席总裁。

秦朔：2015年6月7日，《第一财经日报》总编秦朔宣布离职，创办自媒体品牌“秦朔朋友圈”。

封新城：2015年6月，新周刊执行总编辑封新城辞职，出任华人文化产业投资基金运营合伙人兼首席内容官。

郭光东：2015年8月1日，《博客天下》《财经天下周刊》《人物》杂志出版人，博雅天下传播机构副总裁郭光东宣布离职，担任“饿了么”公关副总裁一职。

徐列：2015年12月，《南方人物周刊》创始人、总编徐列，结束26年的“南方”时间，赴美开启访问学者生涯。

李洪洋：2015年12月，北京日报社副社长李洪洋离职，出任美菜网副总裁。

邱兵：2016年7月29日，东方早报社社长、澎湃新闻CEO邱兵通过个人朋友圈正式宣布离职，而后创办梨视频。

马昌博：2016年8月16日，壹读传媒CEO、总编辑马昌博通过个人微信公众号，发布题为《唯有衷心祝福，并愿故人如故》的离职声明，创办视知传媒出任CEO。

向熹：2017年1月，《南方周末》杂志社原总编辑、广东南方广播影视传媒集团常务副总经理、广东卫视董事长向熹宣布辞职，投身创投行业。

庄慎之：2017年2月，南方报业传媒集团副总经理、原《南方都市报》执行总编辑庄慎之，通过微博宣布离职，自主创业。

王海涛：2017年5月23日，搜狐媒体副总裁樊功臣宣布，原新京报社编委王海涛将新任搜狐网执行总编辑。

戴自更：2017年8月3日，新京报社社长戴自更离职，转任北京市文化投资发展集

[1] 资料来源：黄奇帆在2021年7月13—15日召开的第20届中国互联网大会上的演讲，题目为《消费互联网存在四方面的问题》。

团总经理。

谭军波：2017年11月1日，东莞报业传媒集团副社长、东莞时报社总编辑谭军波辞职。

与此同时，资本市场互联网公司在紧锣密鼓地布局自己的媒体产业格局，某种意义上是一种变相的企业公关行为。如果媒体平台背后都由资本大佬注资，那么当资本市场所投资的企业出现负面新闻的时候，这些媒体的从业者还会义无反顾地报道吗？《中国企业家》主笔冀勇庆大致梳理了阿里巴巴集团（简称“阿里”）2013年4月—2015年6月在媒体行业的一些大收购和大动作：

1.2013年4月，阿里投资了《商业评论》杂志；

2.2013年4月，阿里收购了微博的优先股和普通股，占其约18%的股份；

3.2014年3月，阿里投资8.04亿美元巨资，成为文化中国传媒集团的最大股东，而该公司持有著名都市报《京华时报》的经营权；

4.2014年4月，马云等对华数传媒（000156）投资10.5亿美元；

5.2014年4月，马云旗下的云峰基金为优酷土豆注资12.2亿美元；

6.2014年6月，阿里旗下的云鑫投资了知名新媒体虎嗅网；

7.2014年11月，阿里和腾讯联合向华谊兄弟（300027）电影公司投资36亿元；

8.2015年3月，阿里投资24亿元入股光线传媒（300251）并成为其第二大股东；

9.2015年5月，阿里投资了《北青社区报》；

10.2015年6月，阿里投资12亿元，成为上海第一财经传媒有限公司的第二大股东。

由此可见，基于传统媒体从业者“用脚投票”的选择结果，传统媒体不仅面临着“受众萎缩”“广告商流失”，更是面临“巧妇难为无米之炊”的人才流失窘境。对于传媒从业者而言，他们接受至少4年以上新闻专业知识的高等教育，怀揣新闻理想投身职业岗位，但是在技术改变人们信息接收方式以及阅读习惯的情况下，理想不能给他们带来有效的生存资料回报，在大城市巨大的生存压力面前，面对物价、房价、医疗、教育等实际生活难题，他们不得不选择物质回报更高、平台发展前景更好的新媒体岗位，继续实现自己的信息传播从业者的梦想。

以上分析为案例提供了一个宏观的行业发展背景，农夫山泉和《京华时报》的冲突危机发生的2013年，新媒体发展态势日益强劲，传统媒体虽然意识到威胁但依然能够生存。这一宏观背景不仅有助于分析媒体报道依据，更有助于解释企业面对传统媒体连续性负面报道时的强势反击态度。

（三）媒体报道引发企业诉讼先例

2006年6月11日，英国的《星期日邮报》以《之城》为题对苹果公司主打产品iPod的中国代工工厂进行报道。文章提及苹果iPod主要是由深圳富士康女工生产出来的，每个女工每个月的工资收入只有27英镑。之后，英国《镜报》和美国《华盛顿邮报》也分别于6月14日和6月15日对相关内容进行了报道。6月15日，《第一财经日报》发表《富士康员工：机器罚你站12小时》一文，成为中国大陆地区率先报道富士康员工普遍存在超时加班现象的媒体，该文揭示了富士康工厂的内部员工超时加班及相关管理问题等。6月22日又一篇追踪报道《富士康离职女工：连续工作12小时已是家常便饭》发表了，它继续对超时加班予以关注。

2006年7月3日，富士康的法人公司鸿富锦公司在深圳市中级人民法院起诉《第一财经日报》记者王佑和编委翁宝，索赔3,000万元，其中王佑2,000万元和翁宝1,000万元。7月10日，深圳市中级人民法院接受富士康公司申请司法保全，向王佑和翁宝分别发出民事裁定书。7月13日，王佑和翁宝的资产被冻结，被冻结的资产包括房产、汽车和存款。7月27日，《第一财经日报》向富士康发函称“记者报道属于职务行为，报社将动用资源支持两人全力应对诉讼”。同时，在就该诉讼的一份公开声明中，《第一财经日报》对原告提出的财产保全申请表示强烈谴责。声明要求富士康尽快解封两位记者的个人财产。

《富士康员工：机器罚你站12小时》[1]

在富士康深圳基地，23岁的陈峰（化名）正在琢磨，怎样逃离这家他刚工作不到一年的全球500强企业。

这段时间，他亲眼看到三个年轻女工因为经常加班，晕倒在了生产线上。他的亲身经历更让他觉得这不是一个适合工作的地方。

富士康外联部的贺小姐告诉记者，员工在车间晕倒并不是在公司加班过多，而是身体素质差，“招进来1,000人，500人身体本来都有病”。

三个女孩的倒下

在富士康深圳龙华工业园生产一线上作业的，大都是一些20岁上下的青年。他们学历不高，辛苦一个月的报酬大约1,000多元。

生产线上没有凳子，除了少数员工之外，一般操作工都必须站立工作，连续12个小时不停干活。工作完毕后，操作工们还需要留下来开夜会。

遇到晚上倒班，有些小姑娘吃好饭只能在楼梯上坐一下，然后进入生产车间直至第二天清晨。如果谁在楼梯上躺着睡，将被管理人员记过。

车间里不允许说话。在公司流传的一种说法是，假设在车间里设凳子并允许说话，将会影响员工的工作效率。

“12个小时啊，就像罚站一样。我一个男人都受不了，何况她们呢？”

深圳基地外联部的贺小姐向《第一财经日报》表示，12个小时的连续作业基本不可能，公司订单非常多，但都是8个小时一轮岗的。

“员工晕倒实际上是因为他们本身的身体素质差。”她说，“富士康包吃包住，又买保险等，很多人都想挤破头进入富士康。”

据她说，几年来，很多人都通过缴纳千元的中介费方式，伪造文凭进入富士康。“他们正式工作以后，经常会有人晕倒或出现突发状况。”

“于是，公司就对这些工人一个个检查身体。查过以后，公司惊奇地发现，招进来1,000

[1] 王佑．富士康员工：机器罚你站12小时[N]．第一财经日报，2006-06-15.

人，500人身体本来都有病。小小年纪的他们，甚至还有一些人查出白血病。”

因此，富士康从今年三四月份起，不再从劳务市场招收这类普工，而是与国内1,000多所中专技校合作，直接寻找职员。

她说，有些地方确实没有设凳子。但这是因为设备的要求，有些设备需要员工站立，但也有坐着工作的。“不可能有员工坐走廊上休息的，车间附近都有休息室。”

她还强调，如果没有一个好的工作环境，富士康不会通过国外伙伴的考核。

富士康的“特殊”管理

相比这些小女孩，陈峰要幸运许多，但他所经历的3个月培训，外人看来也颇为残酷。

新职员培训分为生产线实习和企业文化课程。每天早上6点40分起床后，陈峰必须吃得很饱，振作精神接受12个小时的体能考验。

实习人员同样没有凳子坐，大部分时间都要站着，且不能东倒西歪。否则，被抓到就是劈头盖脸一阵训斥。几个月下来，从生产线走到宿舍，每个人已筋疲力尽，双脚生满水泡。实习期间，还要穿插一些企业文化的课程培训，8个小时的千人集训场面，蔚为壮观。

富士康还指定了“限制加班时间”的措施。每人按不同级别有不同的加班时间。如果一个员工的每月加班时间超过指定小时数，超过部分算义务加班。

在大多数职员看来，富士康的管理有些“难以理解”。职员们也承认，容纳13万人、拥有10个食堂的偌大工厂，一些特殊的管理方法确实必要。自1991年至今，集团年均营业收入保持超过60%的复合增长率。

每天下班，无论有没有货车经过，工人们必须进入厂区的“人行道”走回宿舍，不能乱窜；下班后谁忘记拔掉计算机插头，罚款1,000元；如果因工作需要调换部门，职员的电脑将被拆开三次，检查机型内外的编码是否匹配。

公司的大部分会议都在休息时间召开，如周末或者晚上下班后，有时一开就是3到4个小时，如果不去一律按照旷工处理。6月初，富士康高层发现，相关机密文件丢失。管理部门规定，严禁任何员工携带笔记本电脑、MP3、U盘等进入厂区。最近，富士康在公司内部组织了一次非自愿捐献骨髓活动。一位被要求参加活动的员工迷惑不解的是，为何这次的骨髓验血特别隆重？公司的一个副总亲自披挂上阵成立专案组，一些员工甚至不上班也要去验。同时，籍贯为山东、河南、江苏、陕西、山西的男员工被点名参加，而其他地区的则不必。富士康在工作纪律上要求一向严明，谁迟到，谁就会被惩罚。但本次活动为何如此兴师动众？后来他听说，原来是富士康的一位高层亲戚得了血癌，而该人士的祖籍是山西，母亲又是山东人，所以北方人的血缘会近一些。大家这才恍然大悟。公司外联部贺小姐则说，捐献确有其事。公司有一位职员有一种特殊的病，所以限定了一些范围。记者询问，是否这位员工是普通职员呢？贺小姐则答道，是一名公司职员。“平时，如果员工有这方面的需求，我们也组织大家对需要帮助的员工献血。”

一位不愿透露姓名的富士康员工如此形容他们的生活：“干得比驴累，吃得比猪差，起得比鸡早，下班比小姐晚，装得比孙子乖，看上去比谁都好，五年后比谁都老。”

（四）媒体常规报道危机的四阶段

第一阶段，报道突发新闻，旨在造成令人震惊的或深刻的影响。当发布了危机发生的原因和解释后，第一阶段就结束了。新闻媒体会将注意力集中到那些解释上。在报道自然灾害的时候，第一个阶段会延长。

第二阶段，开始于具体的细节逐渐明朗之前。在海地灾难中，受灾情况和资金募集数量的统计成为第二阶段的标志。

第三阶段，通常包括分析危机及其后果，如何安置遇难者？采取了哪些措施进行补救？新闻报道谈论更多的是这些举措如何执行及其原因。比如报道枪击者的袭击策划步骤和人们对受难者的缅怀。

第四阶段，是对危机的评估评价。危机主体是否留意到预警信息？在大多数自然灾害和多数其他灾害中，报道主要集中于公司、城市和国家是如何预知危机可能发生的。这一阶段也标志着事件将回归常态以及人们对危机处理过程的思考。有时候，一场危机会引发另一场危机，新危机同样会经历各种阶段。比如在“9·11”事件中，媒体对捐赠给幸存者的巨额款项用于何处表示关注，从而引发了另一场危机。

二、危机中的企业回应媒体的方式

对于企业经营者来说，它在市场中运作就仿佛一艘巨轮在大海中行驶，当你无法预测暗礁和风暴的时候，就需要提前安装雷达预警装置，防患于未然。所以企业需要预先建立一个预警系统，以此来监测突然爆发的危机。即便你（企业董事长、CEO、高级管理层）不是第一个知晓危机的人，你也应成为首批了解危机的人。这些都可以通过以下措施来实现。告知公司的接线员全天 24 小时可以联系你，非工作时段在你的语音信箱留言，同媒体、消防队、警察局的重要人员建立友好关系—— 一旦发生能影响你所在组织机构的危机，他们会及时地通知你。大多数企业在面临媒体曝光的负面新闻时，第一时间会选择道歉，公开面对媒体提出的诸多问题进行解释，如对调查进展、具体措施、受损者补偿等方面一一解答。很少有企业对记者报道采取极端对抗的态度。在近 15 年国内的危机公关实践当中，只有为数不多的企业会对媒体报道采取针锋相对的态度，甚至对媒体和记者提起诉讼。

（一）对监督报道提出巨额索赔[1]

《第一财经日报》宣布，将支持两位因为报道 iPod 中国工厂虐工而受到富士康起诉的记者。这桩诉讼案是由中国台湾鸿海科技集团下属的富士康公司提起的，富士康控告《第一财经日报》记者王佑及编辑翁宝损害其名誉权。因 2006 年 6 月 15 日《第一财经日报》的一篇有关富士康损害员工权益，以很低的报酬强迫其加班的报道，富士康向两人索赔 3,000 万人民币（377 万美元）。iPod 的制造商苹果电脑公司 8 月初表示，富士康中国工厂的工作时间超过了苹果的规定，苹果表示正在采取措施解决这一问题。《第一财经日报》敦促富士康撤销诉讼，在给路透社的一份声明中，《第一财经日报》表示：“强烈谴

[1] 殷星．第一财经日报富士康纠纷案引起国际媒体关注 [EB/OL].(2006-8-30)[2019-10-28]. http://www.techweb.com.cn/news/2006-08-30/90717.shtml.

责这一诉讼，并将给记者提供全力帮助。”《第一财经日报》还呼吁深圳市中级人民法院解冻两名被告人的财产，并称，如果这一案件不撤销，《第一财经日报》将对富士康提起诉讼。这一诉讼是中国迄今为止针对记者最大的一起名誉诽谤案件，它引起了人们对新闻记者权利的担忧。翁宝 8 月 1 日对路透社说：“这是对新闻记者尊严和权利的考验。对记者的法律保护还远远不够充分。”《中国青年报》的一篇社论说：“这桩案件已经给社会发出了一个危险的信号，这意味着法律手段可能被用来压制言论自由。”北京媒体报道说，大约有 100 人已经在网上支持这两位记者的活动中签字，表示支持王佑和翁宝。

（二）对舆论压力采取和解策略

2006年9月4日，富士康与《第一财经日报》发出联合声明，以和解的方式解决富士康案。这意味着从 2006 年 7 月 3 日开始的富士康科技集团鸿富锦精密工业（深圳）有限公司起诉《第一财经日报》案件终于告一段落。从富士康起诉《第一财经日报》记者王佑和编委翁宝，索赔 3,000 万元人民币并冻结两人个人财产开始，该案发生了几次戏剧性的变化，包括诉讼金额从 3,000 万元降为 1 元，追加《第一财经日报》为被告等变化。此案总共经历了 63 天，双方达成和解，声明如下：

基于建设和谐社会、充分尊重新闻从业者的社会职责、保障企业正当权利之目的，经第一财经日报社与富士康科技集团鸿富锦精密工业（深圳）有限公司磋商，特就双方自 2006 年 6 月以来的报道及诉讼，发表以下联合声明：

1. 第一财经日报社对富士康科技集团为中国经济发展做出的贡献表示尊敬，并期待其未来为提升中国产业竞争力做出更多的贡献。

2. 富士康科技集团对《第一财经日报》这份中国有影响力的财经商业报纸表示尊敬。新闻媒体对富士康科技集团的监督是善意的；富士康科技集团将一如既往地与国内外媒体建立良性沟通机制，尊重新闻工作者行使职责的权益，并对国内外媒体的关注表示欢迎。

3. 双方共同认为，媒体当尊重企业正当权益，企业应尊重媒体正当合理的社会监督职能。

4. 基于上述认识，双方在互相尊重的前提下，本着“和谐发展，善意解决”的精神，富士科技集团同意就《第一财经日报》相关诉讼案自本声明发布日即撤销。

5. 双方对该事件给对方造成的困扰互致歉意；双方同意携手合作为创建和谐社会、增进劳工权益而努力。

第一财经日报社
富士康科技集团
鸿富锦精密工业（深圳）有限公司

根据富士康诉第一财经日报社和记者的案件结果可以看出，当企业强势抗击媒体，并提出巨额赔偿的时候，受众的普遍感受是企业财大气粗在仗着财力压制记者，社会舆论普遍支持记者舆论监督的权利和记者新闻报道的权利。富士康显然意识到与舆论逆向而行的风险，最后与媒体达成和解。这种沟通方式的模式是从“对抗”到“沟通”到“和解”。

对比农夫山泉和《京华时报》的沟通模式，虽然两个事件发生时间相距 7 年之久，但是由于《京华时报》针对农夫山泉的负面报道篇幅之多、时间之久，同《第一财经日报》报道富士康劳工权益受损问题的一篇报道相比较，双方主动性和强势相对位置不同。富士康集团与农夫山泉的国际影响力和涉足领域差别也很大。

首先，从媒体报道视角的利益相关者角度来看，富士康劳工权益问题，媒体监督是站在劳工权益受损者一边的，替弱者发声；而水质标准问题，媒体监督是站在相对模糊的利益相关者角度。普通消费者对农夫山泉有很高的接受度，并且对水质标准的指标缺乏认知，在尚未给消费者带来明确的严重危害之前，消费者会认为媒体连续发出的负面报道带有强烈的情绪色彩。

其次，从媒体报道方式的专业态度来看，《第一财经日报》对富士康劳工工作超时问题采用化名，且观点表达有用情绪修辞代替客观事实陈述的倾向。对比英国、美国两篇同类报道，它们强调多元化观点，不仅有负面信息还有正面的事实陈述，比如工厂环境好，这些事实很好地平衡了新闻报道的客观公正性。《京华时报》从报道篇幅、内容来看更像是对农夫山泉“穷追猛打”，而不给对方申辩的机会。

最后，从企业危机处理的角度来看，富士康的执行力更强，这与企业的全球化视野密切相关，作为国际一线电子品牌的代工工厂，富士康精于企业法律问题应对，而农夫山泉作为一家国内知名品牌，面对在北京市场被北京当地媒体公开连续负面报道的指责和抨击，显然缺少应对经验，在实践操作过程中也缺少“天时、地利、人和”等多种资源的配合。

（三）危机发生后媒体最想知道什么

1. 发生了什么？
2. 有无伤亡情况？
3. 损失的程度如何？
4. 会继续造成伤害和损失吗？
5. 为什么会发生？
6. 谁或者说什么对此负责？
7. 做些什么以解决危机？
8. 什么时候会结束？
9. 以前发生过类似的危机吗？
10. 问题出现之前有什么征兆？

（四）危机发生后，企业回应媒体的技巧

如果你的组织犯了错误，最佳的应对方式是立即揭示错误，道歉，并做出修正。只要危机事件自身不再继续发展，媒体也会立即停止报道。隐瞒会使危机持续存在。无论公司是否有过错，都必须尽一切可能以最快的速度在最大限度上控制局势。主动公布坏消息有助于降低谣言、猜测、半真半假的新闻报道和失实报道产生的可能性。接受媒体采访的时候要做到以下 10 点内容：

1. 务必听清楚整个问题再做回答。
2. 务必使用日常口语而不是行业或者专业术语。
3. 务必保持一种冷静、谦逊、负责、直接、积极、真实、关切的态度。
4. 务必理解记者的职责，遵守与记者约定的答复期限，及时回复其问询电话。
5. 务必给媒体留下平易近人、交流愉快的印象。
6. 务必把记者当作合伙人。
7. 务必告知媒体全部真相。
8. 务必看着记者的眼睛说话。
9. 务必采用本公司特定的危机公关计划。
10. 务必让员工了解危机。

危机发生后，企业应让媒体及时得到它们所需要的资料，包括：背景信息、数据、照片、发言人等。第一时间回应媒体时，通常采用以下答复：

1. 我们已经掌握了情况，这些就是全部信息。
2. 现在我们并不了解事情的全部。这是目前所掌握的，我们会尽快调查清楚并及时通报给您。
3. 我们暂时还不了解情况，但我们会尽快调查并及时发布。

三、企业应对危机应掌握的传播要素

（一）致歉的时间与姿态

危机发生后，不能使用“我们没有意识到……”这样的托词。首先要对发生的一切表示愧疚，这是消费者希望看到的。比如食品安全问题致人死亡，企业应主动承担责任：“我们非常抱歉。我们会尽一切努力来弥补损失。我们将承担全部医疗费用。”但尽管如此，也很难平息受害者家属内心的伤痛和愤怒。

（二）危机组织的发言人

在当今社会对于媒体的敏感度日益提升的情况下，许多组织越来越倾向于雇用在新闻、沟通、公共关系和公共事务等方面接受过正规培训的专业人士来承担发言人这一职务，以确保企业以最适当的方式从最合适的渠道发布公告，以使有利信息的影响最大化，使不利

信息的影响最小化。公司可以由首席执行官、董事长、总裁、首席财务官、律师或者外部法律顾问公开发布信息。此外，在日常工作和更多例行公告中，公司可委托公司公关部或投资者关系部代表企业发言。在此需要强调的是，发言人应忠实地代表组织的立场，即使这些立场与其本人观点相冲突，依然要以组织为先。因此，发言人通常是从经验丰富的长期雇员或者其他已知与组织立场一致的人员中挑选。

（三）外部专家为发言人

如果有机会让公认的专家发表关于公司的责任意识、勤奋态度或者与危机没有关系的话，可以允许他们做公司的新闻发言人。在斯奈普斯餐厅的案例中，医药官员就在新闻发布会上告诉公众，艾滋病病毒不会通过艾滋病员工感染食物来传播。

（四）有效的新闻发布会

在危机当中必须留心，无论你准备了多少计划，这时制订无关紧要的社会服务计划是不合时宜的。当生命受到威胁的时候，没有人想知道你每年向社区捐赠了多少奖学金。切勿召开不必要的新闻发布会或者参加会使危机事件持续曝光的其他活动，这样都会延长危机。

（五）接受采访的十不要

1. 不要做怯懦的人；
2. 不要猜忌和推测；
3. 不要因为自己未被报道提及就过度沮丧；
4. 不要钟情于某家媒体；
5. 不要因为记者不合作就撤出广告投放；
6. 不要认为自己的新闻稿是完美的；
7. 不要固执于事件变化中的某一点；
8. 不要掉入能够预测未来的陷阱中；
9. 不要戴墨镜或是嚼口香糖，保持良好的公关形象；
10. 不要吸烟。

——除此以外，还应补充如下内容：

第一，尽量控制现场背景和周边环境。在比较严肃的道歉声明的发布会中，如果不能控制周边环境，会带给公众“不严肃、不认真”的信号，进而给公众和受害者带来“道歉不真诚”的不良认知。

第二，对于灾难性事件出面致歉的时候要注意衣着打扮。比如，英国 BP 石油公司在墨西哥湾原油泄漏事件发生后，英国总部 CEO 致歉时的衣着干净考究显示出其非常有钱，与背景原油泄漏污浊不堪的画面和大量死亡的海洋生物形成鲜明对比。

第三，对于自身错误要考虑受害者情绪。比如，美国出轨议员面向公众致歉的时候，妻子最好不要出镜，因为一旦出镜，观众就会仔细观察并且审核其表情是伪装还是真实，夫妻关系是否和好如初，这些会在镁光灯下暴露无遗。

第四，防止二次危机发生。以北京和颐酒店为例，在受害人弯弯发布求助信息之后记者采访当事酒店经理时，经理却认为女性夜晚逗留酒店其本人存在责任，同时没有发生强奸死亡等事件，当事人却在新浪微博大肆宣传，有吸引眼球搏出位的嫌疑。这样的发言导致和颐酒店的消费者评价进一步下跌。

四、企业如何与外部公众进行沟通

无论是在危机发生前还是危机发生时，有计划地选择正确的措辞和适当的媒介来同外部公众交流是非常重要的。企业可以运用新的通信技术，将信息传达给公众。在其官网上提供一些背景资料，在危机中提供它们所认为的事实真相，这会让查找信息的人看到组织在事件中的态度。信息需求的日益增长使得互联网成为最有价值的信息源。

利益相关者能够影响组织，他们的意见一定要作为决策时考虑的因素。但是，他们不可能对所有问题保持一致意见，其中有些群体要比另一些群体的影响力更大，这时如何平衡各方利益成为战略制定时应考虑的关键问题。此次农夫山泉危机传播事件中，其利益相关者包括消费者、媒体、相关协会（北京市桶装饮用水销售行业协会等）、同行业竞争对手（华润怡宝等）。农夫山泉在这些重要利益相关者的关系处理上还有不少需要完善之处。

（一）消费者 / 顾客

消费者 / 顾客是商业活动的中心。顾客不是商业活动的手段，而是它的最终目的。因为消费者是产品质量的最后一个检查员。一个企业要有良好的市场反馈，必须有配套的消费者培育、市场调查、顾客满意度、售后服务和稳定的顾客关系。而农夫山泉在面对消费者的质疑和媒体的负面报道时，并没有回答自己如何处理消费者的投诉，以及自身产品为何出现了质量问题，而是将矛头指向了媒体的不合理、不正当和别有用心的监督。它以非常强硬的姿态对抗媒体报道，并且在记者招待会上宣布退出北京市场。不管是出于受委屈负气出走，还是因为理亏心虚，因为与媒体关系不和而放弃整个北京地区的桶装水市场，置消费者利益于不顾，这对于一直信任并且使用农夫山泉桶装水的北京地区消费者而言，不免感到遗憾和被企业“遗弃”。

（二）行业协会

危机发生后，2013 年 5 月 2 日，北京市桶装饮用水销售行业协会下发通知，要求北京市桶装饮用水行业各销售企业对农夫山泉桶装饮用水产品即刻下架。该协会常务副会长袁军称，要求其下架的理由除了近日媒体曝光农夫山泉饮用水出现了多重质量标准问题外，还因农夫山泉在北京生产的桶装水标签上注明其执行的产品标准为浙江标准。

（三）竞争对手

调查记者发现该协会网站登记的联系人艾先生的手机号码，竟然与华润怡宝放心水站联系人的手机号码相同。记者随后拨通了该手机号码，这位艾先生表示自己曾经是怡宝的经销商，目前在协会负责市场推广方面的工作，他同时表示对于“农夫山泉下架令”一事不方便接受采访。与此同时，“《京华时报》特供水”是北京市唯一能全市联网配送桶装水的北京市委下属企业。其官网上称其产品采用封闭式配送渠道，从水厂到小蓝帽服务中心各分站进行直线配送，公司自 2007 年底开始运作标准化项目，主张用更人性化的服务打动客户。其理念得到广泛推广，使更多的消费者购买其桶装水，“我们所有的服务站及分点均为《京华时报》下属直营店，不做加盟商，多年来一直是如此，在管理上做到系统化，在行业中有一定知名度”。

（四）多元媒体

正常情况下，企业会通过大众媒体传播并塑造良好的企业形象，所以企业与媒体是合作的关系。在传统媒体时代，大众媒介在信息发布和传播方面居于垄断地位，企业养成了对媒体毕恭毕敬的态度。在新媒体时代，由于信息渠道的多元化，企业逐渐有了大众媒体平台以外的发声渠道和营销路径。尽管如此，企业长期养成的对待大众媒体“谦卑”的态度一时间很难改变。但在《京华时报》与农夫山泉的舆论危机事件中，农夫山泉之所以对《京华时报》态度如此强硬，因为《京华时报》作为媒体进行舆论监督的同时，又和其他桶装水品牌即农夫山泉的竞争对手有着千丝万缕的联系。如果农夫山泉退出北京市场，《京华时报》无疑是利益相关者，并且也是借用信息报道获得相关“讯息补贴”的受益者之一。这种身份的变化让媒体兼具了竞争者的色彩。

（五）周边社区

在“质量门”“标准门”的危机公关中，农夫山泉并没有主动积极承担责任。首先，农夫山泉只是一味坚称其产品的生产工艺和水质没有任何问题，水质标准远远优于现行的自来水标准，始终没有正面回答媒体和公关关注的问题。其次，农夫山泉还将矛头指向竞争对手华润怡宝，诉诸“阴谋论”。最后，在华润怡宝表示诉诸法律后，农夫山泉又转而指责媒体以及行业协会，自始至终没有正视自身问题。农夫山泉的危机公关违背了危机公关中首要的承担责任原则。

（六）外部专家

外部专家第三方背书有利于提高企业发布信息的可信度和权威性。在产品被媒体质疑后，农夫山泉邀请电视、报纸和网络媒体以及消费者对农夫山泉水源、生产过程和产品品质进行全面的实地访问和监督，符合权威证实原则。但由于其始终没有一个站得住脚的关于水质标准的解释，效果并不理想。

五、危机中协商与对抗的沟通模式

危机通常被认为是一个不可预测的事件，它可能产生负面的结果，并可能威胁到公司的声誉。公司需要与公众就危机进行有效沟通，保护自己免受声誉下降的影响。Coombs[1]提出的情景危机传播理论为理解和选择适当的危机应对策略提供了框架。最初的危机应对（基本应对）包括指示信息（发生了什么，危机可能如何影响公众，以及公众应该做什么）和调整信息（公司正在做什么，以防止危机重演）。然后，声誉修复策略可以用来修复或避免任何声誉损害。Coomb[2]概括了十种声誉修复策略，并根据态度将它们分成四类：拒绝（攻击原告、寻找替罪羊）、贬低（原谅、辩解）、重建（道歉、补偿）和支持（提醒、迎合、胜利形象）。拒绝策略，包括攻击原告或找替罪羊，应该只在涉及错误信息的时候才能够使用。缩减（贬低）策略，包括提供借口或理由来最小化责任，可以在危机的责任归属最小时使用。重建策略，包括补偿受害者或道歉（接受责任并请求原谅），可用于任何可防御的危机，或责任归属很强的时候。最后是支持策略，包括提醒利益相关者与受众保持良好的沟通，主动迎合受众的信息需求，安抚受众的过激情绪。通过将组织描绘成危机中的受害者，引导公众从对组织的同情过渡到对其积极形象的感知，企业从弱到强的胜利者形象将被再次塑造出来。

农夫山泉此次的危机处理与危机公关的诸多原则背道而驰，如承担责任原则、真诚沟通原则、速度第一原则等。面对媒体的公开负面报道，农夫山泉并没有采取私下谈判的方式，在长期置之不理之后召开新闻发布会开始采取对抗姿态。谈判是在社会冲突演化的早期阶段通过当事双方的自愿协商化解矛盾、防止冲突升级的重要手段。这是一种非暴力、非诉讼的冲突解决方法。与有中立的第三方介入的方法相比（比如审判、仲裁和调解），谈判具有允许当事方自行控制冲突解决进程与结果的优势。[3]社会冲突之所以会发生，是因为冲突双方存在利益和观念上的分歧。而谈判是为了争取他人的认同或者取得自己期望的结果而进行的人际互动，其目的就是通过协商达成妥协，弥合双方的分歧，并在一定程度上达到自己的目标。由于谈判是在相对有序的条件下进行的，因此这种解决冲突的方式对社会运行体系的破坏力就小得多。如果双方能够达成协议，就可以避免严重对立，防止冲突升级为暴力。从谈判理论来看，谈判的模式可以分为两种，一种是对抗性谈判，另一种是合作性谈判。[4]我们来看农夫山泉面对危机是如何与媒体进行沟通的。

（一）沟通中的回避拒绝

在对于“标准门”的危机公关中，一方面，农夫山泉始终都在指责对方，从竞争对手

[1] Coombs W T , Holladay J. The paracrisis: the challenges created by publicly managing crisis prevention[J].Public Relations Review, 2012, 38 (3):408–415.

[2] Coombs W T , Holladay J. The paracrisis: the challenges created by publicly managing crisis prevention[J].Public Relations Review, 2012, 38 (3):408–415.

[3] 斯蒂芬，戈尔德堡，等 . 纠纷解决：谈判！调解和其他机制 [M]. 北京：中国政法大学出版社 ,2004:3.

[4] 赫布，科恩 . 谈判无处不在：如何通过谈判得到你想要的一切 [M]. 广州：广东人民出版社 ,2011:98.

到媒体，再到行业协会，缺乏与媒体和公众的真诚沟通。另一方面，农夫山泉虽然也公布了瓶装水中砷、镉、硒、硝酸盐、溴酸盐五项检测数据，但从回应来看，农夫山泉只是笼统地说“由第三方检测机构提供检测数据”。至于“第三方”到底是谁，农夫山泉始终没有公开，第三方信息源的缺席削弱了数据的说服力，让公众看不到其沟通的诚意。

（二）沟通中的保持沉默

农夫山泉被媒体曝光后一直保持沉默，直到将近一个月后，才在官方微博做出正式回应，显然延误了危机公关的最佳时间。但在随后的舆情应对中，农夫山泉的反应速度还是比较迅速。

（三）沟通中的形象重建

农夫山泉被曝出“质量门”和“标准门”之后，一方面通过官方微博予以回应，另一方面邀请媒体和公众进行实地访问和监督，这一点符合系统运行原则。然而其在整个危机处理过程中，先是将矛头指向竞争对手，继而指责媒体和行业协会，缺乏危机公关的系统运行策略。

（四）沟通中的致命弱点

在危机爆发之前，《京华时报》前总经理崔斌，被指收受达芬奇家居股份有限公司300万元公关费，遭免职；《京华时报》2011年曾经授予蒙牛乳业股份有限公司“年度最具社会责任企业奖”，授予中国红十字会“京华公益奖”，连卢俊卿父女也被授予“京华公益·编辑部特别奖”。这样的“履历”，让专业人士不免怀疑《京华时报》针对农夫山泉连续报道的动机。这场持续四年的诉讼马拉松随着农夫山泉的撤诉正式结束，恩怨过往也随风而去。至于矿泉水、桶装水的标准问题，是政府部门的问题，而不应该是农夫山泉一家企业的事情。钟睒睒，这位曾经在《江南》杂志与《浙江日报》做过多年记者的浙江诸暨人，在企业出现的每一起质量危机中，均是以强硬姿态激烈应对，而为了推广新产品，其无一例外将矛头直指竞争对手、四面树敌。如何更有效地应对企业危机，是农夫山泉需要学习的。

◆ 如何看待危机公关的“叛逆者”

A. 学生观点

农夫山泉用标准一事引导公众视线偏离问题核心，试图用农夫山泉水质“符合国家标准”替代“水源地没有问题”。其关闭北京工厂的行为显得刚愎自用，不顾企业市场和消费者的利益一意孤行，只为口中坚持的“尊严”。《京华时报》身负社会舆论监督的职能，在北京媒体行业有着举足轻重的地位。然而在新闻发布会上《京华时报》记者没有遵循会场应有的秩序，持续打断新闻发言人并质问发言人，有损媒体的形象。

此次危机事件属于企业和媒体之间的冲突事件。因此除了了解双方的表态和作为，还应该了解其他媒体对此次危机事件的报道，才能够更好地全方位了解这次事件的起因、发展、经过、结果。并且这次危机事件涉及媒体，因此其他媒体也是较为重要的利益关系人，其态度也值得认真剖析一下。在这里，有关媒体呈现的分析可分为三个部分，分别是传统官方媒体的呈现、网络平台的声音以及一些网友的表态。

首先是传统官方媒体的呈现。传统媒体对此次危机事件报道的呈现至关重要。传统媒体在公众心目中可信度很高，代表着权威，因此其对公众的认知起到重要的引导作用。我们来看看中央电视台新闻频道的态度。中央电视台是中华人民共和国的国家电视台、国家副部级事业单位，是中国的新闻舆论机构和思想文化阵地，具有新闻传播、社会教育、文化娱乐、信息服务等多种功能。《新闻 1+1》是中央电视台新闻频道一档“时事新闻评论直播节目”，每期节目从时事政策、公共话题、突发事件等大型选题中选取当天最新、最热、最快的新闻话题展开评论分析。第一时间深入解析新闻幕后错综复杂的背景脉络，还原新闻全貌、解读事件真相，力求以精度、纯度和锐度为新闻导向，为观众呈现最质朴的新闻。2013 年农夫山泉和《京华时报》“对战”正激烈时，《新闻 1+1》对此次事件进行了报道。报道中，中央电视台的态度“不偏不倚”，没有偏向任何一方，而是将问题归结于水质标准的制定。节目中分析了各类水质标准，主持人也表示很难弄清如此复杂的水质标准。中央电视台《新闻 1+1》得出的结论是农夫山泉依据的是瓶装饮用水旧国标，而《京华时报》是采用新更改的国标对农夫山泉的水质进行评定。可以看出在此次的事件评论中，中央电视台表现出其一贯的谨慎态度，虽然其报道的内容中有很多解释、讨论水质标准等看似无用的问题，但其最终还是得出了结论——新的水质标准的制定带来了双方的“对战”。

除了传统官方媒体的呈现，还有网络平台的声音。网络平台中，腾讯网对此次事件进行了报道，其话语倾向于农夫山泉，对《京华时报》持保留态度。它将《京华时报》的“前科”一并报道，将其利益关系有明显指向性地表达出来，意指此次危机事件中，《京华时报》的举措是有利益关系存在的。其文章的评论也都一边倒地倾向于农夫山泉。网络平台中还有中华网、财经网，它们只对事件的经过进行报道，没有发表任何评论，较为客观。凤凰财经、新浪网在农夫山泉 2017 年撤诉之后，对事件进行了报道，多是从农夫山泉的角度而言的，对农夫山泉起诉的时间、采取的行动、撤诉的时间进行了简要报道。在很多自媒体报道评析中，大部分言论是偏向农夫山泉的，自媒体将《京华时报》之前负面事件存在的利益关系一并报道，将之前的事件和此次事件建立了联系。但是自媒体平台的信息真实性和关联性有待考证，只能代表民间观点和态度。

从新浪微博平台上网友的言论可以看出，部分网友对农夫山泉的水质表示担忧，但还有大部分的网友表示支持农夫山泉，对《京华时报》持续进行负面报道的行为表示不满。

总体来说，官方媒体平台对此次危机事件持“中立”态度，只对事件进行报道。而网络媒体包括自媒体大多对这个事件有自己的看法，大部分倾向于农夫山泉，对《京华时报》的行为表示怀疑。而公众对此次事件的看法受到网络媒体影响，大多也都支持农夫山泉。

B. 学生观点

我分析了此次危机中，农夫山泉和《京华时报》的态度、相应时间双方采取的行动，以及农夫山泉具体采取了哪些措施有效减小了危机带来的不良影响。

首先，分析“对战”开始之后农夫山泉和《京华时报》的态度。此次危机事件刚开始就已经奠定了激烈的对战基调。事件的发生是从《京华时报》指控农夫山泉的桶装水质达不到自来水标准开始的。报道之后农夫山泉也受到巨大损失，采取了很多举措。整个过程就是一个对战过程。双方态度激烈，都起诉了对方，农夫山泉起诉《京华时报》进行虚假报道，《京华时报》起诉农夫山泉对其组织进行污蔑，双方均多次起诉，争执不下毫不让步。其间农夫山泉特意“上京举报”，表明其态度激烈。对战过程中，农夫山泉主动停产北京的桶装饮用水，这是让我唯一有疑问的地方，农夫山泉董事长钟睒睒的说法是在这样有利益关系的环境下，农夫山泉主动退出，他认为尊严比金钱更加重要。但是我认为如果水的质量真的没问题，就完全可以坦然地照常生产销售，经得起任何检测。因此我认为农夫山泉主动退出北京的桶装水市场有些欠妥。另一方《京华时报》的态度也很激烈，由于此次事件关系到其报道可信度问题以及名誉问题，因此媒体记者也据理力争，但是持续的负面报道让受众感受到《京华时报》的态度过于偏激，给公众也留下不好的印象。在农夫山泉针对此次危机事件召开的新闻发布会上，《京华时报》记者多次打断钟睒睒讲话，带给公众的感受是缺少基本的职业素养和对他人的尊重，有损媒体形象。

其次，分析相应时间双方采取的措施。2013 年 4 月 10 日《京华时报》的一篇报道《农夫山泉被指标准不如自来水》，农夫山泉 2013 年 4 月 12 日发表文章称其品质远高于现在国家标准，指责《京华时报》的报道是不严谨、不科学的。4 月 16 日《京华时报》发布上海某检测机构报告佐证农夫山泉不如自来水，农夫山泉称《京华时报》指鹿为马，混淆两个标准概念，为洗刷冤情被逼公开企业机密。4 月 19 日到 5 月 6 日，《京华时报》再次报道农夫山泉已遭饮用水协会除名，其桶装水因标准问题被停产，北京质量技术监督局介入调查。农夫山泉在 5 月 6 日起诉《京华时报》进行虚假报道，要求赔偿名誉损失费 6,000 万元，并在当天召开新闻发布会。农夫山泉认为，《京华时报》大篇幅多层次报道企业的负面新闻，并非在行使媒体的公共监督职能，而是与其竞争企业有利益相关。2013 年 11 月 29 日农夫山泉再次提起诉讼，《京华时报》也提起诉讼。2017 年《京华时报》停刊，随后案件始终没有进展，农夫山泉撤诉。

再次，分析农夫山泉采取了哪些措施有效减小了此次危机对其自身的影响。第一，影响最大的举措是农夫山泉召开了新闻发布会。在此次发布会之后，有很多网友对农夫山泉的态度反转，由反对到支持。在此次新闻发布会上，钟睒睒的发言掷地有声，言语激烈，而《京华时报》记者的表现不尽如人意，其间多次打断钟睒睒的发言，情绪激动，提问不能直击要点，让公众感受到的是一种故意为难而非有效沟通。第二，农夫山泉让消费者参观水源地的举措较为有效。消费者参观了水源地，并且多家媒体进行报道，发布照片，能够让公众直观感受到农夫山泉的水源地是毫无问题的，并且此项举措也能够拉近企业和消费者之间的距离，让消费者对农夫山泉反而更加信任，能够有效实现由危转机。

综上所述，我认为农夫山泉的处理方式较为有效，既召开了新闻发布会明确说明问题，也采取其他举措让消费者进一步了解农夫山泉，将损失降到了最低。

➢ 课后思考题

1. 请对比农夫山泉和富士康面对媒体负面报道所采取的应对方式的相同之处和不同之处，结合不同之处谈一谈十年间企业危机公关在哪些方面有变化。

2. 请用利益相关者模型分析在农夫山泉诉《京华时报》的危机转化模型中，双方各自的危机来源和对利益相关者的影响。

Chapter 3

第三讲　企业营销不当引发的危机

——利用媒体营销，广告宣传擦边球的困境

- 跨文化传播中的文化尊重问题
- 广告反映社会问题而引发争议
- 用新闻热点中负面元素博眼球
- 广告代言人陷入负面新闻危机
- 广告引发品牌危机的应对策略

● 主案例

2018年11月17日，意大利奢侈品牌杜嘉班纳（Dolce&Gabbana，简称D&G）在官方微博发布“起筷吃饭”系列视频，意在宣传11月21日的上海品牌时装秀。然而广告中亚裔模特扭捏的姿态、对筷子及食物奇怪的描述等内容都被中国观众理解为歧视华人。随后，该视频在中国的社交网络上被删除。但不久后网络上又曝光了一段网友和杜嘉班纳品牌设计师在INS上的对话，对话中网友指出杜嘉班纳之前投放的广告涉嫌歧视，而其设计师Stefano Gabbana发布了一系列辱华言论之后“甩锅”宣称是账号被盗导致，所有言论并非他本人观点。与此同时，在杜嘉班纳推出的广告片中，穿着较为破烂、画着类似舞台剧妆容的中国人与穿着该品牌华丽服饰的外国模特形成了较大对比，而旁白中奇怪的中式发音、傲慢语气，也令中国观众感受到了歧视和轻蔑。那段中国筷子与意大利饮食相结合的视频中，旁白的声音傲慢无礼，模特用奇怪的姿势吃比萨，配的文字说明是“用小棍子形状的餐具去吃意大利伟大的传统玛格丽特比萨”。事发后，多位明星在新浪微博发布声明抵制杜嘉班纳品牌，中国模特罢演杜嘉班纳时装秀，原本要出席时装秀的多位明星纷纷表示不参加、不合作，杜嘉班纳不得不取消了品牌的上海时装秀。

11月21日，《人民日报》批杜嘉班纳辱华；11月22日，微信公众号中央政法委长安剑评杜嘉班纳辱华；11月23日，人民网评杜嘉班纳辱华；中国网刊发《你真的懂中国的筷子吗？》评杜嘉班纳辱华事件。11月23日下午，杜嘉班纳官方发布道歉视频。

一、跨文化传播中的文化尊重问题

伴随着中国经济的迅速发展，人民生活水平的提高，中国市场和中国企业都逐步进入国际商品市场和全球消费市场的竞争之中。不管是国外品牌在中国做广告，还是中国品牌走向世界做营销，跨文化广告传播已成为全球化营销中不可或缺的要素。那么频频发生的跨文化广告传播失误，是无意之失还是有意为之？对品牌会造成怎样的影响？是否会对企业造成危机？如何趋利避害，做到在国际市场上既维护国家形象又提升企业品牌，同时扩大产品（服务）的市场份额和收益？这些问题都与品牌的跨文化传播危机管理密不可分。

跨文化广告传播产生冲突的原因在于，广告作为一种经济信息的传播载体，反映了一个国家、民族、组织日常习惯所接受的价值观和政治生态，不同的政治、经济、文化场域中对同一支广告可能出现完全不同的解读。具体细分，造成跨文化广告冲突的主要原因有：信息理解的差异、沟通形式的差异、管理沟通风格的差异、法律和政治意识差异、民族个性与思维方式的差异。

（一）冒犯传统文化元素

在2004年9月的《国际广告》杂志第48页，刊登了一则名叫“龙篇”的立邦漆广告作品，画面上有一个中国古典式的亭子，亭子中的两根立柱上各盘着一条龙，左立柱色彩黯淡，但龙紧紧紧攀附在柱子上；右立柱色彩光鲜，龙却跌落到地上。画面旁附有作品介绍，内容是：右立柱因为涂抹了立邦漆，盘龙都滑了下来。评价称：“创意非常棒，戏剧化地表现了产品的特点，结合周围环境进行贴切的广告创意，这个例子非常完美。”广告引发了网友的讨论并且引起消费者质疑，他们打电话问杂志社为什么刊登这样有辱民族图腾的作品？虽然广告的设计单位李奥贝纳广告公司广州分公司声称：这个广告是为立邦涂料广东有限公司生产的“木器清漆”设计的。这种油漆的最大特点就是保持木器表面光滑，防止产生小刺。广告希望借用夸张手法来表现产品功能。但是为什么消费者在情感上无法接受呢？广告学者张翔认为“龙是中华民族的图腾，是民族的象征。每个国家对传统文化的理解不同，在我国的文化中，龙的内涵非常丰富。广告一旦忽略了与文化的联系，就会使受众感到不舒服甚至产生厌恶”。虽然立邦涂料是一家广东的企业，但是广告创意来自一家跨国公司。在 2000 年前后，我国广告行业多引进西方先进的广告理论，它们在本土化的过程中出现了不少“水土不服”的情况。

20 多年过去了，我国目前的广告创意行业能够很好地与国际接轨，本土广告创意公司和数字营销咨询公司已经纷纷成长起来，不仅吸收了国外先进的广告理念和广告技术，而且在文化适配性方面更能体现本土文化给养的优势。但是意大利奢侈品牌杜嘉班纳这支宣传片，深深伤害了我们的民族感情，不尊重中国人最基本的生活饮食习惯，自然遭到了从明星到公众的全面抵制和反感。

杜嘉班纳广告被网友定性为“辱华事件”，发布后迅速发酵，章子怡、黄晓明、陈坤、李冰冰、木子洋、王俊凯、唐艺昕、火箭少女、迪丽热巴等表示当晚不会出席杜嘉班纳大秀活动，不少中国模特也已经宣布罢演。明星第一时间在自媒体平台发布抵制杜嘉班纳的声明（见图 3–1）：

图 3–1　明星发布抵制杜嘉班纳的声明—新浪微博截图

让我们来看一看杜嘉班纳的态度。它的道歉和公告完全没有诚意，究其原因在于奢侈品品牌的全球中心化主张，它不会因为照顾一个国家一个民族的文化情感就改变自己的品牌调性和战略。但是中国消费者的抗议也很好地表明了我们不接受如此傲慢无礼的奢侈品品牌，哪怕在中国市场还是有小部分受众会选择购买，但绝大多数公众对杜嘉班纳已经充满厌恶和排斥，这便是杜嘉班纳不尊重中国文化和消费者情感的后果。一个拥有不良品牌认知的奢侈品，一个不尊重“消费市场”民族文化和情感的外国品牌，如果有人继续愿意使用，只能说明在使用者心目中民族文化的身份认知与归属感不及奢侈品本身带来的满足感和优越感更强烈，这样无疑会造成一种社交风险和使用压力。杜嘉班纳这种轻慢态度且忽视跨文化传播过程中文化尊重的行为是不可取的。

杜嘉班纳官方微博致歉声明（见图 3–2）：

图 3–2 杜嘉班纳官方微博致歉声明—新浪微博截图

杜嘉班纳的回应如下：

公司在创意和经营中没有充分考虑全球不同文化的敏感性，完全忽视了中国人对自己民族和文化的自豪感，我们在检讨自己创意的同时，更应该重新审视我们的价值观。公司主要创始人在社交媒体的对话中固然有情绪冲动，但这种言论的出现也反映了我们在价值观上不够成熟、不够坚定，对自己作为一个全球性企业应该体现的道德准则认识不清。我们对今天所发生的一切深表歉意，对主要创始人的言行给中国人民造成的伤害深表愧疚。

2018 年 11 月 22 日，有媒体向中国外交部发言人提到有关杜嘉班纳事件的问题，中国外交部发言人是这样回应的：“从本质上来讲，杜嘉班纳事件不是个外交问题，我们也不希望它上升为外交问题，与其来问外交部发言人，不如去问一问中国的普通民众，看看他们是怎么想、怎么看这件事情的。”[1] 自 2018 年 11 月 17 日广告发布后，不仅杜嘉班纳时装秀取消，代言人宣布单方面解除合约，明星纷纷抵制杜嘉班纳品牌，国内的电商平台也纷纷下架杜嘉班纳在国内的所有品牌及其旗下的所有商品。杜嘉班纳在中国遭受了前所未有的冷遇，此次杜嘉班纳负责亚太地区业务的执行官已经向总部辞职，海外华人在意大利米兰杜嘉班纳门前示威游行。

（二）将社会冲突娱乐化

2017 年 4 月 5 日，百事可乐在 YouTube 上向全球发布了一支“Live Bolder”的广告片，广告的视觉影像包括穆斯林游行、同性恋、反川普、黑人物质生活权利抗争游行等严肃的政治议题，但在与镇压游行的白人警察的对抗中，广告明星坎达儿·珍娜（Kendall Jenner）轻松用一瓶百事可乐就化解了游行示威运动的冲突。（见图 3–3、3–4）这条视频引起了公众极大的愤怒和抗议，在 Facebook、Twitter 等自媒体平台上，在《娱乐周刊》等报纸杂志以及 CBS 等电视媒体平台上，几乎是一边倒的声音要求百事公司辞退广告公司，撤掉广告并向公众道歉。

图 3–3　真实新闻事件，黑人女孩儿与警察对抗的姿态

百事可乐发言人表示：我们的创意试图表达一个团结的时刻，多个故事情节汇聚在一起。它描绘了不同群体的人拥抱一个自发的时刻，展示在百事可乐品牌口号“活在当下”的号召下，什么才是真正意义上“生活的无拘无束”。但是在消费者眼中，百事可乐用一瓶饮料轻松化解严肃的政治冲突，本身就是对黑人运动的轻蔑，也是对种族歧视抗争过程的讽刺。这是自 1992 年以来继辛蒂·克劳馥（Cindy Crawford）以后，百事可乐第二次起

[1] 中新社 . 外交部回应杜嘉班纳遭抵制：不如去问中国普通民众怎么想 [EB/OL].(2018-11-22)[2019-10-27].http://www.chinanews.com/gn/2018/11-22/8683490.shtml.

用模特儿出演百事可乐广告，没想到给坎达儿·珍娜带来如此大的争议和负面影响。她在一份声明中说："对我来说，百事可乐不仅仅是一种饮料，也是一种流行文化的象征，是一种与当今一代人分享的生活方式。"虽然企业和明星的理解都是正向的积极的，但广告却不可避免地遭到了公众一致的反对。

图 3-4 百事可乐广告片的明星镜头

（三）鼓励女性自我物化

2017 年 5 月 17 日，专业微整形平台更美 App 品牌广告《人生不是天生》出现在纽约时代广场的户外显示屏上，引起了众多社交媒体的热议。这条广告的导演是安室奈美惠 MV 的导演三直石，拍摄团队 Karma 曾经给 Keep 拍摄过"自律给人自由"、给 New Balance 拍摄过"尽管去跑"的广告片。《人生不是天生》广告讲述了七个故事：胖 = 庸俗的失败者；和普通人结婚 = 自毁一生；爱情是互相在心里衡量价码；三环以外的人没有资格谈幸福；好人只出现在好看的人身边；生活好坏写在女人脸上；小城故事不值得一提。更美 App 创始人刘迪非常看好这条广告，在品牌理念发布会上，刘迪分享了他关于更美品牌理念的解读：在这个以貌取人的世界，每个人都有自己的梦想和欲望，大家都很努力地想过更好的生活。"我们歌颂勤能补拙、笨鸟先飞，却鲜少赞扬努力变美的人。实际上，努力变美和努力让自己变聪明都是在打破天生的局限，为更好生活所做的奋斗。"刘迪表示，整形正是为了追求美好生活所做的努力。"为了变得更美而努力工作攒钱，为了变得更美而接受专业医学治疗，这和读书健身一样，是为超越天生界限所做的奋斗。更美的新口号提倡的正是这种奋斗不止的人生态度。"[1]

广告作为社会文化的承载者同时也在传递价值观，对社会大众有教育功能和示范效应。但是这条广告鼓励女性通过整容整形医疗美容的方法来获取更美好的人生，宣扬以貌取人，其价值取向显然有悖于积极健康的社会主义核心价值观。对于女性的教育之于整个国家和

[1] 中华网.更美 App 登上纽约时代广场"人生不是天生"完成品牌人格化 [N/OL].(2017-05-23)[2019-10-27]. http://science.china.com.cn/2017-05/23/content_9493077.htm.

民族都是非常重要的。众所周知，云南省丽江华坪女子高中的张桂梅老师获得了“时代楷模”称号和“七一勋章”，她用自己的人生将1,804名女孩送出了大山，一千多个家庭因此脱贫。是通过读书改变命运，还是通过自我物化整容整形来获得他人的青睐？这实则是自力更生还是依附于他人的选择。2021年5月2日，浙江杭州一位33岁的女网红在当地一家名为“华颜医疗美容医院”的医疗机构接受了吸脂手术，两天后出现了多器官功能衰竭和皮肤大面积溃烂，进入杭州绿城医院ICU抢救，后转入浙江大学医学院附属第二医院进行治疗，最终因为感染过重不幸去世。根据艾瑞咨询《2020年中国医疗美容行业洞察白皮书》，2019年全国有近2,000家医疗美容机构超范围经营，有8万多家经营机构涉嫌违法。据中国整形整容医师协会的统计数据，目前我国实际从业的医美医师非法执业人数已经超过10万人以上。在整容整形从业者中，非常重要的角色是咨询师，而咨询师的核心工作是贩卖焦虑。表面上看这位33岁的年轻女性的悲剧是由医疗机构的医疗资质、医师水平和术后护理不当造成的，但实际上这是一场完全没有必要进行的手术，它恰恰源于贩卖焦虑的整形咨询师的游说。同样的道理，如下所示《人生不是天生》的广告文案也在向全社会女性贩卖焦虑，这本身是一种病态的价值理念，需要警惕。

> 你过得好吗？不用回答。答案，写在你的脸上。你的小城故事不值一提。
> 没征服过大城市，你会以为眼前的一切，就已经是全世界。
> 人变得庸俗，是从发胖开始的。不想被自己打败，首先要拿下0号身材。
> 普通的男人、普通的收入、普通的生活；
> 普通到让人不甘心，就这样和他过一生。
> 都说世界上好人多，但其实，他们只围绕在好看的人身边。
>
> 谁没被生活欺负过，只是你把痕迹都留在了脸上。
> 你以为爱情是无价的，其实他早在心里给你标好了价格。
> 听说有爱的地方就有家，但幸福，从没敲过三环以外的门。
> 在这个以貌取人的世界，想要的一切从不会凭空而来。
> 只不过更美的女人，始终办法多一点。
>
> 人生不是天生
> 更美专业微整形App
> 你，过得好吗？[1]

（四）揶揄讽刺社会现实

2017年5月14日母亲节，滴滴官方微博发布了一条新广告，并配文：不夸张地说，

---

[1] 资料来源：《人生不是天生》广告文案。

这个“拜见丈母娘攻略”，小滴看了30多遍没看够！简直是母亲节送给妈妈最有安全感的礼物。看完该给谁打电话你知道的。

这条广告是滴滴邀请泰国导演 Thaonchai Sornsriwichai 拍摄的主题为“五大安全科技”中的一支。该导演的作品有大众银行广告《母亲的勇气》，潘婷广告《你能行》，可以说是一位重量级专业人士。但是这条广告的剧情安排却被观众批评为三观不正。

剧情设计是女儿带着男朋友见父母，因为男朋友长相不够帅，父母见了之后面有难色，之后开始逐一审核房子、车子、存款、学历和职业等硬性条件，男朋友只将房产证、车钥匙、学位证、与马云的合影一一展示，全程微笑无语，父母态度瞬间大改变，配合广告语“严格审核，父母才放心”，它暗示滴滴对消费者非常负责任，审核司机就像父母审核未来女婿一样，向消费者传递了滴滴“安全”的信息。

二、广告反映社会问题而引发争议

（一）从创意与表达角度分析

从上文提到的滴滴专车广告创意来看，企业是想通过父母审查女婿的场景，来传达“滴滴司机审核严格”这个点。它从社会现象出发，让原本单调的滴滴产品广告变得更有趣味。这点很符合泰国广告的一贯做法。由家长审查这个主题来表现滴滴对司机的审查，这个广告创意看起来不错。但从广告剧情来看，其选取的审查女婿的标准并没有体现出有多严苛，反而有过于片面的嫌疑。毕业证除了代表学历高，也可代表求学的艰辛；多张金卡除了代表殷实的物质条件，也可代表工作经历复杂。广告剧情没有经过深挖，所以展现出来的效果也显得过于片面。企业方认为“滴滴这条广告完美利用了新女婿初见岳父岳母这一社会现象，用父母近乎严苛的择婿标准来类比滴滴司机严格的审查制度，巧妙传达了‘安全’这一品牌诉求”，但从故事表达与产品关联度的视角来看非常牵强。

（二）从价值观角度分析

广告片呈现的通过一些“硬件”证书、银行卡、与名人的合影就能评判一个人是否值得信赖，这难免让观众有“这父母就是势利眼”的感慨。看到女婿一摞银行金卡，其态度180度大转弯，最后皆大欢喜，容易让人得出结论：择婿标准落在了女婿是否“有钱”上。从获得家长的认可，到滴滴广告的画外音出现，其传达的价值观有失偏颇。

这条广告，以学历证书、房产证、银行卡来代替人品、性格、样貌，间接表达了男友安全可靠，值得托付一生。但最后滴滴亮出身份证、机动车行驶证、机动车驾驶证，以验三证来说明滴滴的审查严格就难以服众，从滴滴出现的“安全问题”来看，恰好是“不止于三证”，还有司机的“人品”问题。不是有三证就安全了，还有规范的监督和司机的职业道德水平。在择婿问题上，也不仅仅是有资产证明就万事无忧，还有爱，还有心，还有很多金钱没法衡量的东西。

从男方小陈先后晒出的“软件和硬件”来看，其所要表达的内容具有反讽意味。小陈后来掌握主动权，没等女方父母发问，直接晒出自己的高配硬件，让女方父母刁难不成。可以说这是一则讽刺社会现象和价值观的广告，但搭载了“滴滴”的新服务特征，效果反而适得其反。

（三）从实际效果分析

在微博下面的用户评论中，有人认为“滴滴所说的审核严格”与实际不符，其中车型不符、说脏话、身份证莫名被注册的评论较多。批评其三观不正的原因是，此广告赤裸裸地表达了金钱至上的观念。父母前后态度的变化，让人情感产生巨大冲突。不过也有网友表示理解，认为它“三观很正”，这就是中国男女相亲时女方父母的实际要求。也有女方家长表示：“我承认，因为担心女儿以后的生活而很现实。但其实人品也很重要。”这也是广告片存在争议的地方。

2018 年 5 月 6 日，一名空姐在郑州搭乘滴滴顺风车时遇害。3 个月后，一名温州女孩乘坐滴滴顺风车时遇害。除了这两起在全国范围内引起关注的案子，还有数起滴滴顺风车司机骚扰和侵害乘客的事件曝光。以滴滴为代表的网约车行业，由此陷入了前所未有的舆论风暴。滴滴出行的实际管理和对司机资格审核把控并不像广告片所承诺的那样“安全可靠”，消费者用生命的代价在呼唤企业重视用户安全以及规范共享出行平台管理。

三、用新闻热点中负面元素博眼球

2015 年上半年，媒体有过多次关于乘客被专车司机骚扰的报道。“广州女乘客酒醉乘坐专车被司机性侵”“女乘客称给专车司机差评后遭殴打”“专车司机骚扰女大学生”等恶性事件屡屡被媒体曝光。“黑专车”引发的一系列事件在舆论中发酵了数次，不少乘客在微博、论坛等网络平台上晒出了自己被专车司机骚扰的经历。当时，Uber 公司在国际范围内也是负面新闻频发，在印度因司机强奸案引发大规模反对，在韩国以及中国广州、成都和武汉等地遭遇查封，公共关系表现不良。“黑专车”的安全隐患引起整个社会关切和忧虑。神州专车的“我怕”主题广告在登上地铁、楼宇、航空、影院显著广告位置的十天后引发危机。

（一）先犯错再致歉的营销路径

2015 年 6 月 25 日，上午 10 时 56 分，神州专车发了一条官方微博，“不仅舒适、更要安全，这就是我们的观点！感谢大家的支持。在互联网创新的浪潮中，我们永远做最极致、最安全的用户体验！乌伯，请停下你的黑专车”。配图是一组主题为“Beat U，我怕黑专车”的海报，这组海报由海清、孙英杰等文体明星和柳实、刘二海等行业精英代言。（见图 3-5、3-6）

图 3-5 神州专车广告—新浪微博截图

图 3-6 Uber 就错别字发图回应网友

这次事件引发网友的激烈讨论，并且在微博、微信等社交网络中广为传播，成为网络热门话题，引起广泛争议。截至 6 月 26 日凌晨 1 点，在新浪微博的热门话题榜中，阅读量达到 1,730.9 万次。有网友从海报中发现了错别字，“怪蜀黍”错打成“怪蜀黎”，引发了网络群嘲。6 月 26 日下午 5 时，Uber 官方发表一条微博，内容与神州专车海报中出现的错别字相关。“Uber 优步杭州”官微当日下午 6 时回应：“不喜欢 beat 谁，我们只想和你在一起！ Be With U”。

6 月 26 日，Uber 官方微博发表了一组主题为“Love U”的图片。（见图 3–7）随着神州专车海报在社交媒体上的发酵，各方产生了一系列不同新反应，海报拍摄的参与者也作出回应。（见图 3–8）

图 3–7　Uber 广告—新浪微博截图

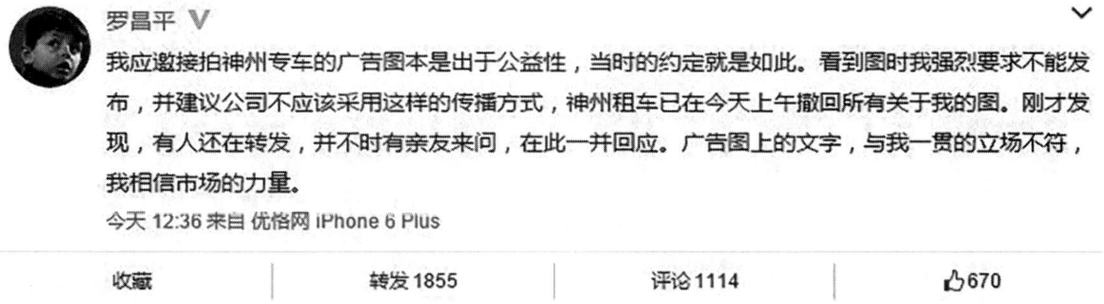

（a）

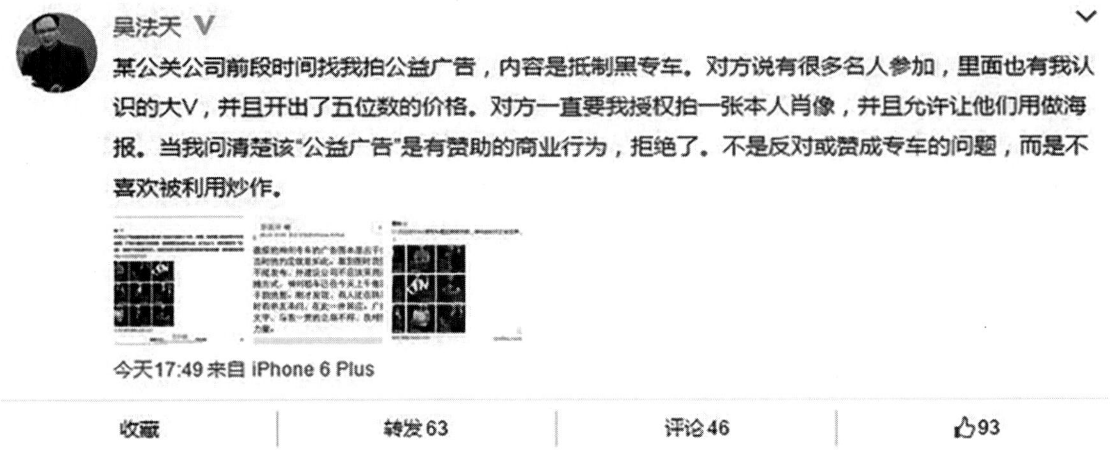

（b）

图 3-8 神州专车海报拍摄参与者回应—新浪微博截图

（二）一边道歉一边做商业推广

6 月 25 日下午 4 时，面对种种质疑的声音，神州专车首次发表微博回应：“①把怪蜀黍写成怪蜀黎的文案狗，正在被惨烈吊打中……②本来想和 U 玩壁咚，结果完全壁 duang 了……③不相信 U 天生具有舆论豁免权！现在信了……④我们的价值观很正，永远永远抵制黑专车……⑤永远相信：安全的专车就是神州……”

6 月 25 日晚上 10 点，神州专车在微信公众号发出一封 H5“最诚恳的道歉信”。在道歉信里，它分别向网友、代言人、搜狗输入法道歉。并委婉地对 Uber 表达歉意，道歉信中表示“Hey U 我们真的爱你”，但是依然表态坚决抵制黑车，最后在强调自己是安全专车的时候，甩出了“周五至周日三天，连送三天代金券”的补贴底牌。

神州专车美誉度暴跌，认知度陡然上升，神州专车 App Store 排名从第 148 位上升到第 61 位，获得单日 500 万下载量。时隔 5 个月后，神州租车董事局主席兼 CEO、神州专车董事长陆正耀复盘“Beat U”事件时称：“这是一个标志性的里程碑事件，通过此次营销真正让神州专车与其他品牌实现了差异化，传递出（神州专车）专业司机、专业车辆、安全保障的核心内容。”

神州专车 #Love U# 公关：

背景：2015 年的中国传统的情人节——七夕到来之际；8 月 1 日，滴滴宣布合并 Uber 中国，Uber 中国裁员。

2016 年 8 月 4 日，在中国传统的情人节——七夕到来之际，神州专车通过一组“Love U”主题招聘的海报和一封写给 Uber 的“情书”——《Love U 致 Uber 中国的那些年轻人》，向 Uber 中国大胆“示爱”。在社交媒体上掀起以“Love U”为热点话题的传播舆论高潮。

九宫格海报与一封“情书”发布后，阅读量在 10 分钟内突破 10 万 +；当晚微信阅读量 84 万，后台分享达到 25,000+，订单量增加 10,000 多单，领券 10 万余人次，Uber 直邮收到简历 100 多份。新浪微博热门话题 #Love U# 快速登上热门榜第四名，同时引发了数十家媒体纷纷自发传播，在一定范围内，形成了“刷屏”的正面传播效果。（见图 3-9）

图 3-9　神州专车七夕营销海报

此次七夕营销，神州专车成功吸引一些 Uber 甚至别家对手的员工加入，“Love U”紧扣七夕，又一语双关收到了很好的传播效果。

（三）媒体抨击犯错式营销套路

从“ Beat U”到“ Love U ”之间相隔了一年的时间，在这两次营销中媒体的报道发生了巨大的转变。2015 年神州专车发布 Beat U 系列广告时，网络舆论负面情绪强烈，对于神州专车的不正当竞争与恶意刷屏极为反感。但神州专车却在道歉信中对于恶意竞争只字未提。

1. 主流媒体

主流媒体方面，新华网舆情版块在第一时间发布了《网民细数神州专车五宗罪》的文章，直指神州“刷屏有风险”“LOW 营销成最大槽点”。事发两个月后，《人民日报》新媒体客户端文章《借新闻玩噱头以低俗当卖点：刷屏营销成朋友圈“病毒”》[1] 将矛头直指神州专车，表示诋毁他人、互黑互斗的营销乱象越来越令人反感。除了抨击神州专车的恶意营销，新华网在 2015 年 6 月 26 日的《新华每日电讯》中，开始正视黑专车相关的问题，表示应“对‘黑专车’的安全隐患保持清醒认识，与专车企业、公众、专家等共同探求更科学的治理方案，让监管制度跟上新兴行业的发展步伐。以更完善的制度保障乘客安全，提升服务的专业化水平，改进乘客的消费体验，才是赢得市场和口碑的正途”。

网络平台主要有两种声音：一方面，是抨击神州专车恶意营销，《深圳商报》网络版

[1]　张世悬，王琪．借新闻玩噱头以低俗当卖点：刷屏营销成朋友圈“病毒”[N/OL].(2015-08-06)[2019-10-26].http://www.yuxi.cn/UCM/wwwroot/yuxinews/finance/lc/3536335.shtml.

指出“神州专车抓住了Uber安全方面的把柄，才出了上述海报”。但是“比较广告对Uber涉嫌商业诋毁，有不正当竞争之嫌；对行业而言，攻击Uber也引发大众对其他互联网专车企业的反感”。中国信息产业网的报道则更加激进，直接将Beat U系列广告打上了“脑残广告”的标签。炮轰神州专车“把口水仗当成营销，替用户做选择，不懂互联网的舆论场”。另一方面，也有许多媒体从营销效果上对Beat U系列广告给予了肯定。路透社2015年6月25日分析称“尽管神州专车推出的广告被认为富有争议，但传播界人士认为在争议中该公司已经达到给消费者‘灌输印象’的效果”。有数据证明了微博蓝V“创业家传媒”发文称神州专车靠Beat U营销日下载量达到500万，成功进入了专车市场混战。但总体来说绝大多数媒体还是以抨击为主，只有少数商业或是专车行业内部的分析提到Beat U营销的成功。

2. 社交媒体

与主流媒体相比，社交媒体中在Beat U广告推出时则是一片负面评价声。有人表示挺Uber，抵制神州。有人认为两者都不安全。在神州专车发布道歉信之后，微博抨击神州专车的声势则更加壮大。因为神州专车只对错别字道歉，对恶性竞争只字未提。微信公众号对神州专车的负面评价相对较少，因其在发布道歉信的同时为用户发放了可观的优惠券。虽然这次营销为神州专车带来了广泛的知名度，但也为企业造成了一个贬低同行的形象。一年后，神州专车的Love U营销打了一个漂亮的翻身仗，赢得了网络平台的一致认可。

在神州专车Love U的广告评价中有部分媒体表现为中立的态度，比如《每日经济新闻》的文章就没有丝毫的偏向。但在一些与公关广告行业相关的自媒体中，Love U广告得到了较多好评。如搜狐的自媒体训练营认为：神州专车高调而真诚，更具竞争力。由于不同的竞争对手赞助不同的公众号，所以自媒体的文章观点各异，主要看哪个品牌投了广告费。每日科技网就表示“Beat U是你，Love U也是你”[1]，神州专车只是借势营销，反复无常毫无诚意，而“易到的诚挚之心才是真正的人皆可见”。

虽然神州专车买断Love U的话题，买了大V来帮助宣传，但最后每条微博只有不过几百的转发和评论，传播效果并不理想。微信公众号的传播效果相对好一些，有十万的阅读和近万的点赞数。当然很大程度上这是因为微信端送乘车优惠券。

（四）以品牌声誉置换流量关注

1. 内容方面

对于“love U”的公关，事件背景是Uber退出中国市场，有大量员工和司机面临着失去工作。这时作为竞争对手的神州专车在广告文案围绕“Love U”主题，通过神州专车管理层、客户、司机这三方面的代表，从自身角度多个方面为神州专车代言。首先，它巧妙又自然地介绍了神州专车的各个优势；其次，用“Uber”作为Uber人才招聘的直邮地址，

---

[1] Beat U是你，Love U也是你，神州专车借势营销堪称年度最失败案例[N/OL].(2016-08-05)[2019-10-26].https://www.admin5.com/article/20160805/679001.shtml.

体现出对 Uber 年轻员工欢迎的诚意；最后，借助七夕这个节日营销点，选择“Love U”这个话题，以热情积极的形象向 Uber 高调隔空喊话。同时它以老友身份，娓娓道来地总结出神州专车上线以来所取得的成绩，并十分理解与同情 Uber 中国年轻员工面对合并结局，油然而生的不甘与失落，朴实的辞藻中，深情款款又不卑不亢地体现出期待与之并肩作战的心愿，海报 + 情书，将这个“love U”话题做实做足。

2. 媒体策略方面

此次公关活动主要通过移动社交媒体进行传播，移动社交类软件的用户数多，人群覆盖面广，传播速度快，能更好地达到传播目的。比如，神州专车官方微博发布九宫格海报，发起“love U”话题，并借助“学习粉丝团”等十多个大 V 的号召力转发海报内容，将话题推至热搜榜第四；在微信平台上，除了神州专车官方微信公众号发布有关“Love U”的文章外，“创意社”“顶尖文案 TOPYS”“魏家东”等 12 个微信大号分别从专车市场局势、“love U”营销细节等多角度撰文，进行协同传播扩散。2016 年 8 月 4 日晚，神州发布微信公众号推广文章的 10 分钟内，阅读量迅速达到 10 万 +，可见神州专车此次营销的舆论热度成功吸引了消费者。

3. 效果方面

首先，神州专车的七夕营销成功吸引了一些 Uber 甚至别家对手的员工加入，成功体现出神州专车的优势——安全。其次，它在七夕来临之际推出，是一次成功的七夕营销。最后，它成功洗刷了神州专车 2015 年不正当竞争的标签。

此次营销事件的媒体数据显示：（1）神州专车微信公众号阅读量，10 分钟 10 万 +，当天阅读量近 36 万 +，转发 314 次，评论 230 条；（2）发起新浪微博话题“love U”，阅读量：1,359.8 万，热门话题榜第 4 位；（3）新浪官微阅读量：37 万，转发 250 次，评论 161 条；（4）“晓玲有话说”“商务范”“创意社”等 10 个微信公众号阅读量共 24 万 +；10 个微博大号转发 2,000 余次；多家行业媒体如数英网、网易、搜狐，微博微信大号如新浪财经、花花世界、营销新榜样等，均主动自发进行传播。

4. 整体的评价

首先，看其营销。从“Beat U”到“Love U”，神州专车的营销很成功。但是用一次危机事件打开知名度，引爆话题，再通过发优惠券的方式讨好消费者促使他们去使用神州专车；而后通过七夕营销走情感路线为其正身，树立良好形象，可谓品牌营销的一步险棋。

其次，看其危机处理。根据危机公关的 5S 原则，神州专车在危机发生后及时做出了回应，向代言明星及公众道歉，并且发布大量优惠券，做到了速度第一；但是道歉信避重就轻，对于广告里诋毁 Uber 的内容，神州专车并不认为自己有错，认为广告里的内容只是阐述事实，对于公众的不满表示不理解，坚持认为安全的专车就是神州专车。2016 年的营销事件，可以看成是神州专车 2015 年 Beat U 危机事件的后续公关：行动上掌握主动权，感情上获得先机。

（1）危机主体态度的变化

神州专车在 Beat U 事件上一直表现得态度强硬。它将矛头直指 Uber 等在安全方面屡出问题来突出神州专车安全可靠的特点。因对竞争对手恶意攻击而遭到舆论质疑后，神州专车也只是对错别字进行了道歉，此举急速地扩大了神州专车的知名度，软件的下载量与使用量获得了大幅增长。虽然企业形象受损，但是神州专车品牌安全的特点牢牢地印在了人们心上。

在 Love U 事件时，神州专车的态度发生了质的变化。从原来的强硬无理转为暖心仁慈的形象。在 Uber 中国裁员、众多 Uber 司机即将重新择业之时，神州专车用非常体贴的文案直击 Uber 司机的心，用一种友好的态度迎接他们的到来。同时也让公众认识到神州专车的社会责任感，塑造了良好的企业形象。

（2）危机处理的原则

承担责任原则（Shoulder）：在危机事件发生后，组织必须勇于承担自己该负的责任，否则组织的信誉就会受损，在公众心目中的形象也会大打折扣。这一点上，神州专车并没有处理得当，在回应当中没有明确表现出承担责任的态度，故意避开问题，而是想把公众注意力转移到错别字上，为自己的行为辩护。

真诚沟通原则（Sincerity）：真心实意地同公众、同媒体沟通，才能够平息舆论压力。而神州专车的首次回应十分缺乏诚意，微博抨击神州专车的声势则更加壮大。不仅没有化解危机，反而加剧了危机。同时神州专车在晚上 10 时再次发布了新的道歉信并附上了优惠券。

速度第一原则（Speed）：神州专车在事件发生的 5 个小时内就进行了首次回应；在事件发生不到 12 个小时，再次发布了一份 H5 道歉信。神州专车快速的反应尽可能减小了负面效应持续扩散给企业带来的损失，为后面的措施带来有利局面。

系统运行原则（System）：神州专车在此次事件处理中，知名度、下载量都有很大提升，但公司美誉度却大大下降。

权威证实原则（Standard）：神州专车的确重视了与黑专车相关的问题，意在消除“黑专车”的安全隐患，但也不能因此抹黑竞争对手，造成恶意竞争。

2016 年的 Love U 公关，与 Beat U 最大的不同就是这一次的公关更真诚，与公众、媒体都有了更好的沟通，在很大程度上减轻了之前事件所带来的负面影响，提升了公司美誉度。

四、广告代言人陷入负面新闻危机

从管理的角度来看，组织声誉被认为是竞争优势的重要来源，也是创造价值和提供优越市场绩效的重要来源。良好的声誉会带来其他的好处，比如客户的忠诚、员工的积极进取，对潜在的金融投资者的吸引力。但在危机期间，组织的声誉经常受到严峻的考验。因此，当危机来临时，组织倾向于保护和提升它们的声誉。

从 2014 年上半年开始，一些文艺、体育明星纷纷陷入丑闻，不仅让自身名誉受损，同时牵连到自己的作品和商业代言品牌。如李代沫、宁财神吸毒，文章出轨，黄海波嫖娼，直至 2019 年初吴秀波婚外情曝光导致其参演的电视剧、电影遭到冷遇甚至被禁播、电视播出平台转网络平台等。这期间明星们的负面新闻频频发生，其影响不仅仅是明星参与文艺作品遭受重创，包括明星代言的商品、企业品牌同样遭受经济损失和形象冲击。

名人代言危机，是指名人在为商家代言期间，因主观能动性或客观必然性导致其与原有美好健康形象不符的事件发生，造成代言活动无法顺利进行。其特点是突发性强、传播速度快、处理难度大。一般情况下名人负面新闻所造成的代言人危机可以分为三类：第一类是物理创伤造成的行为能力受到限制，比如体育明星的伤病和身体条件不允许，造成客观上无法完成比赛，或者外界无法避免的灾害造成人身伤害，如任家萱、俞灏明在拍戏过程中遭遇火灾，明星在排练过程中受伤，这些客观上无法避免的物理伤害造成明星无法正常履行代言行为。第二类是私人生活处理不当导致公共形象受损，如明星的私生活违背了社会公序良俗，婚内出轨后受到配偶原谅，但是观众则表示不愿意继续接受其作品或者代言品牌。第三类是违反法律的行为。如酒后驾车、吸毒等问题。这也是名人代言危机中最严重的一种，不仅会受到法律制裁，而且在其回归社会后人气回升并获得大众接受的可能性较小。

接下来我们从消费者品牌态度的形成、名人负面新闻冲击品牌的因素以及规避名人代言的风险策略三个方面来讨论。

（一）消费者品牌态度的形成

为了分析负面宣传如何影响消费者态度的形成，我们需要考虑消费者对品牌的态度是如何形成的。态度形成是围绕着相关信息处理而组织建构的。研究表明[1]，态度是通过启发式系统处理和说服的外围中心策略形成的，它基于一个人的动机和机会。这些理论的共同点是，对一个物体的感知受到其环境的影响。这种背景提供了一个有限理性基础，即人们利用现有信息在做出正确判断的愿望和将所需努力最小化的愿望之间进行妥协。假设消费者对商品信息和企业品牌完全未知，但是对名人和明星有自己的喜好、判断和理解，那么企业品牌商希望与具有积极关联的名人建立联系，以便将此类关联归因于自己的品牌。因此，态度可以通过这种方式传递信息来形成，因为态度在消费者头脑中包含预先确定的影响判断和行为的关联。企业寻找代言人的关键目标是与对其品牌产生有利影响的实体建立联系，但是实际生活中，名人代言在影响消费者态度方面的风险和收益一样多。

2012 年，30% 的中国电视广告使用了名人代言。作为一种营销策略，名人背书在中国一直受到欢迎。[2] 品牌热衷于名人代言，不仅是因为名人提高了品牌知名度和人气，还因为名人代言将消费者对名人的解读和好感转移到了产品上。[3] 然而，名人代言也有其缺陷，最主要的是名人不当行为所产生的负面效应。这种公共关系危机会在许多方面对组织产生

---

[1] KAHNEMAN D. Thinking fast and slow[M]. New York: Farrar, Strauss, Giroux.2011.

[2] Insider view and reflection on celebrity endorsement in China TV commercials[J/OL]. (2012-07-01)[2019-10-30]. http://www.domarketing.org/html/2012/ad 0601/4744.html.

[3] LEAR K E, RUNYAN R C, WHITAKER W H. Sports celebrity endorsement in retail products advertising[J]. International Journal of Retail & Distribution Management, 2008,37(4):308-321.

负面影响，包括降低品牌的公共声誉，甚至导致股票市场价值下降。[1] 因此，企业在支付名人巨额代言费的时候，实际上也给组织带来了巨大的声誉隐患和关联风险。

公众如何看待这种特殊的危机类型，对于组织而言是否存在一种更优的战略选择？在中国文化的背景下，遇到代言人危机，组织是应该继续支持代言人，还是立即停止合作？归因理论提出了人们对事件因果解读的倾向。

（二）名人负面新闻冲击品牌的因素

首先，个人对品牌的熟悉度决定其双向认知。对态度形成的研究表明，个人对不太熟悉的品牌态度在强度和传达方面都不如更熟悉的品牌态度。一个人对品牌的熟悉程度与积极的品牌态度有着密切的关系，并且很可能保持稳定。因此，对于不熟悉的品牌，消费者的态度不太可能被确立，从而使他们更容易受到变化的影响。尽管信息传递可能受到消费者之前对品牌的经验影响，但个人对品牌的熟悉度在很大程度上仍然能减轻名人代言负面信息的影响。例如，在传达客观与主观信息时，品牌评估与消费者参与直接相关，但他不一定熟悉品牌。相关的消费者倾向于注意并更多地分析、使用主观或客观信息，而不管熟悉程度如何。以体育明星为例，由于体育赞助受到环境影响和利益相关者的行为影响，因此考虑可能影响名人代言人负面宣传的因素至关重要。研究表明，知名品牌不大可能从赞助或名人代言中看到显著的变化；而那些品牌态度不太成熟的企业可能更容易受到商业赞助或者名人代言的影响。[2] 换言之，让消费者更多认知、理解并记忆品牌产品，是弱化代言人负面信息冲击的首要任务。企业应建立起品牌的核心价值并将其传递给消费者。

其次，消费者已有的品牌信息积累决定其对负面信息的处理。消费者先前存在的品牌态度与赞助行为、代言行为发生后衡量的态度偏好有关。这表明品牌意识可能会影响新信息的处理。消费者个人会遇到新的信息，这些信息对企业品牌商业赞助行为和选取明星代言的利益相关者有积极的效应，同时也带来消极的影响。个人先前对品牌的认知将影响他们随后如何处理与该品牌的负面新闻，也会关联品牌代言人的负面新闻对品牌消费的决策影响。“品牌承诺”会在某种程度上缓和负面新闻的冲击，进而影响消费者的品牌态度变化。拥有较高品牌承诺的消费者会自动忽略任何有关该品牌的负面信息，包括代言人的负面信息不会影响其品牌态度。相反，低承诺的消费者不大可能对新闻信息提出异议，他们

[1] Till B D, SHIMP T A. Endorsers in advertising: the case of negative celebrity information[J]. Journal of Advertising, 1998,27(1):67-82.

[2] NICKELL D, CORNWELL T B, JOHNSON W J, Sponsorship-linked marketing: a set of research propositions[J]. Journal of Business and Industrial Marketing, 2011,26(8):577-589.

会根据刺激材料的价格确定自身的品牌态度。[1]受到“精细加工可能性模型”[2]的启发，我们可以将其理解为：对于深度理解品牌的消费者，企业依然专注于产品（服务）就能度过代言人危机；而对于品牌的边缘受众而言，消费者自身不了解产品（服务）性能、品质等基本信息，对外界信息会无选择接受，代言人的负面信息冲击较大，此时可以采取价格促销策略刺激消费。

最后，根据名人负面新闻的类型，从行为违法到道德瑕疵再到客观因素所造成的危机，对品牌的冲击依次减弱。消费者无法原谅违反法律的名人，企业只能通过更换产品的代言人来挽回品牌及企业形象。而对于在特定社会公序良俗框架下有道德瑕疵的名人，要根据具体案例来分析。如果代言人的言行有悖于社会公序良俗，并且引发大规模的舆论关注，造成不良的示范效应，相关部门会采取行动禁止其作品传播，广告商自然会受到影响。

围绕代言人的正面和负面宣传都可能影响与相关活动和赞助商品牌相关的态度评估[3]，围绕名人代言人的负面宣传可能会导致团队认同感下降，以及对相关品牌的态度评价下降。通过对虚拟品牌进行的研究发现，名人运动员与负面宣传（驾驶和毒品犯罪）的联系削弱了消费者对认可品牌的态度。与那些没有负面信息的名人相比，那些有负面信息的品牌代言对于虚构品牌的态度明显较弱。

（三）规避名人代言的风险策略

首先，如果企业必须采取名人代言，那么就需要提前准备好“代言人危机传播管理”的预案。已有研究通过对比使用了“不熟悉商品”和“熟悉商品”的消费者发现[4]：使用了不熟悉的品牌，消费者在相关代言人出现负面信息后，对选定赞助商和活动品牌的态度显著降低。而没有接触负面信息的人则无态度得分下降。同时个人对各自品牌的熟悉度缓和了负面影响，品牌熟悉度对体育市场中的品牌态度有一定的缓解作用。当代言人发生负面新闻时，品牌经理可以利用这些信息制定主动或被动的策略来保护企业品牌。

其次，名人代言虽然是一种流行的沟通方式，但风险很高，可能会给组织带来负面后果，特别是企业发现自身卷入了与其产品无关的丑闻或危机时更是“无辜受损”。面对这种情况，企业可以选择其他三种代言方式来避免名人代言引发的危机。

---

[1] AHLUWALIA R, BURNKRANT R E, UNNAVA H R. Consumer response to negative publicity: the moderating role of commitment[J]. Journal of Marketing Research, 2000,37(2):203-214.

[2] ELM(Elaboration Likelihood Model) 译为精细加工可能性模型、详尽可能性模型、精细处理可能性模型等。20 世纪 80 年代由佩蒂、卡西奥波和休曼提出。该理论把态度改变归纳为两个基本的路径：中枢的和边缘的。中枢说服路径把态度改变看成是消费者认真考虑和综合信息的结果。边缘说服路径认为消费者对客体的态度改变不在于考虑对象本身的特性或证据，而是将该对象同诸多线索联系起来。ELM 模型的基本原则是：不同的说服方法依赖于对传播信息作精细加工的可能性高低。

[3] HUNG K, CHAN K W, TSE C. H. Assessing celebrity endorsement effects in China: a consumer-celebrity relational approach[J]. Journal of Advertising Research, 2011,51(4):608-623.

[4] FINK J S, PARKER H M, BRETT M, HIGGINS J. Off-field behavior of athletes and team identification: using social identity theory and balance theory to explain fan reactions[J]. Journal of Sport Management, 2009,23(2):142-155.

一是选择虚拟形象（人物、动物、卡通等）代言产品或企业品牌。如天猫的符号是一只卡通猫咪，京东的形象符号 JOY 是一只卡通狗。虚拟形象代言的优点是，形象塑造确立于创造之初且不会发生改变，同时能使企业、产品、服务带给消费者统一的关联提示。公众看到这个虚拟形象就会想到企业，强化消费者的认知和记忆。同时虚拟形象没有主观能动性，可以创造许多有利于企业形象延伸的故事。缺点是没有具体的名人代言真切，无法走入人们真实的物理世界参与营销互动。

二是群体代言，比如在 2008 年蓝月亮不仅签约了刘翔代言，同时签约了中国跳水队。当刘翔退出比赛之后，蓝月亮的官网宣传页面马上换了中国跳水队的夺冠照片。当代言人群体一个或两个明星发生负面新闻之后，企业为了维护品牌声誉立刻换上新的群体成员，这样便于企业形象的正面维护，让消费者只记住眼前的代言人美好形象与企业品牌的关联。缺点是群体代言形象各异，与品牌关联度、匹配度、品牌调性等问题是否能完全契合无法保证，并且削弱了消费者对于每一个品牌代言人的关注，不易强化企业品牌较为集中、鲜明的个性与形象。对比 2012 年刘翔退赛对耐克的影响和孙杨无证驾驶对北京现代的影响，这两次名人代言危机都是由内部原因造成的，并且被认为是可控的。在关注主要公众态度的情况下，违反诚信会导致更多的负面反应；无论公众的危机责任归属如何，包容策略比疏远策略会得到公众更好的接受。

三是影视剧形象代言。这种代言需要通过版权购买的方式取得经典影片中的人物造型，然后由普通不知名演员去扮演角色拍出真人生动的效果。优点是可以唤起影片的目标收视人群进行关联记忆，产生美好联想。缺点是购买版权和法律归属问题需要先行解决然后才能拍摄使用，有些国外影像的购买时间周期较长且花费较大。影片人物形象固定尤其是已故名人，只能定格在经典影片的那一刻。同时目标收视人群有限，适合于针对某一特殊群体的产品或者企业形象塑造。

五、广告引发品牌危机的应对策略

由于市场营销节奏加快，监管审核相对宽松，品牌危机在全球化市场中越来越常见。人们普遍认为，解决这类危机的最佳方法是立即向直接或者间接遭受这些品牌相关不良事件的利益相关者或者受害人道歉。[1] 在某些情况下，道歉是缓解品牌危机最有效的方法，但是，有些道歉并不是一个好的策略，不仅无效而且可能使情况变得更糟。

（一）社会文化影响“道歉”有效性

为什么外资品牌出现危机更容易获得国内消费者的信任？盛世指标数据管理有限公司 2007 年初开展的一项研究发现，外资品牌由于拥有强大的影响力，出现危机后更容易获得国内消费者的信任。一个品牌的建设涉及很多方面的工作，但是在这些工作中，中国消

[1] BOTAN C H. Ethics in strategic communication campaigns: the case for a new approach to public relations[J]. Journal of Business Communication,1997,34(2):188–202.

费者认为，国内企业仅仅在“政府公关”方面比外资品牌做得好，而在其他方面都不如外资品牌，外资品牌特别突出的方面在于“品牌形象与市场推广”（78.8%）和“品牌文化与企业文化宣传”（73.9%）两大方面，而这刚好也是消费者认为本土企业表现较差的方面。本土品牌未来要超越外资品牌，在品牌形象建设、品牌推广方面还需要做很多工作。近几年肯德基、麦当劳、雀巢、SK-Ⅱ等外资品牌产品相继出现了质量问题，影响了其在中国市场的品牌形象。但是，调查发现，中国消费者对这些外资品牌的信任度却非常高，即使外资品牌发生危机，70.5% 的消费者依然会继续购买外资品牌的产品。其中，有 11.1% 的消费者不做任何考虑会继续选择购买外资品牌的产品，有 59.4% 的会在一段时间内转向其他产品，等事情过去后，会再继续购买外资品牌的产品；有 23.6% 的消费者表示再也不会购买出现危机的外资品牌的产品，但是其中 12.3% 的消费者会继续转向其他外资品牌，仅 11.3% 的消费者会选择国内本土品牌。[1] 当然，近 15 年的时间里，随着文化自信的提升和国潮品牌的兴起，消费者越来越愿意选择适合自身消费能力的国产品牌，一方面是因为国产品牌质优价廉，另一方面是因为同类产品与进口产品相比较更适合自己。尽管如此，我们依然要分析为何同样的危机和产品召回事件发生后，国外品牌更容易恢复消费者的信赖和好感，其市场销售业绩能够较快得到恢复。

造成消费者对外资品牌产生如此高的认同度的根本原因在于：外资品牌强大的品牌文化，消费者对外资品牌本身充满高度的信任，因此对于外资品牌出现的一些问题，多数消费者认为是可以原谅的。当品牌发生危机时，84.6% 的消费者认为企业应该对问题产品进行召回，近八成的被访者认为企业应该公开向消费者道歉并进行赔偿。对于企业而言，及时以正确的态度面对消费者，并积极做出回应是企业品牌出现危机时进行公关的最佳手段。而在这一点上，很多外资品牌显然要比本土品牌表现得更突出一些，因为外资企业通常都有强大的公关危机处理系统。进一步研究还发现，当国内品牌与国外品牌在危机事件处理采取同样的措施与方法时，37% 的中国公众更相信外国品牌，而仅有 24.7% 的更相信国内品牌。

由于道歉对于危机修复的成功率参差不齐，品牌管理者要判断“道歉”的时机。在已有研究中，道歉的有效性取决于很多因素，包括消费者对于品牌承诺的认知度、消费者对公司回应的期望度、危机的性质和强度、消费者的个人特质、品牌来源国等。例如，对于违反诚信的危机，道歉对于日本人比美国人更有效；而对于产品质量和服务能力的危机，道歉对于美国人比日本人更有效。同时在道歉过程中加入一些语境因素，如在导致危机的原因尚不明晰时，仅仅表达对别人感情的关注而构成的部分道歉被认为更有可能减少愤怒和其他负面情绪。相反，当导致过失和错误行为的原因清晰明确的时候，充分道歉和认罪将使得受害人感觉好过部分道歉或没有道歉。同时，道歉越富有同情心、态度越强烈，道歉时间越早，危机受害者就越满意。具体而言有效的道歉 [2] 包括以下几种：

---

[1] 肖明超．外资品牌与本土品牌：谁的公关更高明 [J]. 市场研究，2007(3): 45–47.

[2] SMITH B G. Public relations identity and the stakeholder–organization relationship: a revised theoretical position for public relations scholarship[J/OL].(2012–06–01) [2019–11–26].Public Relations Review, 38(5):838–845. http://dx.doi.org/10.1016/j.pubrev.2012.06.011.

1. 承认投诉的合法性，对违反规则和道德规范的检举表示尊重。
2. 明确指出违法行为的性质，表示对所造成伤害的同情和受损害者愤怒的理解。
3. 承认过错并对违法行为负责，对受损者的未来表示关切。
4. 给予适当的保障，保证该行为不会再次发生。
5. 如果可能，赔偿受害者。

（二）道歉框架影响消费者的接受度

对于企业而言，一个有效的道歉通常包括责任、同情、补偿以及承诺不会再发生。主动承担责任并公布事实补救方案（例如，适当保证和补偿）比被动地承担责任更能降低公众的不满。企业道歉响应时间的延迟直接影响消费者的满意度和购买意愿。此外，与自我原谅（为错误发生的原因找借口）相比，承担责任将提高消费者的满意度和购买意愿。以汽车企业为例，在道歉过程中经常被遗漏的是“为什么”和“如何”补救的解决方案框架。“为什么”框架指定了该解决方案的目的（例如，我们将执行补救方案以最大限度保护消费者利益）。由于任何以“为什么”或“如何”为框架的活动都会导致不同程度的感知和行为，因此我们需要关注“为什么”或“如何”这两种框架中构建的补救解决方案如何影响人们在“利益受损”的危机中的反应。此外，具有不同思维方式（整体型与分析型）的消费者可能会对企业道歉做出不同的反应。与分析型消费者相比，整体型消费者在面对与品牌相关的不良事件或负面报道时不大可能降低他们对品牌的评价。[1] 在由广告所引发的品牌危机中，不管是代言人危机还是广告创意本身的问题，对于企业而言，针对“为什么”和“如何”框架响应显然不是最佳方案，企业可以在第一时间道歉，如杜嘉班纳、神州专车、滴滴出行，也可以第一时间解读自身广告的深意，如更美 App 的广告创意。初创型企业品牌希望通过引发争议而获取更多的社会舆论关注度，但是对于持续发展的企业而言，不建议使用“通过广告引发争议”的形式来增强品牌声量，因为这种方式容易引发品牌危机，不值得成熟的企业去承担风险。

在实际操作中，有些道歉不会被公众接纳，只能作为暂时缓解矛盾的一种处理方式。还有些道歉会被消费者认为不够真诚，这个时候企业该怎么办？一方面可以选择放弃某一市场或某个子品牌，这样危机就会伴随着时间推移、舆论逐渐退散而平息；另一种方法是选择暂时的沉默，找准时机再次进驻某一市场或创立新的子品牌自我迭代。当然，如果放弃某一消费市场损失太大，企业可以在短暂的沉寂后考虑实质性的消费补贴来唤起公众好感。对于绝大多数日常消费者而言，企业通过降价折扣补贴的形式来表达诚意是一种有效的渠道，哪怕人们心里不接受但依然会采取行动表示认同。

[1] RUGGIERO A, VOS M. Social media monitoring for crisis communication: process, methods and trends in the scientific literature[J]. Journal of Communication and Media Technologies, 2014(4).

（三）广告引发品牌风险管理的原则

虽然任何企业都有发生品牌危机的可能性，品牌危机并不是个别企业的“专利”，但是在应对品牌危机时，却又不得不正视品牌危机的“马太效应”：越是品牌知名度、忠诚度高的大企业越不怕品牌危机。相反，品牌知名度小、忠诚度低的中小企业，却往往会在品牌危机中夭折。当然这并不意味着大企业可以对品牌危机置若罔闻。事实上，越是大企业越容易发生品牌危机，这主要是因为大企业受到了社会更多的关注，其产品和服务的受众更为广泛。但是，既然是品牌危机，总会给企业带来损害，因此无论是大企业还是中小企业都要正确看待危机。在处理危机时，都要保持冷静并有计划、有组织地应对，绝不能因为惊慌自乱阵脚。

科特勒认为处理危机的关键是让客户看见企业真诚和迅速的反应。他认为企业对品牌危机做出反应的时间越长，顾客越有可能形成负面的印象，从而形成“一传十，十传百”的负面舆论气氛。更糟糕的是，当顾客迅速转向另一个品牌时，他们发现自己不再喜欢原来的品牌了。同时，科特勒也认为快速的反应必须是真诚的。就企业对受到产品影响的顾客道歉以及企业愿意采取任何步骤来帮助顾客而言，企业越是真诚，顾客就越不可能对企业形成负面认知。

1. 防患于未然原则。企业要有风险意识，在日常管理中就应该步步到位，加强各个环节的管理。

2. 主动性原则。风险出现时，企业应积极主动面对，有效控制局面，切不可因急于追究责任而任凭事态发展，否则就会陷入被动。

3. 快捷性原则。企业对风险的反应必须快捷，尽可能成为首先到位者，以便迅速地消除公众对品牌的疑虑。危机对企业而言具有极大危害性，如果不及时控制，很可能威胁到企业的生存。因此，企业在危机发生时要快速做出反应，及时地与公众、媒体等方面进行沟通，尽量减少各种猜测、怀疑和流言。加拿大化学公司的唐纳德·斯蒂芬认为：“危机发生的第一个 24 小时至关重要，如果你未能很快地行动起来并已经准备好把事态告知公众，你就可能被认为有罪，直到你能证明自己是清白的为止。”

4. 诚意性原则。企业在控制风险时就应更多地关注消费者的利益而不仅仅是企业的短期利益。危机发生后，企业要勇敢地面对问题而不是逃避问题。事实上，随着信息传播的扁平化和同步性，任何隐瞒和逃避的想法都是行不通的。因此，企业要实事求是地面对问题，解决问题，既不刻意隐瞒什么，也不要试图逃避责任，更不可以编造谎言欺骗消费者和媒体，那样做只能将消费者和媒体推向自己的对立面，激化矛盾、加重危机。

5. 真实性原则。风险出现后，企业应尽量主动向公众讲明事实的全部真相，以免延长风险影响的时间。

6. 统一性原则。风险处理必须指挥协调统一、宣传解释统一、行动步骤统一。危机发生时，企业处在社会舆论的焦点上，企业的一言一行都会被公众密切关注。企业在处理危机事件时，如果不能协调一致，而是针对危机事件人云亦云，这不但让人觉得企业管理混乱，使舆论和公众对其真实意图莫衷一是，更重要的是可能让公众认为企业缺乏诚信，是在狡辩，从而使危机升级，给企业造成更大的损失。因此，这就要求企业在处理危机时，无论是对外的宣传解释还是对内的解释说明，都要口径一致，不能互相矛盾或存在较大差异。

7. 全员性原则。企业员工不应是风险处理的旁观者，而是参与者，要让员工积极参与风险处理。企业作为一个有机系统，各个环节不是孤立的，而是紧密联系在一起的。当品牌危机爆发后，其所产生的影响会波及企业各个环节，社会舆论的关注点也会相应地扩散到企业的方方面面。危机处理中应使全体员工了解危机的性质、深度以及影响，了解危机处理的方法，动员企业员工为化解危机共同努力。

8. 创新性原则。风险处理既要借鉴以前成功的经验，也要根据实际情况进行大胆创新。

9. 全局性原则。风险处理要有全局的观念，要懂得从全局的角度考虑问题，局部利益要服从组织全局的利益。

◆ 如何看待危机公关的“搅局者”

A. 灾难营销的风险

2021 年 7 月 20 日晚间，一张楼盘广告在网络上流传，图片信息显示该楼盘为河南省本土房地产开发商康桥集团旗下开发的“康桥香蔓郡”。广告配文：“入住高地，让风雨只是风景。”此举被广大网友认为是康桥集团的灾难营销。7 月 21 日，康桥集团做出致歉声明。公司已第一时间将广告画面删除，并成立专项小组进行严格审查，对本事件相关责任人予以免职、降薪等问责处理，全员通报，以示警示 。

灾难营销的概念最早在欧美国家出现，早在飓风、海啸侵袭之时就有商业品牌大肆宣传其产品便于存储可以抵御灾难时刻的意外伤害，这其中有食品、防护用品和交通工具。近年来伴随着我国商业环境的日渐发达和资讯的扁平化、迅捷化发展，越来越多的年轻受众接受各种国际化的营销思路和概念。有些人会把“灾难营销”当作创意营销的一种形式，这是一种错误认知。不管是灾难营销还是灾难美学，从本质讲都是有悖于社会公序良俗和人伦底线的。面对身处自然灾害之中的同胞，我们会感同身受想要提供力所能及的心理支持和物质救助，而不是在这一刻想着营销发财。

与此同时，中国政法大学兼职教授周明刚律师在《人民政协报》发文指出《借灾难营销的广告悖德又违法》，该房企以郑州暴雨为宣传噱头，将一场灾难演化为牟利工具，把品牌营销建立在广告群众的苦难之上，这种以戏谑灾难之态攫取商机的无底线营销行为，不仅有违商业伦理，更严重伤害了公众情感，明显背离了“社会主义精神文明建设”和“中华民族优秀传统文化”，有悖于社会公序良俗，同时违背了《民法典》第 8 条，从事民事活动不得违背公序良俗原则。

B. 借势营销的尺度

借势营销是将销售的目的隐藏于营销活动之中，将产品的推广融入消费者喜闻乐见的环境里，使消费者在这个环境中了解产品并接受产品的营销手段。顺势、造势、借势之后，企业或产品的知名度和美誉度将得到提升，品牌形象得以树立，并最终促成产品或服务销售的营销策略。

借势营销的优点是可以低成本获取曝光机会，提高自身品牌的公众关注度，拉动用户流量，从而形成购买力。但是品牌在借助热点营销的时候，需要充分洞悉公众情绪，找到正向、积极的切入点，保持符合公序良俗的立场，一旦盲目消费热点事件，挑战公众的底线，很有可能给企业带来危机。

a. 价值观尺度要正

林丹出轨事件：2017 年某摄像机品牌借势林丹出轨事件，一方面这种营销没有找到二者之间的关联度，另一方面借势负面新闻很容易传递给受众三观不正的负面讯息，哪怕只是调侃这样一则有悖于社会公序良俗的名人新闻，一样会给公众留下不良的品牌形象认知。因此在突发事件曝光之后，企业需要判断其品牌的立场与突发事件之间的关联度在哪里，价值观是否符合社会公序良俗。对他者的负面事件进行谨慎调侃、借势，稍有不当就容易被公众解读为价值观有问题。这也是品牌生存的大忌。

b. 关联性尺度要巧

刘翔退役事件：2015 年 4 月 7 日下午 5 点，刘翔在其个人微博上发表了一篇名为《我的跑道！我的栏！》的长微博，宣布退役，NIKE 品牌在刘翔宣布退役后仅一分钟就发布了一条致敬刘翔的微博——“平凡也能飞翔”，有约 30,000 人点赞，约 50,000 人评论，紧跟着这条微博一起发出的话题讨论也有约 80,000 人参与。众所周知，刘翔职业生涯辉煌时期一直以来是 NIKE 的代言人，而其退役发布的文案也与 NIKE 品牌调性保持高度一致性。普通人在日常生活中一样可以选择 NIKE 品牌穿着，创造属于自己的不平凡。耐克品牌这次借势营销很好抓住了受众心理，一方面借助刘翔的知名度进行二次传播，另一方面也能收获品牌消费者的传播力。

c. 舆论预判要提前

鸿星尔克河南水灾捐款 5,000 万元：2021 年 7 月 20 日河南郑州及周边市县部分地区普降历史罕见性特大暴雨，受灾严重，全国各地驰援河南救灾。鸿星尔克第一时间捐赠物资 5,000 万元被网友顶上热搜，一夜爆红。

第一天，鸿星尔克捐款下的微博评论好心酸，引发网友狂刷热搜；

第二天，鸿星尔克直播间的评论有趣，段子传播催化线上线下抢购热潮，鸿星尔克直播间一周的销售额高达 7,700 万元；

第三天，鸿星尔克 5,000 万元捐赠遭质疑，事件隐约出现反转，有网友质疑鸿星尔克借势灾情捐赠营销。

同样捐赠 5,000 万元物资的国产品牌安踏就没有这么好运气。小米创始人雷军在微博上发了一张自己穿安踏鞋的照片后，第二天就换上了鸿星尔克，并自己评论说“响应网友号召”，有媒体发文称：昨天雷军穿安踏被全网怒喷，今天火速换上鸿星尔克获赞约 80,000。

通过以上三个案例，我们可以看出借势营销的收益与风险并存，把握尺度需要实践预判能力，更需要具体问题具体分析。毕竟网友的情绪预测研判会因为参照物不同发生微妙的变化，比如面对鸿星尔克的爆红，安踏的境地非常尴尬，一方面自己付出了同样的慈善捐赠，另一方面自己也一直都是中国运动第一品牌。但此刻在舆论都偏爱鸿星尔克的风口浪尖，安踏必须努力让自己不要成为其竞争对手。

➢ 课后思考题

1. 请举例说明你在生活中遇到过（听到或看到的新闻报道）哪些因为文化差异而导致的危机事件？

2. 请结合你生活中所看的广告片，举例说明你认为这些广告有可能会造成企业品牌危机的要素，并结合本章要点内容进行归纳分析。

3. 请问在由代言人引发的品牌危机当中，企业应该如何应对才能妥善化解危机。如何将企业经济损失减小到最低，同时保全企业品牌声誉。

4. 在某一商品类别中（如饮料、乳业、快餐等），选取 3 条你认为有好感度的广告，分别给 20—30 岁（10 人）、50—60 岁（10 人）的消费者去观看，测试他们对广告及品牌的态度，提交 600 字的分析报告。

Chapter 4

第四讲　来自竞争对手的公开信

——“毛巾哥”与网易严选的“搭车营销”之争

- 由竞争对手引发的危机需要第一时间回应
- 媒体态度对舆论走向的影响
- 消费者以“价格为王”鲜有“道德洁癖”
- 区别对待利益相关者
- 多渠道设置危机议题
- 游走在法律边界的不正当竞争是企业发展中的潜在威胁

● 主案例[1]

最生活“毛巾哥”控诉网易严选侵权使用“G20”同款毛巾事件

2017年5月23日最生活创始人朱志军发表《丁先生，能给创业者一条活路吗？》在互联网自媒体平台传播，内容直指网易严选所销售G20同款毛巾是自己费尽千辛万苦拿到的研发专利并得到了G20杭州峰会为其颁发的选用产品证书。（见图4–1）自己在与网易严选客服多次沟通未果的情况下，出于无奈而求助于网络公众。第二天，广告人小马宋自称是朱志军的同学，发文《丁先生，请给这位创业者留条活路》，内容直指网易严选使用“G20同款”标识，其商品涉嫌侵权。随后此事件进一步发酵，在朋友圈和网络平台转发讨论，公众等待网易回复。2017年5月24日，网易严选以“网易严选小编”的名义发表《我有一个创业者的故事，你想听吗？》。文章指出，朱志军曾经抄袭“本来生活”品牌，对方通过法律诉讼已经胜诉，把朱志军定位成一个说谎者、抄袭者和碰瓷者。针对朱姓青年撰文中指责网易严选对其毛巾“G20专供”的侵权说法做出回应：“事实是，由孚日生产的这款毛巾在2016年成为G20峰会专供毛巾，网易严选网站的相关页面上关于‘G20专供同款’的表述符合事实，并未对其他品牌造成侵权。”随后，网易严选一方面在更显眼的位置强调“G20专供”字样，另一方面针对该款毛巾进行降价销售，针对之前购买该商品的消费者采取超额部分退款处理的方式，同时自制音乐《网易严选退钱了》歌曲，在互联网上掀起了新一轮的营销热潮，提升了品牌的关注度。

图4–1 G20杭州峰会为最生活牌毛巾颁发的选用产品证书

[1] 朱志军.致丁磊：能给创业者一条活路吗?[EB/OL].[2021–04–16]. http://www.sohu.com/a/143063475_669802；网易严选小编.我有一个创业者的故事，你想听吗?[EB/OL].[2021–04–16]. http://news.163.com/17/0524/11/CL6TML220001899N.html；小马宋.丁磊先生，请给这位创业者留条活路[EB/OL].[2021–04–16]. http://wemedia.ifeng.com/16514550/wemedia.shtml；知乎声明[EB/OL].[2021–04–18]. https://www.zhihu.com/question/60223126.

一、由竞争对手引发的危机需要第一时间回应

网易严选在此次危机中反应迅速。首先，它并没有忽略一篇来自网络的质疑文章，也没有因为“网易”家族强大的品牌效应和人口流量红利而采取置之不理的态度。一些大企业面对小的竞争对手质疑和挑衅会采取“不置可否”的态度，在传统媒体时代这种做法无可厚非，只要大众传播媒体不报道，公众就不会知晓此事。但在自媒体时代，不知名的竞争对手可以导致大品牌在消费者心目中的形象一落千丈。

（一）回应问题避重就轻

网易严选在“毛巾哥”长文声讨后于次日发表一篇长文回复，采用“转移话题”的策略，巧妙地回避了问题本身，而告诉公众：你们面前这个“碰瓷哥”的经历不堪——作为“抄袭者、说谎者、碰瓷者”，消费者完全没必要同情他。这一举动使公众对“毛巾哥”产生信任危机，削弱了公众对“毛巾哥”（作为看似弱势一方）的同情。同时抬出“毛巾哥”的后台投资方小米和雷军，指出自己是网易旗下的创业孵化项目，并不属于“以大欺小”的范畴。这样一系列措施将网易严选和“毛巾哥”拉回到背景相似、实力相当的同水平较量。在消费者对“毛巾哥”“身世”热议纷纷的时候，网易严选利用这段宝贵时间咨询相关法律问题。

危机爆发前后网易严选“G20 专供同款”毛巾信息如下（见图 4–2、4–3）

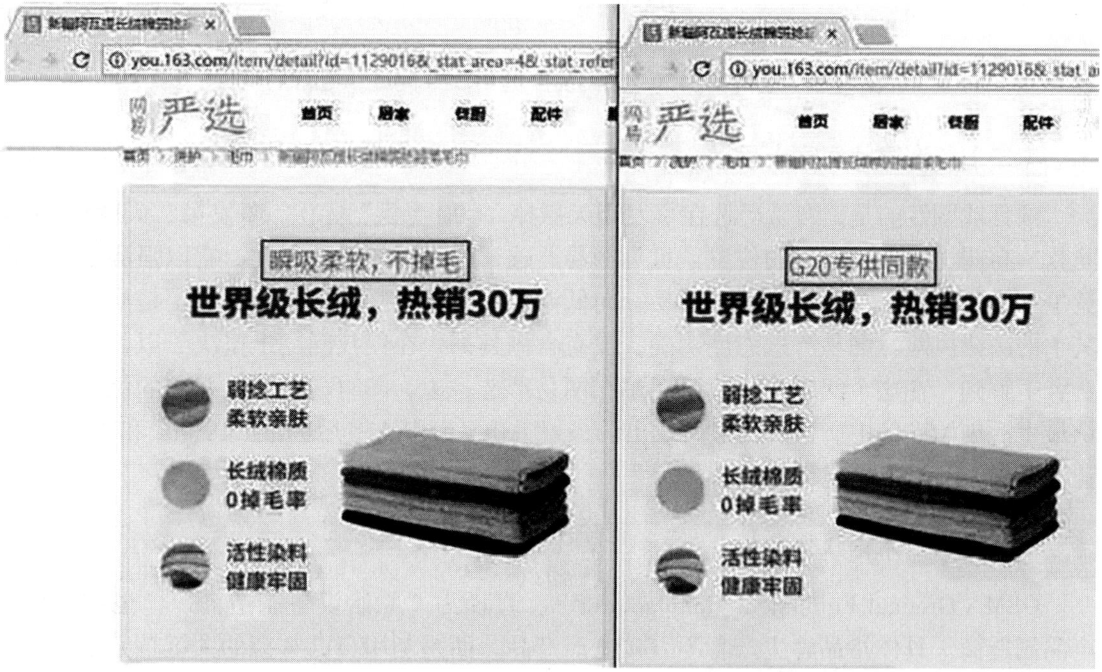

图 4–2 危机发生当天网易严选“G20 专供同款”毛巾网页

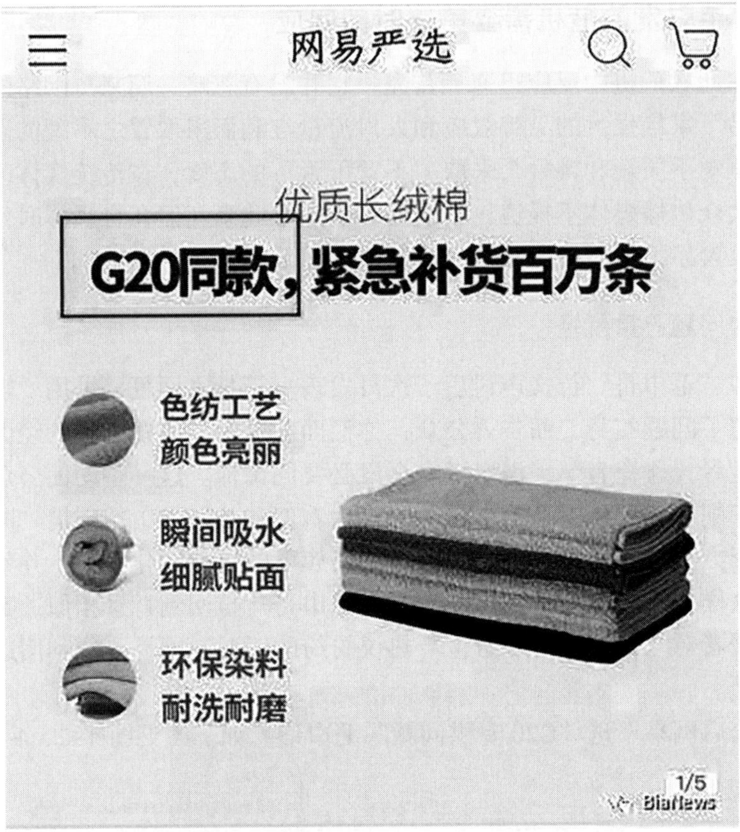

图 4-3　危机发生第二天网易严选“G20 同款”毛巾的网页

（二）咨询律师底气十足

颇具戏剧性的是，网易严选在事发当天撤掉“G20 专供”标识，事发第二天就将“G20 同款”高调挂回到更显眼的位置，可见网易严选“正面刚烈”的态度。它以强势姿态回击竞争对手的“侵权”指控。根据网易一向低调稳重的风格来看，其团队必定是早已评估过其中的法律风险。网易严选态度明确，没有含糊其词，在侵权问题上坚决予以否认。让消费者了解到，在这个问题上法律已经站在网易严选一边。同时，它搬出共同的供货商，否认最生活创始人信中所言“自己研发出的最好毛巾”，引入专用词汇“OEM”和“ODM”，让消费者自行判断。

（三）行业术语淡化危机

OEM（Original Equipment Manufacturer），直译为“原始设备制造商”，也称为原始产品制造商。具体指品牌生产者不直接生产产品，而是利用自己掌握的关键核心技术负责设计和开发新产品，控制销售渠道，具体的加工任务通过合同订购的方式委托同类产品的其他厂家生产，并将所订产品低价买断，直接贴上自己的品牌商标。

ODM（Original Design Manufacturer），直译为“原始设计制造商”，也称原设计产品

制造商。具体是指某制造商设计出某产品后，被其他企业看中，要求配上后者的品牌名称来进行生产，或者稍微修改一下设计来生产。承接设计制造业务的制造商被称为原始设计制造厂商，其生产出来的产品就是 ODM 产品。

OEM 和 ODM 的主要区别就在于前者 OEM 是由委托方出产品设计方案（不管整体设计是由谁完成的）且被委托方不得为第三方提供采用该设计的产品；而后者 ODM 从设计到生产都由生产方自行完成，在产品成型后被贴牌。ODM 的生产方是否能为第三方生产同样的产品，取决于贴牌方是否买断该设计方案。OEM 产品是为品牌厂商度身订造的，生产后也只能使用该品牌名称，绝对不能冠上生产者自己的名称再进行生产。而 ODM 则要看品牌企业有没有买断该产品的版权。如果没有的话，制造商有权自己组织生产，只要没有企业公司的设计识别即可。OEM 和 ODM 核心差别就在于产品究竟是谁享有知识产权，如果是委托方享有产品的知识产权，那就是 OEM，也就是俗称的“代工”；而如果是生产者所进行的整体设计，那就是 ODM，俗称“贴牌”。

作为供货商的孚日集团是此次危机事件的受益者，不仅得到了两大电商的免费传播，而且其股价在危机期间节节攀升。（见图 4-4）孚日集团作为该毛巾唯一供货商并没有公开表态支持某一方，而是通过内部信函的形式要求网易更换宣传语。它不公开站队，行事严谨且考虑周全。（见图 4-5）

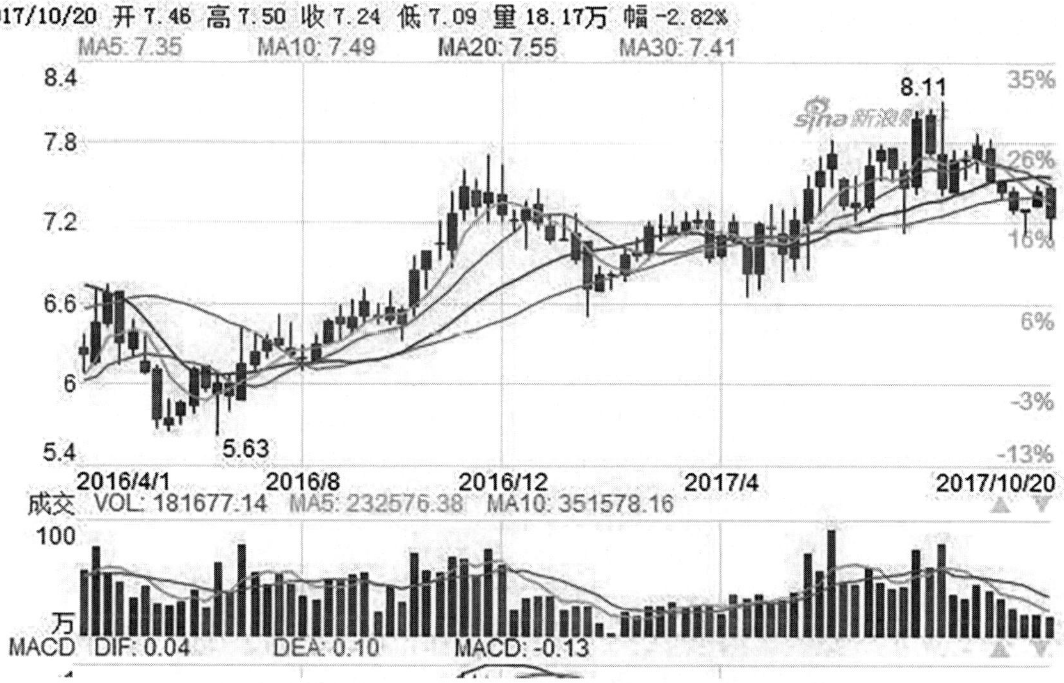

图 4-4　危机发生后孚日集团的股价变化—新浪财经截图

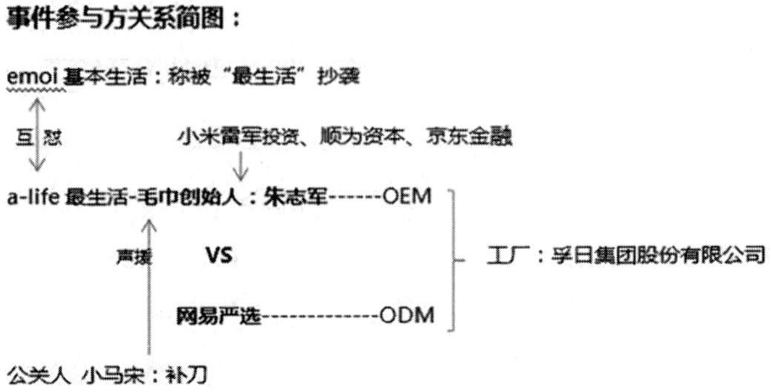

图 4-5 危机事件中的利益相关者关系图

二、区别对待利益相关者

我们来看一看网易严选处理危机的态度，如何分而化之对待危机事件的利益相关者。

（一）供货商：沉默中的真实获益者

网易严选面对供货商孚日集团的信函诉求并未理睬，毕竟供货商并没有对其提起诉讼，于是它继续使用网页广告宣传字样。供货商也只是做出一种姿态表达态度，而没有诉诸法律的强烈意愿。可见双方在商业利益面前可以友好相处，对于孚日集团来说，不管是网易严选还是"最生活"，两家只是不同的销售平台，相当于不同的代理商，不论谁的销量好都是出售孚日集团生产的产品，两家的公开纷争都是替厂家产品做广告。（见图 4-6）

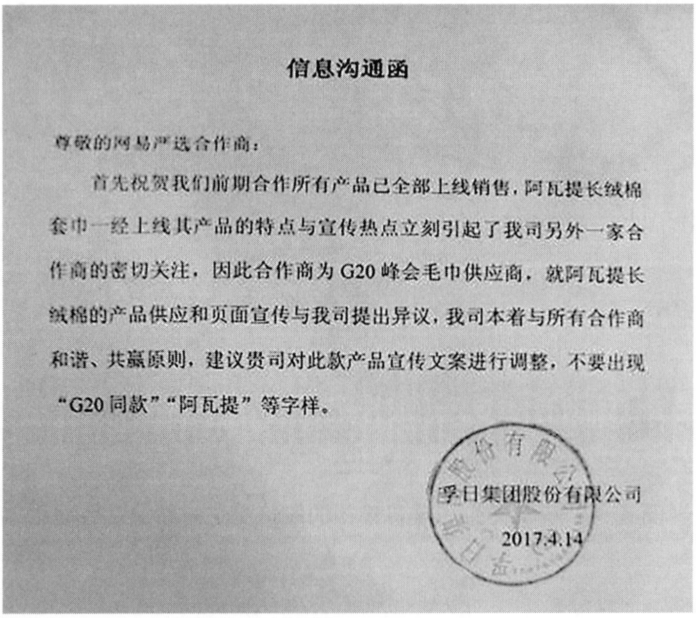
信息沟通函

尊敬的网易严选合作商：

首先祝贺我们前期合作所有产品已全部上线销售，阿瓦提长绒棉套巾一经上线其产品的特点与宣传热点立刻引起了我司另外一家合作商的密切关注，因此合作商为G20峰会毛巾供应商，就阿瓦提长绒棉的产品供应和页面宣传与我司提出异议，我司本着与所有合作商和谐、共赢原则，建议贵司对此款产品宣传文案进行调整，不要出现"G20同款""阿瓦提"等字样。

孚日集团股份有限公司

2017.4.14

图 4-6 供货商孚日集团在此次危机事件中的声明及态度

（二）对待消费者：让利讨好与娱乐公关

对于关注此次争议事件的公众以及在网易严选购买了此商品的消费者，网易严选采取的措施是降价、退钱并且发行流行音乐来讨好受众。网易严选作为网易旗下孵化的创业项目，具有得天独厚的资源优势。从网易邮箱的页面推送广告，到网易云音乐独特的资源平台，这并非一个普通的创业型公司可以独享的资源。网易严选充分利用母公司的资源和渠道优势，将看似具有争议的危机事件巧妙转化成一场充满娱乐色彩的营销活动。消费者对于知识产权争端的关注度远远小于对个人利益和商品价格弹性的关注，所以在商家降价、退钱并且推送娱乐歌曲的猛烈攻势下，他们自然乐于接受网易严选的品牌形象和商品供给。

（三）对待竞争者：强势回应与卖惨求情

网易严选对于竞争对手“最生活”的态度则是坚决回击，不道歉，不承认侵权，揭穿“最生活”创始人朱某的过往商业经历，让消费者对其有一个全面整体的认知。卖惨求情表面上在回应竞争对手，实则向消费者展示自己也是普通创业者小公司，虽然名字挂靠大公司，但也是实实在在值得同情的对象。

三、媒体态度对舆论走向的影响

（一）传统官方媒体

传统媒体对本次事件大多以公正客观的态度从法律、逻辑的角度寻求事件症结所在。有的报道从网易严选创办之初开始谈起，论及严选的经营模式、其优点和缺陷、消费市场现状和潜在的漏洞，并提出解决问题的方法，报道全面且直指症结。也有部分媒体言论立场鲜明，如中国网的报道态度明显倾向于网易严选。

1. 中国网《毛巾大战罗生门 到底谁是说谎者？》

报道中提出多项质疑，其中包括：“毛巾哥”为何不走法律程序；长篇维权信图文并茂为何只有侵权内容含糊不清一笔带过；阿瓦提长绒棉中对“阿瓦提”这一地点名词的使用算不算侵权等。但深入了解事件的人都清楚，通过多篇信息查证发现“最生活”一方不走法律程序自有其原因——王致远（最生活创始人之一）解释称，不走法律途径的原因是整个行业知识产权的边界很难界定，“新疆长绒棉毛巾是和工厂反复打磨过的产品，但产权很难界定，走法律途径跟严选死磕是一个漫长没有头的过程”。北京志霖律师事务所副主任赵占领律师向界面新闻证实了这种说法，“地理信息和产品材质很难申请知识产权保护，而且在宣传中说自己是第一家使用的，一定要属实，不能是虚假宣传。按理说，地理位置信息应该是谁都可以用的”。至于侵权内容，“毛巾哥”交代得很清楚，从多篇文章报道中也不难查证。

中国网这篇“情绪激动”的文章显然偏向于网易严选一方，有意引导消费者的情绪走向。

2. 经济观察网《一条毛巾的纷争背后：设计和制造正成为网易严选命运的决定性力量》

文章从网易严选诞生之初，追根溯源来探讨这个事件，指出“去品牌化”的趋势及背后隐含的消费者购买决策现状，提出 C2M（Customer to Manufacturer，消费者对接制造商）平台模式问题及知识产权相关法律的缺陷，给出可供参考的问题解决方案——提高网易严选自主设计能力。其思路完整清晰、态度公正客观。（见图 4-7）

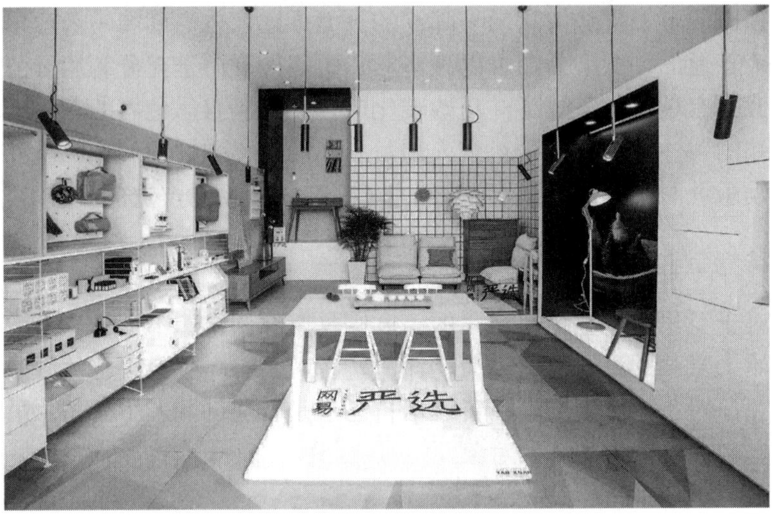

图 4-7 网易严选网页风格布置

3.《北京商报》

《北京商报》的报道态度相对客观，在寻求法律依据上提供了新思路——双方争端不是知识产权问题，而应适用《反不正当竞争法》。尽管网易严选该款毛巾与获得荣誉的商品（G20 专供毛巾）出自同一厂商，但毕竟一个品牌的建立有其长年的积淀和心血，如此间接享受他人劳动成果，借其品牌声誉为自己宣传，可能涉嫌“攀附他人商誉”和“对比广告”。《反不正当竞争法》第二章竞争行为第五条规定，经营者不得采取下列不正当手段从事市场交易，损害竞争对手：（二）擅自使用知名品牌特有的名称、包装、装潢，或者使用与知名商品近似的名称、包装、装潢，造成和他人的知名商品相混淆，使购买者误认为是该知名商品。（四）在商品上伪造或者冒用人证标志、名优标志等质量标志，伪造产地，对商品质量做引人误解的标价表示。

由此可见，《北京商报》表述有理有据，适用于同类问题争端的解决思路。

4. 中国日报官网《网易严选 G20 专供同款毛巾或涉虚假宣传》

文章指出“傍名牌”的网易严选直接利用消费者对一些品牌的信任度。网易严选官网首页上名正言顺地挂“MUJI 制造商”“Coach 制造商”作为其广告宣传，擅自使用与知名商品相同或近似的名称、包装等，使购买者混淆误认，有触犯《反不正当竞争法》嫌疑。

打开网易严选的官网，“工厂直达消费者，剔除品牌溢价”的广告放在醒目的位置。而产品所做的宣传诸如“MUJI 制造商”“Coach 制造商”“新秀丽制造商”“Burberry 制造商”“Armani 制造商”等等，多达数十个，囊括轻奢到一线奢侈品的知名品牌，涵盖家居日用品、服装饰品等多个品类，以“Burberry 制造商”为例，其标注的价格是“39 元起”。

（见表 4–1、图 4–8）

表 4–1　网易严选平台品牌制造商及商品数量

品牌	商品数量	品牌	商品数量	品牌	商品数量	品牌	商品数量
MUJI	49	Nine West	2	PetitBateau	14	Timberland	4
Coach	23	Birkenstock	3	Armani	11	京瓷	5
CK	14	Tescom	1	厚木ATSUGI	4	竹宝堂	4
WMF	33	Alexander McQueen	5	Stoneline	5	膳魔师	5
新秀丽	17	MK	4	UGG	7	Carters	10
Police	3	范思哲	4	Adidas	7	OBH	1
Kenneth	2	资生堂	8	Palladium	4	NITORI	4
爱慕	23	Ralph Lauren	24	Sperry	3	TEFAL	1
Burberry	12	Wedgwood	5	爱马仕	17	罗莱	2
内野	16	WPC	6	星巴克	2	KitchenAid	8
HUGO BOSS	11	Gucci	7	Under Armour	8	Royal Doulton	5
优衣库	3	Marc Jacobs	4	BCBG	8	Goody	5
						日本KEYUCA	6

图 4–8　网易严选平台品牌制造商图例

消费者不仅产生疑问：好的产品，去除品牌标识之后真的可以做到“物美价廉”吗？那品牌消费者为什么要花成百上千倍的价格去购买品牌商品？针对这些问题，品牌商是如何回应的。《商学院》杂志的采访报道显示：Coach 与生产商及供应商签订的合同均附有保密条款，除非得到 Coach 的事先书面许可，生产商及供应商一概不得披露与 Coach 的合作关系，或借用 Coach 的名义进行宣传或业务招揽，也不得将 Coach 的原材料、配件及五金件、工艺规范及设计用于非 Coach 产品或业务。[1] 新秀丽（中国）有限公司法务经理张松平表示，像网易严选这样大公司旗下的平台，肯定事先做过法律风险方面的分析，它巧

[1]　MUJI、Coach、新秀丽等回应网易严选广告侵权 [EB/OL].（2017–06–01）[2021–01–13].http://www.bianews.com/news/details?id=4486.

妙利用与知名品牌同一制造商的概念，暗示消费者其平台所售产品与知名品牌商的产品具有相同的品质，既达到了“傍名牌”的目的，又不明显违反现行法律规定。

为什么大品牌不去起诉网易严选呢？知名品牌在没有绝对胜诉把握的情况下，一般不会贸然针对网易严选提起诉讼。首先，不能胜诉相当于给了网易严选一个信号，以后对知名品牌的类似“侵害”会加剧；其次，知名品牌起诉或公开谴责网易严选频道，反而是变相在帮助宣传这个平台。

（二）网络平台的声音

来自凤凰资讯、搜狐、新浪、腾讯、知乎、虎嗅等多个媒体平台的评论，观点态度各有侧重，其中也不乏利益相关者亲自现身。网站报道类文章多半对此事件持公正态度，更多的还是探讨模式问题、法律问题、严选自身的问题，也有直觉敏锐者揭示出 ODM 模式可能引发的潜在危机。论坛类网站中言论相对自由、观点多样，民间声音大多同情理解创业者“毛巾哥”，揭发网易严选品质“名不副实”和对中国消费者价格弹性大，并对其攀附国外品牌等消费特质进行批评。

1. 搜狐《来，该聊聊网易严选毛巾事件的法律问题了》[1]

文章讨论“品牌商和供应商的关系变得尖锐”这一问题。同一个供应商供应多个品牌商生产的产品，如果其中包含一个 ODM 模式的商家，这个商家在广告宣传上又没有点操守，就很容易损害同源供应商的另一品牌商的真实利益，造成品牌商和品牌商、品牌商和供应商之间的矛盾冲突。

2. 驱动中国《网易严选刺痛淘宝神经，“淘宝心选”低调山寨“全自营”》[2]

文章指出：网易严选作为网易旗下原创生活类自营店商品牌，采取跨国品牌制造商供货，连接消费者和工厂。其所有商品的售价均遵循“成本价 + 增值税 + 邮费”的规则，去掉了中间的品牌溢价，也挤掉了广告公关成本，摒弃传统销售模式，使得价格回归理性，这和网易严选的文化理念“好的生活，没那么贵”完全相符。这样一个直连厂商和消费者的平台，刚上线时的月流水就超过了 6,000 万元，并且在 2016 年网易的“邮箱、电商及其他业务”共创下的 80.46 亿元的净收入中，网易严选占据了很大比例。同时类比淘宝心选、米家有品、企鹅优选，各大互联网企业和电商平台都试图从产品服务的某一个环节切入，形成消费闭环。

与此同时，网络声音中不乏对网易严选的称赞——让价格回归合理，从低价格中看出中国消费者的需求本质。

---

[1] 鞭牛士．来，该聊聊网易严选毛巾事件的法律问题了 [EB/OL].(2017-05-25)[2021-01-13].https://www.sohu.com/a/143546647_115060.

[2] 刘骋骋．网易严选刺痛淘宝神经，“淘宝心选”低调山寨“全自营”！ [EB/OL].(2017-05-26)https://news.qudong.com/article/414377.shtml .

四、多渠道设置危机议题

在新媒体时代，企业危机多爆发于自媒体平台，在这种情况下，单一渠道通过传统媒体报道或者官方法律诉讼并不能有效把控网络舆情走势，所以需要通过多种渠道来设置与危机相关的议题讨论。

（一）咨询律师前：为求保险而暂时下架

一般情况下，消费者面对企业危机多从事实层面和价值层面两个角度去判断。以“毛巾哥”声讨网易严选为例，不管事实层面网易严选是否侵权，是否违反了《反不正当竞争法》等问题归属的事实判断都需要相关监管职能部门去裁定。但是消费者从情感方面在面对一个不知名的企业去追讨知名企业的时候，人们的第一反应大多会产生“同情弱者”的思维情感惯性。所以从这个角度来分析，“毛巾哥”在自媒体平台发声是非常明智的选择，可以从消费者价值层面判断的角度赢得同情心。在没有得到专业律师的回复之前，网易严选在第一时间为了保险起见选择下架了商品及宣传图。

（二）咨询律师后：无法律侵权之忧则强势回击

网易严选的危机处理方案非常聪明，没有第一时间面对“侵权”问题做出回应，因为这个需要专业律师和法官的裁定，还需要走调查取证等司法程序，这些时间很可能会导致危机的进一步蔓延、扩散，对企业产生不利影响。在此情况下，网易严选也从消费者价值判断视角给出有利证据来引导公众的情感，虽然不够光彩，属于曝光“毛巾哥”过往商业经历，但是这足以引起消费者对原本同情对象的怀疑并赢得其对网易严选品牌的重新认知。

网易严选利用危机爆发初期最关键的时间咨询相关法律事务，之后从事实层面给出回应。与此同时，它的公关团队有效将自身的侵权风险、不正当竞争的嫌疑成功转化为商品和企业品牌的二次营销，不管是面对消费者承诺退钱、推出更高品质的新产品还是制作网络歌曲《网易严选退钱了》引导娱乐和时尚关注，这些举动都是网易严选成功转“危”为“机”的有效举措。

（三）让利给消费者真正的实惠

网易严选这次成功的危机传播管理可以从事实层面和价值层面两个维度进行分析。在事实层面分三步走：告知—疏导—转换。告知：第一时间告诉消费者，网易严选没有侵权。疏导：同款产品降价，将大家对事件侵权的关注点转移到购买产品上。转换：对于买贵的消费者退钱，并自制歌曲，将危机事件娱乐化。在价值层面分三步走：顺应—引导—重建。顺应：顺应公众思维，首先证明网易严选在价值观上没有问题。引导：网易严选虽然同为创业公司，但是不叫苦也不叫穷，还把好处让给消费者，呼应其企业文化“好的东西也不需要那么贵”。重建：通过网络歌曲扩大让利消费者的企业价值观，获得公众好感。（见图 4–9）

图 4-9 网易严选自创歌曲《网易严选退钱了》音乐首页—网易云音乐截图

五、消费者以“价格为王”鲜有“道德洁癖”

去品牌化趋势是在 20 世纪 90 年代日本经济大萧条时期形成的一种淡化品牌的市场营销理念。网易严选与无印良品同样淡化品牌概念，有意将“无品牌”做成一个品牌。背后均是消费升级的重要标志之一。从欧美及日本的发展经验看，“无品牌”趋势往往出现在人均 GDP 达到 2.5 万美元的阶段，对应中产阶级的崛起，目前北上广深等一线城市正逐步进入该阶段。

（一）去品牌化策略

去品牌化趋势最早兴起于日本，“二战”后日本经济经历了急速增长的繁荣之后陷入低速增长，有的人一夜之间沦为社会底层。人们不再盲目追求奢侈品消费和物质品牌化，反而越发在意质优价廉的商品。以日本的无印良品为例，主打去品牌化，以简单的设计和舒适的材质获得消费者的认可。网易严选与无印良品同样淡化品牌概念，有意将“无品牌”做成一个品牌。（见图 4-10）当你想到自己最喜欢的产品时，你会想到什么？通常情况下人们会记住这些产品的品牌名称。消费者从品牌形象和产品标志中辨认出自己喜欢的商品，但是如果去掉这些内容，消费者是否能够辨识出自己喜欢的商品，从设计风格或者企业形象，哪怕商品上没有明显的 LOGO？很多消费者会给出肯定的答案，但是当越来越多的商品去掉品牌标识，仅让消费者从设计风格或者企业形象的角度去辨识其差别，尤其是同类型商品同质化竞争的时候，去品牌化越来越难。当一家企业率先在某一个特殊领域去掉标识的时候，消费者很容易记住并购买它，因为只有这家企业的商品没有标识或者形成了独特的产品风格，但是当同质化竞争，其后来的同业竞争者都纷纷效仿采取这种方式，无形中增加了消费者的选择难度和挑选成本。

图 4-10　网易严选海报与无印良品海报风格及商品对比

去品牌化是指在没有商品商标或品牌名称的情况下向消费者推销企业的产品。从广义来讲，去品牌化是一个公司从营销资料中删除其品牌或标志的去公司化印记的过程，其关键是完全隐藏商业标识和品牌。这种策略的优点是可以增加销售和顾客参与度，降低广告营销成本，适用于那些以消费者为中心，切实关注产品品质，集中精力关注产品和服务本身，而不是通过品牌符号来增加消费者认可度的企业。因为激烈的竞争带给消费者品牌信息叠加和接受的疲累。随着消费者参与度对商品营销影响力日益提升，品牌体验是营销人员所关注的焦点。最初，品牌名称是被用来推广使用品牌标识的产品，而去品牌化策略让营销人员改变了推销产品的方式，不再关注于信息包装，而是关注产品和服务能给消费者带来的实际利益。站在这个角度，去品牌化是有利于消费者的。

（二）生活方式与消费者分层

“生活方式”的概念经常以不同的方式使用。德国学者沃尔夫冈·韦尔施等人提出[1]“生活方式”是一种相对稳定的模式，指在给定的生活状况框架内组织日常生活，同时考虑到可用资源。不同形式的家庭工作和就业组织、交替的消费模式、不同的生活模式、时间的使用方式，甚至未来的计划及其具体的计划内容和计划范围，在经验层面上，都是构建生活方式最重要的要素。因此，生活方式揭示了一个专题领域和不同学科的社会学家所分别对待的具有不同成分和广泛影响的特定模式。相关研究包括消费者研究和市场调查、选举调查、旅游调查、休闲时间和时间本身的社会学研究、妇女研究、家庭经济学研究、城市和地区研究、教育研究、传记研究、宗教和家庭社会学研究等。所有这些研究计划都有自己的实证研究传统，并对统称为“生活方式研究”的领域做出了贡献。

美国学者保罗·福塞尔在《格调：社会等级与生活品味》[2]一书中指出：在社会阶层划分的过程中，年龄、性别、国籍、种族、政治态度等维度的重要性日益提高，以及组织“人生历程”概念的多种选择，让社会学家深感使用旧的阶级概念已经过时了。作者认为，当前关于生活方式的广泛讨论不一定是对社会分层理论的一种替代，而是一种有价值的补充。生活方式的研究可以对阶级概念的关联性问题做出贡献。尤其是人们日常消费的商品实际在客观上造成了一种社会阶层的区隔。将“奢侈品品牌消费者和网易严选的购买者”进行对比，前者购买商品的价格是后者的100倍，从消费理念和消费决策来讲，二者的目标消费人群无法构成竞争，所以这大概也是奢侈品品牌从来不担心网易严选会抢走自己客户的原因。作为奢侈品的品牌消费者是不会因为网易严选的广告而心动，这不符合其日常一贯的消费理念和消费态度。而网易严选的消费者也不会因为购买了几百元的奢侈品同一代工厂的商品就放弃对真实奢侈品的购买欲望和需求。某种意义上网易严选和奢侈品品牌之间会形成一种“利基市场”[3]，网易严选能更好地服务对奢侈品有需求和渴望但是暂时不具备奢侈品消费能力的消费者，通过培育和涵化，当消费者具备了奢侈品消费能力之后能够毫不犹豫地消费。这对网易严选和奢侈品品牌商以及消费者、代工厂来说，可以形成多方共赢的局面。因为消费者以几百元的价格购买商品的时候是不会和花费几万元购买类似商品时有一样的消费期待和持久渴望。

（三）商业道德洁癖：商业伦理和消费者期待

客户通常使用无形的证据来评估零售服务供应商，例如，企业的清洁度、服务人员的外表等来评价企业的道德形象和行为。在与公司员工直接互动的服务过程中，顾客会对商店的质量和形象做出推断。[4]由于客户评估整个服务体验，而不仅仅是与供应商的初始互动，这种体验的一个方面的失败可能影响客户在评估整体服务绩效满意度时使用标准以外的其

---

[1] 韦尔施．重构美学[M]．陆扬，张岩冰，译．上海：上海译文出版社，2002.

[2] 福塞尔．格调：社会等级与生活品味[M]．梁丽真，乐涛，石涛，译．北京：世界图书出版公司，2011.

[3] 科特勒在《营销管理》中给利基市场下的定义是“利基是更窄地确定某些群体，这是一个小市场并且它的需要没有被服务好，或者说“有获取利益的基础”。通过对市场的细分，企业集中力量于某个特定的目标市场，或严格针对一个细分市场，或重点经营一个产品和服务，创造出产品和服务优势。

[4] BAKER J, GREWAL D, PARASURAMAN A. The influence of store environment on quality inferences and store image. Journal of the Academy of Marketing Science, 1994(22): 328–339.

他标准的程度。[1] 因此，服务遇到的许多方面可能会影响客户的满意度，而不仅仅是服务成功。虽然具体的突出标准可能会有所不同，但客户会判断服务提供商是否有能力遵守与这些标准相关的主观期望。也就是说，客户要寻找证据来判断零售服务提供商的无形素质，包括服务提供商的道德操守。

道德行为与不道德行为的定义是基于对错、善与恶、公平与不公平或公正与不公正的程度。[2] 更具体地说，营销伦理涉及道德规范，因为道德规范涉及公平公正的交流关系和与营销相关的问题。客户对卖方在既定零售环境（例如，零售服务设置）中公平公正的处理的期望涉及营销过程问题。同样重要的是，道德和合法性期待。某些行为可能是合法的（如对某些少数群体具有攻击性的广告活动），但在伦理上仍存在疑问。

早在 2002 年，美国学者 [3] 通过量化研究的对比实验证明：消费者在面对没有任何负面新闻的企业时，最初认为服务零售商是合乎道德的。因此，积极的线索，如书面的道德准则、更精确的成本估算和退回使用过的零件，可能只会证实正向预期：公平和诚实的待遇。但是不道德行为的信号，如未经授权使用回收部件或不准确的成本估算，通过侵权行为打压竞争对手，会激发客户的疑问，降低他们对服务提供者道德和服务总体满意度的评估。这些结果导致暴露在伦理和不道德服务中的受试者的评分存在显著差异。同时负面评论的比例对于企业不道德形象的传感认知影响更大。由此可见，对于生活用品而言，表面看一条毛巾价格弹性不大，消费者不会因为企业的不正当竞争行为而放弃购买，但是从长久来看，日积月累的负面认知会让消费者对企业道德形象形成认知沉淀，不利于企业长远发展。

关于“G20 专供”标语的使用：事实上，关于 G20 峰会的专供毛巾，除了网易严选、朱志军自称是专供以外，洁丽雅也有相似的声明。几家的表述各有不同：网易严选“孚日生产的这款毛巾在 2016 年成为 G20 峰会专供毛巾”。最生活“G20 唯一指定毛巾品牌”。洁丽雅：“G20 唯一一家入选的毛巾品牌企业。”消费者面对这些相似的宣传口号，如果稍稍留意就会产生疑问：到底哪家企业的宣传口号是真实的？进一步来说哪家企业才是诚实守信、值得消费者长久信任的？我国现阶段商品消费尤其是电商平台消费领域，消费者普遍追求“低价高质”，与此同时将“低价”放在“高品质”之前。随着人们生活水平的提高，对美好生活的需求进一步提升，消费者不仅仅满足于低价，同时要求“高品质”。对于企业而言，塑造诚实可信的企业形象和品牌形象并不像短期广告活动一样通过吸引眼球的营销行为或者降价促销可以轻松实现，而是需要日积月累的时光沉淀，需要与消费者长久互动而建立起好感。因此，哪怕现阶段的消费者以“价格为王”，鲜有“道德洁癖”，站在企业长远发展的角度来看，依然需要重视道德指标，需要传递正面的企业商业伦理理念，才有利于消费者的企业形象认知和对产品品牌的信赖。

---

[1] TAYLOR S, CLAXTON J D. Delays and the dynamics of service evaluations. Journal of the Academy of Marketing Science, (1994). 22 (3): 254 –264.

[2] HUNT S D, VITELl S J. A general theory of marketing ethics[J]. Journal of Macromarketing, 1986(6): 5–16.

[3] THOMASA, VITELLB, GILBERTB, ROSEB，The impact of ethical cues on customer satisfaction with service[J]. Journal of Retailing, 2008(78): 167–173.

六、游走在法律边界的不正当竞争是企业发展中的潜在威胁

网易严选认为在 ODM 模式中产品的外观、面料、尺寸等权益归属于制造商，网易严选商品“新疆阿瓦提毛巾长绒棉弱捻超柔毛巾”是网易严选的制造商——孚日集团研发的一款高品质毛巾。知识产权相关研究者赵占领称，代工模式的知识产权问题要看谁参与了设计，包括图案、产品外观设计等。如涉及转让，取决于双方谈判结果，是否涉及独家、排他性授权。网易严选这样宣传不涉及商标，因此不属于商标侵权，但是可能存在虚假宣传的问题——同一个代工厂生产，用的材质可能相同，但是它并不是严格意义上的同款，只能说产品外观上各方面有点相似。

◆ 如何看待危机公关中的“获利者”

网易严选大胆直言“原厂原材质”引起大量网友吐槽，最后该事件同样以一篇公关稿收尾，严选道歉，并改口称自己是“ODM 模式”的电商。然而，与上线之初就引发的“侵权”风波一直相伴的，则是网易严选的飞速成长。在 2017 年 5 月公布的 Q1 财报中，电商业务让丁磊眼前一亮：财报数据显示，第一季度邮箱、电商及其他业务的净收入为 24.60 亿元人民币，同比增长 63.2%。网易严选在年初取得了惊人的战绩，丁磊更提出了 2017 年网易严选流水要达到 70 亿元的目标。严选的飞速发展和消费者用“真金白银”投票的结果让外界默认了严选模式。直到“毛巾哥”撕开这个口子，网易严选可能才意识到应当重视知识产权问题留下的隐患。

正是因为这个毛巾的广告语，“毛巾哥”认为自己的毛巾产品被侵权，之后才会发生一系列与网易严选的商业战。网易面对这样的公关危机并没有乱了阵脚，而是抓紧一切时间收集相关法律，在确保受法律保护的情况下正面还击，把广告标语放在更明显的位置上。此外，危机发生后，孚日集团反应不明确，也只是建议不使用 G20 相关广告语，可见孚日非常谨小慎微。

A. 危机处理的影响和评价

网易公关机构首先迅速查询相关法律，在确保不违法的情况下正面硬杠，并且针对朱志军的文章进行有力反击；其次扒出其创业黑历史，再挖出其后台，随后澄清自己也只是创业公司来淡化群众同情心；最后宣传网易品牌。与此同时，网易还推出歌曲来强化品牌在人们心中形象，激发人们的购买动机，可谓是完美的公关处理。

对于孚日集团来说，这场商战可谓是鹬蚌相争、渔翁得利，借两者矛盾之时宣传其企业形象。对于最生活而言，其实不良影响还是很大的，其创始人的侵权历史无疑给企业带来形象上的损害。对于网易严选而言，这是一次完美的转危为机的公关危机事件处理，不但化解了人们对于网易的不良印象，还用退钱降价等方式收买人心从而提升品牌形象，网易新闻的回复小文章更是无可挑剔，再加上网易云音乐的“毒曲”传播，网易严选在经济利益、品牌形象、知名度等方面都算是打了一场商业胜仗。

融媒体时代的大企业面对危机传播管理时需要提升“温度”，增强与消费者的“共情”。

公关声明并非越短越好。在以往的危机传播案例中，当大公司遇到危机时，多为一句话声明，态度倨傲、冷漠。因为言多必失，说得越少，错误和漏洞的概率越低。但是网易严选在此次危机中用了大量篇幅来获取公众支持。它用这样的危机处理方式告诉大家：我是一家有情感、有情绪、有血性的企业，就像一个人一样，不会任由外来者欺负，做错了我承认，没有错你也不能冤枉我。

B. 网易严选的回应

我有一个创业者的故事，你想听吗？[1]

2017 年 5 月 24 日

昨日，一个自称毛巾哥的同行发了一篇《致丁磊：能给创业者一条活路吗？》的文章，声情并茂地直指网易严选的恶行，声称网易严选对其造成了巨大影响。

回应之前，我们先讲个故事。

故事的起源是，神州大地创业风浪起，一时间涌现出了无数英雄好汉，撸起袖子加油干。

转眼间就到了 2011 年，一 80 后朱姓青年，乘风破浪，开了一家叫深圳市维汶旎商贸有限公司的公司，创了一个叫“最生活 a-life”的品牌。做的是贴牌家居方向。

后来，朱姓青年是这样概述他的致富之路的：“和大多数家居品牌一样，是将工厂现有的产品，稍微改一改，贴上自家的牌子卖出去。”

你可能要问了，仅仅靠着贴牌能赚这么多？能，不仅赚，还不少，朱姓青年在后来的采访中明确表示，“年销售额 6000 万、千万利润”。

伟大的日剧《四重奏》曾经告诉我们，“人生有三个坡：上坡、下坡和没想到”。

刚刚还在上坡路上赚了千万朱姓青年，立马遇到了个“没想到”：他怎么也没想到，我一个聪明勤奋的有为青年，怎么就被起诉了呢？

关于朱姓青年官司的细节，我们从一份名为《“emoi 基本生活”诉“a-life 最生活”专利侵权一审获胜》的报道中得到以下信息：

2011 年 8 月，“emoi 基本生活”发现了一个从网页设计、店面装修风格甚至连品牌理念、产品理念都与自己相似的网站。而在这个网站中展示的一些产品也与自己的产品相同。网站的所有者显示为“a-life 最生活”公司。

随即，“emoi 基本生活”对自己拥有外观设计专利的花瓶、双层玻璃杯、针织运动包、名片盒、硅胶钥匙包、折叠纸盒等 6 款产品提起专利侵权诉讼……经过审理，深圳市中级人民法院一审判决在这 6 件专利侵权诉讼中，原告均获得胜诉。

2012 年 10 月，“a life 最生活”一审被判侵犯“emoi 基本生活”多项产品专利。

这位朱姓青年不服，提起上诉，我们又找到了一份名为《广东省高级人民法院民事判决书 (2012) 粤高法民三终字第 404 号》的判决书，判决书论证过程不表，这里只摘录结尾供

[1]　网易 . 我有一个创业者的故事，你想听吗？ [EB/OL](2017-05-24)[2021-01-12].http://www.163.com/news/artide/CL6TML2200001899N.html. 引用时有删节。

大家欣赏：

驳回上诉，维持原判。

二审案件受理费 1100 元，由上诉人深圳市维汶旎商贸有限公司负担。

本判决为终审判决。

朱姓青年虽有屡败屡战的精神，但终审还是败诉了，宣告了其抄袭侵权“emoi 基本生活”品牌与产品的行为从事实到法律层面都得到了确认。

一夜之间，天堂到地狱，有为青年到抄袭犯，创业先锋到不诚实者，你明白不明白都得明白，这世界变化就是这么快。

随着败诉，朱姓青年的下坡路很快到来了。我们从后来朱姓青年的各种采访中，对他再创业的那段历史做了一个基本还原。

说是，朱姓青年的“a-life 最生活”面临着发展瓶颈，增长乏力的问题，他就想啊，这怎么办呢？就在这时候，他遇到了自己的贵人，小米公司雷军雷总。凭着对“专注、极致、口碑、快”的反复学习理解，他决定砍掉“a-life 最生活”的所有产品线，重新研发，直至最后只留下一款产品 —— 毛巾。随后，朱姓青年获得了雷军 1000 万元投资重整旗鼓。

总之，朱姓青年开始了他的一条毛巾之旅。

跟你看到的某些包装过的创业故事一样，朱姓青年的这段旅程包含了梦想、专注、极致、口碑、初心、艺术、坚守……所有这些你能想到的描述创业的褒义词，堪称《中国合伙人 2》的不二剧本。

通过这段旅程，朱姓青年也完成了从创业者到说谎者的蜕变。

说谎者朱姓青年说谎有三大章回：第一章回信口就来；第二章回似是而非；第三章回强行碰瓷。

第一章回：信口就来

说谎者朱姓青年认为做一条好的毛巾只需要找到最好的长绒棉即可。那怎么找到最好的长绒棉呢？说谎者朱姓青年自己是这样说的：

> 当时，我们对市面上的埃及棉、美棉等品种进行了多次对比试验，发现纤维长度和马克隆值还是达不到我们的要求！一个偶然的机会，棉花协会的朋友告诉我，最好的棉花就在中国的新疆，长绒棉之乡——阿瓦提，你们可以去考察一下。

但他的创业伙伴，最生活联合创始人李维在采访中的表述却不太相同：

> 我们购买了埃及长绒棉、美国长绒棉和新疆阿瓦提的长绒棉，经过半年的专业测试，我们先后三次飞到新疆阿瓦提县考察实地（美国和埃及确实飞不动），最终选择了各项指标最优的新疆阿瓦提长绒棉……

现在到了柯南时间，真相只有一个 —— 到底是先对比了市面上的埃及棉、美棉后经朋友提醒去了阿瓦提，还是先把三个不同产地的长绒棉测试了，然后经过考察选定的阿瓦提？

这个答案我们可能永远都不知道了，但关于“阿瓦提长绒棉”的真相是：阿瓦提县是隶属于新疆维吾尔自治区阿克苏地区的一个地名，此地盛产棉花， 各项指标优越，这也是早就获得业内公认的。而且很多工厂都在这采购长绒棉，并不是某个品牌独有的。

同时，自诩“毛巾哥”的朱姓青年觉得好棉花就等于好毛巾的看法明显外行了。在毛巾生产中，原材料只是基础，设备、工艺、艺师、管理等，都是非常关键的。网易严选的“新疆阿瓦提毛巾长绒棉弱捻超柔毛巾”是网易严选的供应商 —— 孚日集团股份有限公司（以下简称孚日）研发的一款高品质毛巾。

另外，需要说明的一点是，网易严选是网易内部孵化的创业项目，因此这次的争端是两个创业公司之间的事儿，而非大公司对小创业公司的，请别强行给自己加戏。

第二章回：似是而非

在说谎者朱姓青年的“软文”中，他不断地将自己标榜为毛巾生产专家，一会儿在工厂砍掉三道工序，一会儿指导几十年的老师傅进行生产，俨然一副这款毛巾的设计者、研发者、制造者和所有权的拥有者的样子。然后指着网易严选说， 你侵权。

这种说法实在让人啼笑皆非。

在此，必须隆重介绍下孚日集团，孚日拥有多年的毛巾生产经验，这款毛巾是由孚日的技术团队经过多年的研发测试完成，所有核心技术专利等权益都归属于孚日所有。在整个产业链中， 孚日及孚日代表的制造商才是真正的英雄，朱姓青年的最毛巾，或者网易严选，都不是。

事实是，作为一家 ODM 模式的电商品牌，网易严选在 2016 年与孚日开始合作，根据市场需求对阿瓦提长绒棉毛巾某些细节进行了改进，比如配色等， 但核心参数仍然沿用了孚日的原有设计。

之后在网易严选商城中上架了这款毛巾。同时，孚日也在为其他多个品牌供货，并根据品牌的需求进行细节改进并生产，包括朱姓青年的“最生活毛巾”。

网易严选依法销售这款毛巾，并未对任何品牌造成侵权。

第三章回：强行碰瓷

说谎者朱姓青年撰文中指责网易严选对其毛巾“G20 专供”的说法侵权。事实是，由孚日生产的这款毛巾在 2016 年成为 G20 峰会专供毛巾，网易严选网站的相关页面上关于“G20 专供同款”的表述符合事实，并未对其他品牌造成侵权。

同时，这已经不是朱姓青年第一次对网易严选进行碰瓷。都是创业公司，想必大家也明白“天下没有免费的午餐，也没有免费的宣传”的道理。

在《米家有品 vs 网易严选，谁会是下一代电商巨头？》一文中，作者将网易严选的毛巾和最生活毛巾做了极为简单粗暴的对比，最后干脆利落地得出结论，网易严选毛巾完败。同时在“最生活毛巾”官方微博上，自然也少不了对网易严选下手。

对于朱姓青年的多次碰瓷，我们当然不想不愿也不屑回应。

网易严选的“新疆阿瓦提毛巾长绒棉弱捻超柔毛巾”在上线前与制造商和法务经过规定流程审核，不存在侵权事宜。另外，是否侵权需法院判决——正如之前法院对你与“emoi

基本生活”的宣判一样——不是朱姓青年嘴巴一张一闭就能做实得了的。两个创业公司间的公事，你若直接诉诸法律我倒也敬你职业、专业。

可你一而再、再而三、三而四地强行碰瓷，打各种牌蹭来蹭去的，我若敬你是对正直的不敬、对诚实的不敬、对公道的不敬。公论是，说谎之人不可信，不可交， 不可敬。实际上也不可投，雷总小心。

以上为故事，以下为态度。

此次回应也不是因为你指名道姓了丁磊 —— 实际上我们经常拿丁磊开玩笑，不多你一个——我们回应是因为你撰文说谎，妄图通过文字的技巧将网易及网易严选置于一个不堪的地位：对知识产权肆意侵犯、对创业者极不尊重、对弱小力量极其傲慢无情。

你口口声声网易严选是大公司，你是卑微的创业者。大公司应该有大公司的气度，大公司应该有大公司的担当。同意，但担当和气度不应该是我不张嘴你就以为我没有獠牙。既然你也致力于给消费者提供好的毛巾，至少我们在这一点上可以达成共识，因此我们决定：

1. 对于品质有更高要求的用户，建议购买网易严选的“埃及进口长绒棉毛巾”， 材质也就是朱姓青年和合伙人之前想去但“飞不动”的埃及的长绒棉。

2. 网易严选一直提供全站 30 天无忧退货服务，毛巾当然也在此列，尽管买，不喜欢尽管退。

这是我们认为应该有的担当和气度：对善者善，对恶者恶。希望经此，你能知道，这世界上还有你值得敬重的东西。

你接下来可以继续说谎、苦情、哭诉网易严选不给你活路，也可以像个战士一样一言不发地清点好武器投入这场战争。是的，这就是一场战争，一场由你挑起的商业战争。下面把舞台交还给你，请继续。

以上，致创业者说谎者碰瓷者苦情者“毛巾哥”励志帝朱姓青年朱志军。

➢ 课后思考

1. 最生活“毛巾哥”是此次危机事件的发起者，请问你认为他的预期目标是什么？危机事态的发展是从哪个环节开始走偏的？为什么？

2. 网易严选使用“G20 同款毛巾”字样是否存在侵权？这次危机事件中有哪些利益相关者？网易严选是如何区分对待的？

3. 当创业者与大企业发生商业纠纷时，最佳渠道是法律诉讼，而为什么这个事件中，“毛巾哥”并没有提起法律诉讼，而是通过发文章的形式获得舆论关注？

4. 请问消费者在追求“去品牌化”商品的价格优势的同时，企业为什么要坚持走“傍品牌” 的路线进行借势营销？

Chapter 5

第五讲　来自监管层或大企业的法律诉讼

——腾讯诉老干妈拖欠营销费用

- 新闻舆论中心的危机修辞
- 公众面对危机事实的解读
- 公众面对危机的情感效能
- 危机过错方主动塑造弱者形象

主案例

2021 年 4 月 10 日国家市场监督管理总局发布了对阿里巴巴的行政处罚决定书（国市监处〔2021〕28 号）。决定书详细说明了处罚依据、相关市场、当事人在相关市场具有支配地位的判断过程、当事人实施滥用市场支配地位行为的事实和依据、当事人行为排除、限制了市场竞争、行政处罚依据和决定。整个内容翔实、详尽，有理有据。作为事件主体的阿里巴巴集团如何应对这场来自监管部门的处罚危机呢？

2020 年 6 月 29 日，中国判决文书网公布了一则民事裁定书，内容是原告深圳市腾讯计算机系统有限公司（简称“腾讯”）向深圳南山区法院提出财产保全申请，请求查封、冻结被告贵阳南明老干妈风味食品销售有限公司、贵阳南明老干妈风味食品有限责任公司（简称“老干妈”）名下价值人民币 1,624 万元的财产，新疆前海联合财产保险有限公司深圳分公司、中国人民财产保险股份有限公司深圳分公司为本案的财产保险提供信用担保。6 月 30 日，腾讯回应称，此事系老干妈在腾讯投放了千万元广告，但它无视合同长期拖欠未支付，腾讯被迫依法起诉，申请冻结了对方应支付的欠款金额。

针对有关腾讯起诉老干妈并要求法院冻结后者千万资产等事宜，老干妈 6 月 30 日晚间发布声明称，收到上述文书后，公司给予高度重视并立即开展调查。

经核实，老干妈从未与腾讯或授权他人与腾讯就老干妈品牌签署《联合市场推广合作协议》，且公司从未与腾讯进行过任何商业合作。针对上述重大事件，公司已向公安机关报案。

腾讯方公开资料显示，2019 年 4 月 26 日，腾讯旗下 QQ 飞车手游 S 联赛 2019 年春季赛正式开幕。在开幕现场，腾讯互动娱乐事业群 QQ 飞车手游运营总监赵斯鹏宣布，将与国民辣酱品牌老干妈展开合作。这也是腾讯方提供的腾讯和老干妈官宣的唯一一次合作。

2020 年 7 月 1 日，贵州贵阳市公安局双龙分局发布警情通报，称三名犯罪嫌疑人曹某、刘某利、郑某君伪造老干妈公司印章，冒充该公司市场经营部经理与腾讯签订合作协议，三人此举目的是为了获得腾讯赠送的“网络游戏礼包码”，之后倒卖非法获取经济利益。目前三人已被刑拘。

7 月 1 日晚间，腾讯发布自嘲视频《我就是那个吃了假辣酱的憨憨企鹅》，主动自谦自黑，将自己打造成愚蠢受骗憨憨可爱的形象，转危为机。一时间，“逗鹅冤”一词冲上热搜，腾讯抢占先机把自己定位在上当受骗的“傻企鹅”，博取公众的同情，在公众的调侃中获得新一轮的流量和关注。

7 月 9 日，腾讯与老干妈发布联合声明如下：

第一，感谢贵阳公安对于此案件的高度重视和积极行动，让犯罪嫌疑人得以快速落网。腾讯已向法院申请撤回财产保全申请及本案诉讼，并就合同诈骗行为已向贵阳公安报案。腾讯和老干妈双方后续将积极配合相关法律程序的推进。

第二，过去数日内，腾讯和老干妈双方进行了深入沟通，双方已厘清误解。对于事件过程中的种种误会和欠妥之处，腾讯已向老干妈方面当面致歉，后续腾讯将进一步完善相关流程。未来双方也将积极探索并开启一系列正式合作。

第三，由于此事对社会公共舆论资源造成过多占用，腾讯和老干妈深表歉意。

以上两个案例分别来自监管层市场监督的行政处罚和大企业的法律诉讼引发的企业社会

舆论危机。面对此类监管处罚或外界诉讼引发的社会公众讨论和质疑，企业一方面需要按照法律规定和国家政策规章制度的要求去应对司法和行政层面的操作流程，另一方面面对社会公众的舆情讨论需要从修辞层面最大限度安抚公众情绪，让公众不会因为企业一时一次的市场运营危机而产生不良的品牌认知和消极态度。

一、新闻舆论中心的危机修辞

（一）危机修辞与形象修复

危机修辞是从危机事件处理的微观层面入手考察如何通过语言表达、语义管理和话语修辞来引导利益关系人在行动上和心理上的反应、对组织的印象等。公众对危机的态度取决于事实和情感两个层面，虽然修辞无法影响客观真相，但是却可以有效影响公众的情感和利益相关人的情绪问题。所以本讲将从危机修辞的视角入手分析企业如何应对来自监管部门和大企业诉讼引发的危机。

印象管理（Impression Management）是源于社会心理的一门古老学问，后来衍生为人际关系的学说之一。戈夫曼曾说人们不停地通过沟通来管理他人对自己的印象，使自己更有吸引力，这一过程也叫“面子管理”（Face Management）[1]。如果我们把印象管理理论从个人适用层面迁移到组织适用层面，就会发现：当组织犯错或者陷入危机的时候，第一反应就是需要给公众以合理的解释和说明，为自己建立一整套脱离责备的解释系统，以观察利益相关者的反应和态度，同时改变公众的看法。基于此，公关学者提出针对组织行为的言说策略[2]就是企业的形象管理修辞策略。

学者 Benoit 的形象修复策略[3]指出企业在面对危机和公众责难的时候可以采取三种态度和言说修辞。

第一种，否认（Denial）。简单否认，没做，不是我们做的。转移指责，别人做的，找替罪羊。

第二种，规避责任（Evasion of Responsibility）。主要是从四个角度解释说明；这么做是被挑衅，反击外界的作为；这么做是无力而为之，强调自身缺乏资讯或能力；这么做是意外，无心之过；这么做的目的是善意的，本意是善良的。

第三种，减少事件的攻击性与无礼（Reducing Offensiveness of Event）。包括支撑，强调组织行为的好处和长处；减小、淡化，强调组织行为带来的事情不严重；差异化，强调组织行为比起类似事件好太多了；超脱，强调组织行为还有更重要的价值与考虑；反击对

[1] CUPACH, METTS. Ingratiation: a social psychological analysis[M]. New York: Appleton, 1994.

[2] MARCUS A A, GOODMAN R S. Victims and shareholders: the dilemmas of presenting corporate policy during a crisis. Academy of Management Journal, 1991(34): 281–305;Coombs. An analysis framework for crisis situations: better responses from a better understanding of the situation[J]. Journal of Public Relations Research, 1998(10): 177–191.

[3] BENOIT W L. Accounts, excuses, and apologies: a theory of image restoration strategies[M]. Albany: State University of New York Press, 1995.

手，降低控诉者的信用；补偿，强化组织会补偿利益牺牲者。

第四种，修正动作（Corrective Action），重点强调组织计划如何解决，防止类似事件再发生。

第五种，表示遗憾并致歉（Mortification），真诚道歉，表达悔改之意。

由此可见，危机修辞的重点在于辩解。辩解并不是一种道歉形式，而是面对批评或者攻诘时的自我防卫，目的在于向公众澄清自我形象。辩解策略的选择对于组织而言需要慎重，要看公众情绪处于哪一种发展阶段。比如公众对品牌的情绪认知占据上风，而非事实层面的认知判断，在中国市场环境下建议减少使用辩解策略。因为在没有明确利益相关者的情况下，社会公众对于事实层面的关心远远少于情感层面的情绪，此刻真诚的道歉或者提出如何采取补救措施，避而不谈事实层面的问题反倒是一种更明智的危机修辞。因为辩解策略使用不当反倒会激发公众的逆反心理和不良的情感倾向。

学者 Kruse 研究“辩解”时发现组织试图使用辩解策略[1]必须具备三个大前提。第一，因为做错事而应对道德上的指控；第二，要将恢复名誉作为回应时的主要考量；第三，必须以自我防卫的姿态由己方亲自辩解。

以阿里巴巴受到国家市场监督管理总局的处罚决定后发布的《致客户和公众的一封信》为例，我们可以分析其具体的危机修辞策略。

尊敬的阿里巴巴的商家、消费者、合作伙伴以及投资者们：

今天，我们受到国家市场监督管理总局对阿里巴巴集团的行政处罚决定。对此处罚，我们诚恳接受，坚决服从。借此机会，阿里巴巴及全体阿里小二，对商家、消费者、合作伙伴以及投资者给予我们的信任和包容，表达我们的感恩，也坦诚地表达我们对未来长远健康发展的思考和行动。

过去几个月，我们全力配合调查，认真学习国家对平台经济的政策和要求；在保证业务平稳运行的同时，进行系统的自审自查与完善升级。我们认识到，今天的处罚，是对我们的警醒和鞭策，是对行业发展的规范和呵护，是国家维护公平竞争市场环境、推动平台经济高质量发展的重要举措。

平台经济是新一轮技术革命催生的全新生产关系。过去 20 多年，得益于国家经济的发展，得益于互联网技术的进步，得益于管理部门对创新的支持和包容，阿里巴巴有机会和千万中小商家、亿万消费者一起，探索创造出淘宝、天猫等平台模式，降低了经营和创业成本，提高了社会效率，打通了经济末梢循环。

今天，平台经济发展进入全新阶段，深入人们的日常生活，关系到社会经济的方方面面。时代和社会对平台企业提出了全新的要求，我们深刻认识到平台企业在国家经济社会发展中的责任。同时我们会牢记，平台的价值是整合、分享资源，是通过帮

[1] KRUSE N. The scope of apologetic discourse: establishing generic parameters[J]. Southern Speech Communication Journal, 1981(46): 278–291.

助他人成功而取得成功，是不断为社会创造价值而实现自我价值。

我们深知，只有永不停步地顺应时代和国家发展，永不停步地倾听、了解、服务好成千上万的商家和消费者，永不停步地追寻技术创新，才是我们的生存之本。我们将进一步强化客户价值、聚焦客户体验，并继续出台一系列降平台门槛、减平台经营成本的措施，为所有商家和合作伙伴创造更开放、更公平、更高效、共享发展成果的平台环境。

今天是阿里巴巴集团发展历程中至关重要的一天，我们将以此为新的起点，直面问题，锐意革新。政府的监督与服务，社会各界的批评、包容和支持，是阿里巴巴一路成长的关键。对此，我们心怀感恩，也同时心存敬畏。客户第一，做一家为社会不断创造长期价值的好公司，既是我们的初心，也是我们存在和发展的最大意义。我们对此充满信心，绝不动摇。

阿里巴巴集团

2021 年 4 月 10 日

这封信一方面表明阿里巴巴确实受到了国家市场监督管理总局的行政处罚决定，并且坚决执行；另一方面强调阿里巴巴为平台经济所做的贡献，从头到尾企业并没有公开致歉的意思，只是公开表态我们受到了处罚，但是依然坚持客户第一，我们要积极探索做一家好公司。因为这是一封给企业客户的信，维护客户利益是首要宗旨；同时这也是给社会公众的一封信，但自始至终阿里巴巴并没有将进驻淘宝平台的小微企业商铺作为沟通对象，也没有将其他平台被其垄断上下游产业链条的竞争对手作为沟通对象，哪怕这些群体利益被侵害才是阿里巴巴被国家市场监督管理总局处罚的原因，也是“苦阿里垄断久已”的利益相关者。

（二）舆论中心的媒介建构与公众认知

早在 20 世纪公关刚刚兴起的时候，公关大师 Bernays 就曾说过早在埃及、巴比伦、亚述人的时代，晚至希腊罗马时代，就有修辞学，而公关也同政治宣传挂上了钩。最早的《高卢战记》就是当权者宣扬自己政绩的公关史稿。亚里士多德对修辞学的定义是“在每一个可能的时候倾全力说服的能力”。他曾经盛赞希腊的公民意识和修辞学之间的关系。西方学者认为，企业的日常公共关系建构有四种模式：第一种是新闻代理 / 宣传模式，从业者是宣传者；第二种是公共信息模式，即信息从一个组织流向其公众的单向流；第三种是双向不对称模式，强调说服的双向沟通；第四种是双向对称模式，其中从业者充当组织与其公众之间的调解人。从业者应该制定战略传播计划，确保在任何危机背景下，传播信息都是非常重要且谨慎的。通过技术而不是受众及企业目标来组织企业传播是一个常见的错误，任务导向的技术人员不能像策略导向的管理者那样处理组织目标。

媒介对于社会大众而言，可以构建媒介镜像，影响人们的社会认知、公共想象、文化认同，具体到某一个企业而言，媒介具有建构企业形象、整合公众认知的功能价值。从这个角度看，当企业位于舆论中心焦点时，媒介对其信息公开、事件报道、舆论领袖观点传递、技术算法信息推送具有重要作用。在大众媒体时代，专业的媒介组织负责报道企业新闻和危机事件，企业只需要和媒体从业者保持良好的互动关系就可以在危机时刻有效运用大众媒体面向社会公众发布企业自身想要公众知道的信息。但是在自媒体时代，信息生产的主体多元化，危机事件的任何一方利益相关者都可以成为信息的生产者和传播者，企业很难控制舆论信息的来源渠道和传播路径，面对同一个危机事件，舆论中会呈现多方观点和事件的多个层面，很难形成一个声音对外传播。面对自媒体时代的危机传播管理的挑战，企业应该采取怎样的行动策略才能维护好企业形象、塑造良好的公众认知呢？

首先，企业要注重筛选网络上关于企业的负面信息，有效区分负面信息的传播主体、传播者背后的利益诉求，负面信息与利益相关者的关系。比如腾讯诉老干妈的新闻，本来是企业与企业之间的商业纠纷，为什么会引发社会公众的关注？腾讯又为何会被标签化、符号化为“南山必胜客”呢？这背后隐藏的是社会公众对这家互联网巨头潜在的不满情绪，这种不满情绪并没有具体的事件来源指向，只是由于一家企业巨头的市场占有率过高、企业经济效益远超同行业平均水平带来的“艳羡”与“忌妒”。换言之，腾讯在这次热点事件中承担着“社会解压阀”的功能。

其次，区分有关企业负面信息的类型，预测该新闻议题是否会发展成为危机事件或登上自媒体平台的“热搜榜”。如 2021 年上海车展某车企消费者站在车顶维权要求汽车品牌方关注其诉求，企业第一时间并没有给予充分的重视，放任该新闻事件在网络上反复发酵，引来了自媒体、地方媒体、中央媒体的广泛关注。在公开的新闻表态中，该车企品牌方发言人态度倨傲、冷漠，给公众留下了深刻的印象，而这种态度会让那些与自身利益毫无关联的社会公众产生反感，甚至对车企品牌形成负面认知。

最后，谨慎发布针对危机事件的声明。这里强调的谨慎发布，是针对发布内容本身，而非发布时间。企业第一时间给予公众反馈、发布信息会让人产生“企业非常重视”该事件的印象，这种重视危机的态度是社会公众所认可的。但是如果针对危机事件发布的信息内容没有经过多方核实和基本的思考，会让危机事件进一步扩散、转移甚至强化。比如 2021 年 6 月，农夫山泉推出一款白桃味苏打气泡水，在外包装与宣传物料上都打出了“日本福岛县产”的广告宣传语，引发了社会公众的猜想和网络讨论。其宣传的字面意思，会给消费者带来“这款产品的原材料取自日本福岛”的理解和认知，而社会公众因为对福岛核电站事故的担忧自然会在网络讨论中表达对这款产品的质疑。在 6 月 27 日中午，农夫山泉在其新浪微博正式回应：

一、农夫山泉拂晓白桃味苏打气泡水产品是一款风味饮料，农夫山泉在产品标签配料表中按照食品安全国家标准的规范要求表明了产品配料。该产品的配料中没有从日本福岛进口的成分。农夫山泉产品的标签标示符合相关法规要求，并无任何错误或误导。

二、拂晓白桃原产于福岛，风味独特，20世纪在我国已有引种。我们研发人员依据拂晓白桃的独特风味，创制了类似拂晓白桃风味的产品，与拂晓白桃产地没有关联。

三、农夫山泉要求今日头条等媒体平台和各社交媒体账号立即删除对农夫山泉名誉造成伤害的文章和评论，以避免进一步对农夫山泉的名誉造成传播性伤害。

社会公众大多以信任的态度面对这则企业声明，但仍有不少网友在声明下方留言说：至少是企业的广告宣传和物料包装宣传有问题，但其声明中并没有道歉和承认错误的意思。原本并非危机事件的广告宣传语“不精准信息”的传播演化成企业面对公众和媒体平台“态度倨傲”的形象建构和公众认知。

（三）突发情况、危机事实与新闻议题

议题是有争议的事件，而“潜在议题”则是有可能变成有争议的事件。比如在2020年12月底，国家市场监督管理总局开始对阿里巴巴集团涉嫌垄断市场的行为开展调查。此时阿里巴巴集团表示全力配合。通常争议产生于有利益冲突的团体之间的意见分歧，或者对事件的解决方式有各自不同的看法。危机是影响个人或组织未来的决定性因素，这个转折点意味着其所做的决定常常会造成戏剧性的转变，因为处在危机旋涡中的组织面临着公众镁光灯一般的舆论探照。突发情况是指毫无预期的事件突然发生，而且必须立即处理。

如果将争议、危机和突发情况混为一谈可能会带来以下问题：

第一，错误认知问题本质可能造成错误因应计划和行动徒劳无功。比如腾讯在没有查清合作对象的真实身份就贸然申请冻结老干妈相应的资产，这一行为无疑给公众带来了强势、霸气的认知。

第二，造成员工、股东和社区不必要的慌张不安。阿里巴巴在接受国家市场监督管理总局的处罚后，第一时间发布《致客户和公众的一封信》，在信中，阿里巴巴集团使用的称呼是“尊敬的阿里巴巴的商家、消费者、合作伙伴以及投资者们”，这些人是阿里巴巴最直接的利益相关者群体。至于看热闹的、不消费的公众并不在阿里巴巴告知范围内，这不是一封道歉信，而是一封陈述自身接受处罚之后如何继续保障相关者利益的理性说明陈述。

第三，过分强调事件的冲击力。所谓“危机处理”常倾向于将所有潜在问题归纳在一起，而腾讯诉老干妈这一事件在被曝光腾讯是与诈骗团伙合作而非与真实的老干妈品牌合作之后，其实已经暴露了腾讯企业内部具体的合同审核和市场运营流程问题。但是腾讯并没有将公众的视线引向企业内部管理缺陷，而是第一时间以娱乐自嘲视频歌曲的形式化解了公众的疑问。在消费主义和娱乐为王的媒体环境中，公众怀着看热闹的心态通过调侃腾讯发泄和代入自身情绪，没有太多公众真的关心老干妈的利益是否受到侵害，也没有人关注腾讯在这次危机中应该承担的责任，而是巧妙地将危机从事实层面引向情绪情感消费层面。

第四，如果管理层对事件本质认知不清，贸然将企业引入戒备状态，更容易造成内部

员工的认知危机。以海底捞面对食品卫生安全为例，海底捞只是关停了门店进行整改，第一时间告知员工你们只需要按照要求做就可以，你们的工资照发，所有的危机责任由企业的领导层来承担。这样一条安抚人心的说明不仅稳定了企业内部而且还向社会公众树立了有担当的企业形象。

2021 年 7 月 24 日，中共中央办公厅、国务院办公厅引发了《关于进一步减轻义务教育阶段学生作业负担和校外培训负担的意见》，对课后补习机构的投融资、业务类型、经营时间等做出严格限制。根据最新一季财报，好未来 90% 以上的营收来自中小学教育培训业务，基本都在限制范围内。“双减”意见下发的第二天，高途集团创始人、CEO 陈向东就召集管理层开会，定下了裁员指标：全国 13 个地方中心，在 8 月 1 日前完成关闭，只留下郑州、武汉、成都三个辅导老师中心，每个中心平均上千人，设计范围达到上万人。

7 月 24 日当晚 22:32，好未来官方微博表示：好未来坚决拥护党中央、国务院决策部署，深入贯彻党的十九大和十九届五中全会精神，深刻领会“双减”工作重要意义。作为科技教育企业，好未来坚守教育本质，严格贯彻执行相关规定与要求，依法合规经营。

早在 2021 年 5 月 21 日下午，习近平总书记主持召开中央全面深化改革委员会第十九次会议，审议通过了《关于进一步减轻义务教育阶段学生作业负担和校外培训负担的意见》。会议指出，义务教育最突出的问题之一是中小学生负担太重，短视化、功利化问题没有得到根本解决。特别是校外培训机构无序发展，“校内减负、校外增负”现象突出。会议强调，要全面规范管理校外培训机构，坚持从严治理，对存在不符合资质、管理混乱、借机敛财、虚假宣传、与学校勾连牟利等问题的机构，要严肃查处。这次会议其实已经释放了宏观政策信号，好未来企业早在 6 月份的企业经营范畴已经有所变化，提前做好准备迎接政策调整来适应新的市场环境。

这一政策调整对教育行业培训机构来说看似是突发事件、是重大危机，实则早在一年前已经有相关行政处罚来持续释放信号，中小学生课外辅导机构需要占据家庭大量支出，严重消耗了社会资源，家长们普遍表示生活压力大、教育成本高，原因就在于资本运作下的校外培训机构不断通过营销手段向家长制造焦虑，鼓励家长给中小学生报各种辅导班，而这些知识原本是在课堂学的，家长们为了让自己的孩子更具有竞争优势非要提前在校外机构花钱学。国家出面治理校外辅导机构正是“想人民群众之所想，急社会公众之所急”。政策要求严禁随意资本化运作，不能让良心的行业变成逐利的产业。

二、公众面对危机事实的解读

公关学者黄懿慧通过对中国台湾地区的世界五百强企业的传播经理、危机公关经理、公共关系和公共事务经理等进行深入访谈和调研发现[1]：在危机管理者的评估中，危机应对方式选择及时应对、一致应对和积极应对比危机沟通策略选择否认、转移、找借口或让

[1] YI-HUI HUANG, Trust and relational commitment in corporate crises: the effects of crisis communicative strategy and form of crisis response[J], Journal of Public Relations Research, 2008(20): 297-327.

步等态度更能获得公众信任和关系承诺。在这项研究中，作者重点强调危机沟通主要由企业危机沟通信息内容“说什么”和危机沟通策略“怎么说”两部分组成。其中“说什么”就是基于危机事实层面的信息筛选和对外传播，而“怎么说”重点关注社会公众的情感管理和有效应对。

（一）危机应对的形式

危机应对的形式是指危机信息的呈现方式。根据已有学者研究可以将其归纳为三种形式：及时反应、一致回答和积极反应。

首先，及时反应可以填补由于威胁、意外或围绕危机局势的紧急情况而造成的信息空白。利益相关者等待人们解释发生了什么，并将听取任何人回答他们的问题。Sillince[1] 认为，事件或外部环境的状态越不稳定或不可预测，及时反应就越重要。然而，不可用性会造成与利益相关者的关系不好，并使组织无法站在自己的立场上。Strong、Ringer 和 Taylor[2] 的研究发现，沟通的及时性是影响利益相关者群体满意度的关键因素之一。同样，及时沟通通过帮助解决争端和调整看法与期望来促进信任。[3]

其次，一致回答表明信息是以一种无矛盾的方式呈现的。Seeger（1986）将危机等同于对一个组织的社会合法性的威胁，并认为如果一个组织能够在其行为所隐含的价值观和其环境中接受的规范之间建立一致性，那么社会合法性往往就能建立起来。然而，当组织的意图、证据和位置受到质疑或不一致时，组织将会在危机情况下受到威胁。[4] 信息一致性关系到商业道德。Ulmer 和 Sellnow（2000）认为，如果危机传播强调以合理完整和无基础的方式对涉及证据、意图和地点的问题进行相互竞争的解释，那么危机传播可能是道德的。相反，不一致（与其他相关论据或证据矛盾）将会降低论述者的可信度，进而降低论据的强度。在说服研究的文献中，研究也支持一致性信息传递的价值，因为它可以提高可信度和责任感[5]，这是信任的重要组成部分。

最后，积极应对是指组织成员在危机过程中主动做出应对。不作为或被动会造成冷漠、危机不可控或隐藏信息的表象。研究表明，积极主动是建立积极沟通关系的有效因素。[6]

---

[1] SILLINCE J A A. A model of the strength and appropriateness of argumentation in organizational contexts[J]. Journal of Management Studies, 2002(39): 585–618.

[2] STRONG K C. RINGER R C, TAYLOR S A. The rules of stakeholder satisfaction (timelines, honesty, empathy)[J]. Journal of Business Ethics, 2001(32): 219–230.

[3] MOORMAN C, DESHPANDE R, ZALTMAN C. Factors affecting trust in market research relationships[J]. Journal of Marketing, 1993(1): 81–101.

[4] GARVIN A P, BERKMAN R I. The art of being well informed[M]. NY: Avery, 1996.

[5] BARTON L. Crisis in organizations: managing and communicating in the heat of chaos[M]. Cincinnati, OH: South–Western, 1993.

[6] CANARY D J, STAFFORD L. Maintaining relationships through strategic and routine interaction[M]//CANARY, STAFFORD. Communication and Relational Maintenance. San Diego, CA: Academic Press.

消极或被动的反应则可能损害公共信任，进而损害组织与其公众之间的关系。[1]

总之，传播研究不断地认为，被告组织对危机做出充分、及时、一致和积极的公众反应，可以尽量减少对本组织信誉的潜在损害。[2]Mor-gan Hunt(1994)和J.C.安德森、纳罗斯(1990)还透露，组织及时可靠的沟通将使人们对其更加信任。

（二）事实信息的筛选

由于新闻报道一般是对事实简约化的报道，因而对于媒介真实和社会现实之间的关系，存在着不同的说法和观点。比如 Brain McNair 曾说，新闻报道其实不过是“对真相有所选择和取舍的报道”[3]。新闻报道并不是对真实事件透明中立如同镜子一样反映和记录，而是经过了编辑记者筛选、把关、呈现，受到诸多社会因素影响的生产过程。因此新闻传播活动在大众媒体时代经历了一个“社会现实—议题现实—媒介现实”不断聚焦的过程。[4]

关于事实的讨论可以追溯到哲学层面的“实在论”。哲学意义上的“实在”是指物理实体及其现象、本质、规律的实际存在。这种“存在”不以人的主观意志为转移，并且独立于人心之外。实在论认为，存在一个包括自然和社会在内的确定的、独立于人的行为与作用的外部世界，而且人类能够通过不断进步的科学的方法来认识和描绘这个外部世界。实在论的理论根源，是来自 19 世纪的科学主义哲学以及以此为基础的实证主义。19 世纪由于自然科学的进步，人们认为社会现象可以和天体物理、化学、生理现象一样，通过科学方法找到其背后的规律。因而实在论认为，社会世界和自然世界一样是可以认知的，对于社会世界的认识也应该独立于偏见、情感、利益等主观因素，可以做到客观表述。

对于新闻，媒介现实观认为，新闻是“社会的镜子”，是不带任何主观意识和直觉成分对客观现实的真实描摹。但是这一观点显然是深处意识形态、社会舆论的大环境之下的描摹。不同的国家政治制度、人们从小所接受的教育所形成的特有的人生观、价值观和世界观，记者所需要遵守的准则都有具体的差别，不一样的社会环境会培养出不同的“镜子”。因为在传统大众媒体时代，媒体从业者本身拥有“筛选”职能和“把关人”权力，一直以来，西方的媒体都拥有除了立法、司法、行政之外的“第四权力”。但是哪怕是资本主义国家一贯标榜的新闻民主，在“9·11”事件之后，国家安全是可以放置于新闻自由之前对其进行强行干预的第一缘由。马克思认为“如果事物的表现形式和事物的本质会直接合而为一，一切科学就都成了多余的了”[5]。

在传统大众媒体时期，议程设置的主体——大众媒体会根据企业性质、危机事件性质

---

[1] COOMBS W T. Crisis management: advantages of a relational perspective[M]//LEDINGHAM, BRUNING. Relationship management: a relational approach to the study and practice of public relations. NJ: Lawrence Erlbaum Associates, Inc.1999(a): 75–93.

[2] WILLIAMS D E, TREADAWAY G. Exxon and the Valdez accident: a failure in crisis communi-cation[J]. Communication Studies, 1992(43): 56–64.

[3] BRAIN. Thesociology of journalism[M]. NewYork:Arnold, 1998.

[4] 邓理峰 . 理解媒介现实的两种范式 [J]. 现代传播，2008(3).

[5] 马克思 . 资本论：第三卷 [M]// 艾丰 . 新闻采访方法论 . 人民日报出版社，1995:72.

以及该企业的媒体关系去选择判断如何筛选事实呈现给社会公众。但是在人人都是自媒体的时代，大众媒体已经失去了完全议程设置的掌控权，哪怕不去关注和报道企业的危机事件，由自媒体引发的关注热点在当今媒介舆情环境中也比比皆是。这样一来，传统媒体就非常被动，需要跟着自媒体的热点去追踪报道，再想对公众施加影响和传递观点信息必然会带来其接受心理的排斥和情绪抵触。所以，在危机爆发的第一时间，大众媒体需要站在社会公器的角度，客观报道事实本身，不带利益色彩，只站在监督的角度去呈现企业危机事件，这样才能重新赢得社会公众的尊敬和信任。但是在现实生活中，大企业往往和媒体之间更容易形成观点共识和利益协商，媒体选择不去追踪报道企业危机直到公众自己维权将危机推上了热搜，这个时候企业第一时间会选择与媒体合作召开新闻发布会，看似体面的自我澄清，却让社会公众感受到表演的嫌疑。信任关系一旦破裂，再想弥合就需要付出百倍的努力和现实利益的诚意表达。

（三）公众解读的事实

针对客观社会现实与现实媒介之间的距离，Hanna Adoni 和 Sherri Mane 曾经依照媒介效果的思路，区分出了三种社会现实，分别是客观社会现实（Objective Social Reality）、符号社会现实（Symbolic Social Reality）和主观社会现实（Subjective Social Reality）。[1]其中客观社会现实是人们所经历体验到的真实世界，它是外在于主观感知之外并且呈现于每个人面前的真实存在，比如自然现象、自然灾害、天气冷暖变化。人们以常识的方式来理解此类事实，并不做超越个体经验之外其他更深入的验证。但是同样的自然现象在不同的主观个体眼中确实有不一样的理解和认知。比如养尊处优的人看到晚上的雷阵雨会感受到一阵清凉，希望暴风雨来得更猛烈些来调节自己的情绪和生活，但是对于堵在路上或者为生计问题奔波在路上的人而言，突如其来的暴风雨可能让自己一天的工作泡汤。大家对同一个客观自然现象却有着不一样的理解和认知，甚至是不一样的主观好恶。符号社会现实是由共同的文化语境、社会语境和共享的意义空间构成的符号表达，包括文学、艺术、文字、语言、手势、媒介符号等表现形式。比如同样一个手势在不同的文化之中会有不一样的解读和含义。一家企业如果面临着跨文化传播，则需要充分考虑当地公众的习惯，比如对色彩、服饰、表情管理等方面有哪些禁忌，因为社会公众对事实的解读主要是通过危机企业当事人的表达在其文化母体意义空间之中的解读。当受众面临多种不同符号的时候，如何保证每个个体都有同样的认知能力和理解能力，这是在自媒体时代很难保障的。因为与传统媒体不同的是，自媒体的跨国界性，会让多种语言通过翻译软件来解读传播，这其中的意义、情态、文化解读千差万别，拥有不同认知能力和表达能力的人都来发表自己对危机事件本身和企业的看法，会带来信息的汪洋大海，人作为一叶扁舟如何做到截取有效信息？企业面临不同的认知对象如何统筹公众意见和事实解读是一项挑战。而主观社会现实，指的是客观现实和符号现实进入人们大脑并加

[1] ADONI, MANE. Media and the social construction of reality[J]. Communication Research, 1984(7): 323-340.

工之后的产出。主观社会现实是客观社会现实及符号表达融合进入个人意识之后的结果。而这一方面需要考察不同个体原有的知识积累、情感态度、获取信息的能力，另一方面需要对个体所在的社会环境、文化背景和周边压力进行有效预测和把控。在新媒体环境下，有无数发声的个体讨论企业深陷的危机事件泥潭，此刻企业需要优先考虑的是利益相关者的态度，也更应该重视利益相关者眼中的“事实信息”。

三、公众面对危机的情感效能

危机管理与情绪有关，与事实无关。在这一领域，有“冷”媒体——报纸、网络媒体——对你的大脑说话，但也有“热”媒体——广播、电视——针对你的心脏。在银行危机期间，人们希望在金融报纸上看到新闻。自从金融机构的问题出现在电视新闻和脱口秀节目中，一切都改变了。从那时起，我们开始讨论优先股和驱逐。银行对这种变化感到不舒服，因为这迫使他们处理“更热”、更情绪化的媒体——将感觉转化为行为的那种。因此，在一场涉及消费品的危机中，你必须在电视上和人们进行情感层面的交谈，而不是使用科学的论据，这些论据只能触及“冷酷的”媒体消费者，他们用自己的头脑来理解信息。如今，人们不再质疑大多数信息，他们只转发和分享自己的感受。在危机时期，这种动态对品牌不利。

（一）什么是情感效能

在自媒体时代，人人皆可发声。面对舆论关注的焦点，我们发现不少事件与参与讨论者的个人利益并无关系，但是却有大批人在诉说着自己的不满情绪和抱怨。这是因为大众媒介本身承担着“社会解压阀”的功能，人们需要一个出口来发泄自己对生活的不如意，这是一种个体情绪作用于社会公共事件的集中表现。因此企业在处理危机事件的时候，哪怕自己没有错，也要照顾好社会公众的情感效能。这便要求企业的反应要具有同情心。

沉默不是一个好的选择。如果有什么能被发现的话，它就会被发现。如果情况不好，最好是你亲口告诉别人。只有在一切都是假的情况下，否认才是有效的选择。推卸责任也不起作用，“责怪死者”通常会滋生不信任。如果企业面向社会公众真诚忏悔呢？它本身不足以解决一场危机。人们会原谅错误，但他们不会容忍谎言。如果一家公司或机构在应对危机时表现出同理心（理解受众）、勤奋（解决问题）和诚实（承担责任），它就会变得更强大。

2021 年 5 月 22 日，2021 年（第四届）黄河石林山地马拉松百公里越野赛暨乡村振兴健康跑在白银市景泰县黄河石林大景区举行，比赛期间遭遇突发降温、降水、大风的高影响天气，发生公共安全责任事件，造成 21 名参赛选手死亡，8 人受伤。

事件发生后，网络舆论开始质疑当地政府的应急管理水平和承办企业的赛前准备不足，6 月 25 日甘肃省政府官网刊发的《白银景泰“5・22”黄河石林百公里越野赛公共安全责任事件调查报告》显示：这是一起由于极限运动项目百公里越野赛在强度、难度最大赛段遭遇大风、降水、降温的高影响天气，赛事组织管理不规范、运营执行不专业，导致重大人员伤亡的公共安全责任事件。

直接原因在于天气和承办方风险防范意识不强，在赛前收到气象部门气象信息专报和大风蓝色预警后，未采取有效应对措施等。

间接原因包括四点：第一，赛事组织管理不规范。白银市政府、景泰县政府对此次重大活动，均未召开专题会议研究；白银市委、市政府作为主办单位，在开赛前3天才下发活动方案，致使相关部门责任不清。第二，安全监管措施不落实。白银市、景泰县体育赛事管理部门未认真落实体育赛事行业安全监管责任，在此类赛事的事前审批取消后，忽视安全监管责任，未落实事中事后监管措施；未主动为赛事的竞赛组织、参赛保障、安全管理等方面提供业务指导、技术支持和咨询服务。第三，救援力量准备不到位。第四，安全保障条件不充分。

事件责任认定及处理建议包括对运营单位及其责任人员5人因涉嫌刑事犯罪依法被批准逮捕，由司法机关依法追究其刑事责任。建议责令白银市委、市政府分别向省委、省政府做出深刻检查，并对于主办单位及其责任人员共计27名相关领导追责，包括政务警告、政务记过、党内严重警告、留党察看、免职等处罚。

这一事件的严肃处理，一方面能够有效警示后续相关赛事主办方和承办方严肃对待个体生命安全和赛事举办的安全保障工作；另一方面也能有效安抚社会公众对于此次公共事件发生重大人员伤亡的愤怒与痛惜情绪。

将危机与问题和潜在冲突区分开来是很重要的。危机通常从内部、内在地解决，而问题需要涉及多个部门的公私联盟的协作响应。危机产生的是反应性效应，而问题则需要更积极主动的方法。在危机来临之前你应该做什么？没有单一的策略，但是有不同的计划，可以防止这种情况，如：编写一个危机管理手册，监测影响部门和实体的问题；提前安排一个有经验的、事先训练有素的危机小组或委员会。危机的预防、管理和解决使更有效地处理潜在的不利情况成为可能。因为危机发出的信号让我们有时间做准备，所以最好进行分析来识别风险，确定其后果可能有多严重，并确定这些不良事件发生的可能性有多大。

（二）信任与关系沟通

在企业与社会公众的沟通之中，信任和承诺是关键，因为它们鼓励营销人员和利益相关者通过与投资伙伴的关系互动来保持着良性的资金运转和渠道畅通；同时对于消费者而言，利益承诺的实现可以让消费者放弃有吸引力的替代产品和解决方案，比如处于危机之中的A企业的竞争对手B降价促销，趁势希望获取原本属于A企业的消费者。但是良好的沟通和信任关系让消费者可以坚持力挺A企业，而不会转向消费B企业的产品或服务。

比如，在老干妈品牌深陷腾讯公布的债务危机和被强制冻结资产的新闻一出，消费者表示一个踏踏实实做辣酱的企业怎么会欠下这么多广告费，关键是老干妈辣酱作为国民熟知的品牌完全不需要做广告，并且也从来没有做过广告，消费口碑一直很好，话题热点反而转向了起诉方腾讯的强制执行，开始热议腾讯在企业纠纷诉讼中素有“南山必胜客”之称，反而让腾讯成为公众舆论消费的热点。这种现象的出现源自老干妈品牌日常在消费者心中的形象塑造——创始人形象朴实无华，老干妈辣酱产品家喻户晓、味美料足。

（三）情绪优先于事实

议题需要观察，危机若不解决，可能摧毁组织。突发状况有许多种，而突发状况管理包含了管理议题、危机和其他各种无法预测的趋势。

处理突发事件需要在迹象产生之前即采取某些特别行动。

首先，让组织每一成员相信管理者将所有成员的利益视为第一优先。成员包括员工、员工家属、邻居、社区、客户、经销商及投资人。

其次，向所有人澄清——只要事实和情况允许，组织会将所有事件开诚布公。

再次，优先解决突发状况，保护受影响人员的利益直到所有问题解决。处理企业突发状况和处理心脏病突然发作的紧急程度是一样的。

最后，强调尽管在充满压力和危险的情况下，组织对所有人包括引发事件者，都会公平以对。

当组织面对的社会公众或者某个利益团体出现不满情绪时，各种议题就容易产生。组织在采取任何行动前，需要在事实层面追问这些不满、恐惧发生的原因，想出应对计划。具体操作如下：

1. 分析不满的理由。组织本身的活动是否有问题——品质、说明、服务上是否出了问题？供应商、经销商、服务机构、员工或成员的角色上出错了吗？沟通或展示说明过程中是否出现了沟通失误或者其他问题？

2. 分析不满的来源，提出不满者的本质需求，区分事实层面和情感层面的需求差异。

3. 研究造成不满的事实行为和措施，研究相关资料和报告，与专家商讨应对方案。

四、危机过错方主动塑造弱者形象

（一）危机中的强势态度

危机中的发言人不一定是最了解这个问题的人。但他应该是一个有信誉的专家，知道如何得到一个观点并对其进行解释。在困难的情况下，他需要传递非常简单的信息：控制和交流的感觉比实际所说的要重要得多。飞机失事后，更重要的是关注始发机场和应急程序（提供的医疗、病人送往医院、家属的支持等）等细节，而不是过早猜测事故原因和最终乘客名单等。传达控制的形象对于建立信任至关重要。任何最终与现实相矛盾的假设都会毁掉企业的可信度。

新的在线风险：多亏了互联网，没有时间限制这回事了。媒体不断产生内容，需要制定关于传播团队敏感性的准则和标准。信息和决策不再集中于一个人，而是一个群体。尽管如此，危机沟通的基础在线上和线下媒体中本质上是相同的。在网络媒体中，事情发展得更快——有时速度快得令人眼花缭乱——但最重要的事情仍然是倾听和理解你的听众。多亏了社交媒体，企业可以很快做到这一点。

危机过后，企业必须分析已经做了什么，从而控制对公司声誉的损害。此外，一场真正大规模的危机会引发余震，因此人们会遭受更多的痛苦，因为他们知道还会发生什么。危机过后，当局会加强对受影响行业的检查措施，违规行为通常会出现。媒体和消费者会变得高度敏感，甚至那些习惯于应对风险的人（飞行员、机器操作员、关键决策者）也变得更加紧张，从而增加了犯错的可能性。危机发生后，事故、泄漏、火灾、产品污染等，这些因素的综合往往会导致新的余震，而公众通常会对余震反应过度。

（二）用道歉消解愤怒的前提

企业声誉是企业最宝贵的无形资产。有效的沟通可以帮助公司更快地克服危机，减少对市值、人才保留和消费者偏好的负面影响。危机不再是非典型的，而是企业生存的一种常态。在危机中，关键的因素是信任。尽管危机解决通常要求公司采取与运营、商业、财务或劳动相关的决策，但良好的沟通管理在确保公司形象和不可逆转的损害方面起着至关重要的作用。危机不仅仅是经济制裁、刑事责任或对公司形象的损害，它还总是包含着非常浓烈的情感色彩和公众情绪共鸣，比如恐惧、不安全感和愤怒。

所有的公司都知道或应该知道自己的弱点和潜在隐患，日常的风险评估和公关维护是必不可少的。如果公司本身没有完整的团队关注公关关系和风险控制，那么就需要外包给专业的公司来对企业进行评估。考虑到这些因素，企业会制订一个危机预防和管理计划，使自身能够将可能导致企业管理层失去关键利益相关者信任的困难局面影响降到最低。公司必须预测和准备最坏的情况，了解他们主要的受众是谁，包括投资者、消费者和员工，并且准备好向他们传达正确的信息。

当面临三星（Samsung）因电池问题不得不召回手机，或大众（Volkswagen）因柴油排放丑闻而不得不召回汽车这样的危机时，企业面临着各种挑战，包括以一种将负面影响降至最低的方式进行沟通。任何危机都有一个导火索，通常是在警告信号之前。警告信号之后是爆炸，“火灾”发生后通常是寻找罪魁祸首。在这些过程中，对于有一些危险信号企业必须做出反应。为使这种反应成为可能，组织所有成员都应警惕可能恶化的问题迹象。面临危机时刻，企业要不断与所有的利益相关者保持联系。沟通使我们能够实时地管理我们倾听、参与对话的努力，并随着事件的发展调整我们的信息。必须能够解码利益相关者的期望。在危机期间，企业管理者的自然倾向是认为问题会自行解决，或者只关注客户，而忽略其他受众，如政府机构、工会、媒体、消费者协会甚至竞争对手。

◆ 如何看待危机公关中的“隐身者”

如果说情感迁移是从公众情绪层面面对危机公关，那么话题迁移就是从事实层面转移公众议程设置讨论的内容。两者运用得当都可以让企业成功从危机事件之中隐身，将危机事件对企业的负面影响降到最低。

A. 情感迁移式隐身

首先来看情感迁移模式的隐身。情感迁移是指两种有联系的事物之间有可能发生感情或评价的迁移。在网络舆情传播过程中，情感附着在信息中，一般表现为情绪波动的形式。随着越来越多消极网络舆情对人们生活产生影响，情感迁移也是危机传播管理解决的重要路径之一。[1] 学者司夏萌认为话题事件本身传播的流向取决于情感变化的不同程度。情感迁移就是分析处理带有情感色彩的主观性文本时，情感态度和观点的演化。

如何处理企业在危机公关中的情感迁移问题，可以参照网络舆情治理的建议。一是通过信息的标题、内容等来判断网友对该信息的关注度和信任度，进而预测其对该信息产生情感波动的方向，在发生消极舆情时提前做好应对措施将其向正向引导。二是通过监测网民发言情况来确定舆情传播所处阶段，并在抱怨信息达到峰值之前，采取措施抑制舆情情感传播，控制对企业的负面情绪导向。一般的大型企业拥有雄厚的资本力量，它可以将舆情监测交给专业的团队去做技术测量，但是对于中小微企业来说，它无法支付这笔费用的时候，只能主动出击，化解公众的负面情绪。

B. 话题转移式隐身

网民对网络舆情的关注度受到各种因素的影响，公众对于企业负面新闻的关注也有一定的规律性。企业深陷危机舆情之中时如何通过话题转移的方式隐身，让网民的关注度转移到下一个舆论热点也是危机公关中“隐身者”常用的技巧。但是这种方式显然需要外界舆情的有效缓冲。

首先，公众与危机的利益相关性决定了话题转移的有效性。一般而言，网民会根据自身利益诉求、兴趣爱好等主观因素以及舆情事件本身的离奇程度、事件热度等客观因素来测量话题转移的有效性。一个热点舆情的产生可以理解为网民关注度不断转移又不断聚集的过程。同理，一个企业的危机事件负面舆情的消散需要考虑公众的主观因素和外部舆情环境。

其次，已有研究对网络舆情话题转移成果的借鉴。国内外学者通过对微博用户兴趣的建模分析，围绕内容特征和结构特征定性、定量分析了大数据环境下网络舆情事件的竞争效应以及网民关注度的转移机理。其中网民关注度涉及舆情热度、热词和热搜，关注度的替换、叠加效应等。[2] 而事件的内容特征主要为用户基本信息、用户标签、微博内容等；结构特征为关注行为衍生的社会关系。具体到危机事件中的“隐身者”，如果想做到成功的话题转移式隐身，一方面可以凭借运气遇到更大的舆情事件爆发，形成外界的自动转移；另一方面如果靠自己的话有两种选择：要么保持沉默等待话题自己消散，要么用正向话题引导，比如腾讯在处理主动冻结老干妈资产要求其支付营销费用这一事件上，发现自己是被骗子诈骗，主动选择以“自黑”的方式推出娱乐化营销，同时主动与老干妈握手言和，

---

[1] 冷东梅 . 基于传染病模型的热点舆情事件情感迁移研究 [J]. 中国集体经济，2019(11).

[2] 安璐，沈燕 . 多话题竞争情景下网民关注度转移预测模型研究 [J]. 情报科学，2020(10).

承诺选择共同营销空间的合作。这种自降身价“自谦”“自嘲”式的营销方式让网友可以忘记腾讯曾经是主动提起诉讼，要求执法机关冻结老干妈公司资产的强势形象。

最后，话题类别会影响用户的转移行为。不同类的话题本身特性不同，对广大网民的吸引程度不同。在竞争传播特征方面，网络上时刻都存在繁杂多样的话题，而网民的注意力是有限的，这会导致注意力资源稀缺。换言之，危机公关中的企业隐身行为在众多议程设置之下会产生自然隐身的效果。比如不同的时间段，我们发现有不同的话题占据热搜榜前十名，每天的热搜榜都是在流动中变化的。但是一些涉及刑事案件的话题，对公众利益有普遍伤害性的事件话题会居高不下；而具体某一类企业危机事件的话题热度要根据企业对于相关者的利益侵害程度而定。对于话题类别与用户注意力资源分配的研究，学者孙立远等人[1]提出对话题资源占有率和竞争积累程度的测量方法，在话题类别特征之外，他提出当天初始话题在整体中的占有率、当天初始话题在所属类别中的占有率、当天整体话题的竞争程度、当天初始类别话题竞争程度四个特征，从整体和类别中分别衡量用户初始关注话题的占有率与其他话题的竞争程度。

➢ 课后思考

1. 你是如何看待大企业在危机事件中主动示弱这一现象？从正向和负向两个角度分析主动示弱对于公众情绪具有哪些影响？

2. 请问在危机事件当中，企业主动“隐身”会有哪些益处和弊端？结合实际案例进行分析。

3. 对于普通公众而非目标消费人群，面对企业的法律诉讼问题，你认为哪些企业危机类型是可以被原谅的？请举例说明。

[1] 孙立远，管晓宏．在线社会网络多话题传播竞争特征性的测量 [J]. 清华大学学报（自然科学版），2015, 5(11):1157–1162.

Chapter 6

第六讲　来自外部公众的匿名监督

——五星级酒店客房的卫生堪忧

- 危机爆发自隐患的累积
- 媒体呈现的规律性报道
- 外部利益相关者的反思
- 危机处理的循环和重现
- 消费者面对行业的态度

主案例：多家高档酒店被曝光卫生问题

2018 年 11 月 14 日，微博网友“花总丢了金箍棒”发布的视频《杯子的秘密》[1] 成为网络关注的焦点。视频用隐藏拍摄的方式，曝光了众多高档酒店存在的卫生问题，类似使用客人用过的毛巾来擦台面、镜子以及漱口杯；更严重的，有酒店保洁人员，竟然用同一块抹布，来清洁淋浴房和客人用的水杯。

此次被曝光的酒店，不乏大家心目中的“高档酒店”，有的甚至是高档酒店的行政客房。这些酒店，包括北京柏悦酒店、康莱德酒店、王府半岛酒店，上海宝格丽酒店、四季酒店、浦东文华东方酒店、浦东丽思卡尔顿酒店，福州香格里拉酒店，南昌喜来登酒店等 14 家酒店。截至（中央人民广播电台 11 月 16 日上午 9:34）发稿，涉事 14 家酒店中已有 3 家酒店通过官方渠道发布相关信息进行回应。显然，这是全行业都普遍存在的现象，不能单靠酒店的自觉性，需要从根源入手进行整治，在酒店业发起“卫生革命”。

酒店业的卫生问题由来已久。2017 年 9 月 4 日 14 时 06 分，蓝莓评测在其官方微博上发布名为《五星级酒店，你们为什么不换床单？》的文章，瞬间在网上掀起了轩然大波，直接揭露北京长安街 W 酒店（喜达屋酒店与度假村国际集团旗下酒店）、三里屯通盈中心洲际酒店、北京希尔顿酒店、北京 JW 万豪酒店以及北京香格里拉饭店五家五星级酒店在有客人住宿退房后仍然不更换床单，第二天直接让新客人入住的事件。2017 年 9 月 4 日，北京市卫生和计划委员会公布了 691 家快捷酒店卫生情况的检查结果，其中 46 家不达标，35 家被罚款。2018 年年初，五星级酒店被曝出了“用马桶刷刷杯子”“在马桶里洗抹布”等视频。

酒店卫生关系到消费者的居住环境健康，监督部门应以消费者利益为重，加强重点监督工作，对酒店卫生状况进行随机抽查、暗访等，以防止酒店弄虚作假应对检查。同时，可以出台政策，鼓励酒店员工和消费者举报，重赏举报者，以落实全面监督机制，让酒店卫生隐患无处隐匿。

一、危机爆发自隐患的累积

（一）外部公众曝光卫生隐患的事件

2017 年 9 月酒店卫生问题的曝光是由一家名为“蓝莓评测”的机构发起的一场有组织、有投入、有计划的传播行为。在蓝莓评测发布揭露五星级酒店卫生问题的文章后，舆论一片哗然，大家纷纷开始谴责五星级酒店的行为。一小时后，蓝莓评测又在其官方微博上公布了蓝莓评测工作人员进行调查的视频，给出确凿证据。这次事件很快登上了微博话题和热搜榜第一位，引起了大量网友的积极讨论。随着事件的发酵，开始有网友质疑蓝莓评测的真实性。例如：如何证明是连续两天对相同房间的测评？以及如何能连续两天以不同客人身份订到同一间房？网友对蓝莓评测的动机提出疑问，怀疑蓝莓评测受雇于竞争酒

---

[1] 花总丢了金箍棒 . 杯子的秘密 [EB/OL].（2018–11–14）[2019–11–20].https://weibo.com/5923873454/FkguhFqpM?from=page_1006065923873454_profile&wvr=6&mod=weibotime.

店来揭露这五家酒店的问题。随后蓝莓评测官方微博于 2017 年 9 月 4 日 17 时 34 分发布视频截图，说明“在测试过程中，有些酒店甚至在我们刚到达房间时就已经在枕头和浴缸中发现毛发”。之后有网友指出，2016 年 Inside Edition 就对位于纽约的 9 家酒店进行过相似的暗访实验调查。蓝莓评测于当天 18 时 19 分发布动图和图片，指出去年美国的测试中，未更换床品的万豪酒店做出对自身的清洁标准非常有信心的回应，并确保类似事件不再发生。然而时隔一年，北京 JW 万豪酒店依然被检测出类似卫生问题。随后蓝莓评测于 21 时 50 分发布图片，称五星级酒店不仅仅存在不更换床品和卫生间清洁的问题，它们的床下还有使用过的避孕套，浴袍清洗中可能含有荧光剂，在紫外线灯下全部显示出亮蓝色等问题。

（二）事件曝光之后对五星级酒店的影响

在 9 月 4 日事件曝光当天，蓝莓评测的百度指数达到了近三个月以来的峰值，可见公众对于蓝莓评测爆出的五星级酒店卫生问题非常关注。同时，五家涉事五星级酒店所属公司的百度指数在 9 月 4 日当天也有不同程度的增加，其中希尔顿酒店和香格里拉酒店的搜索指数增长最为明显。（见图 6–1）

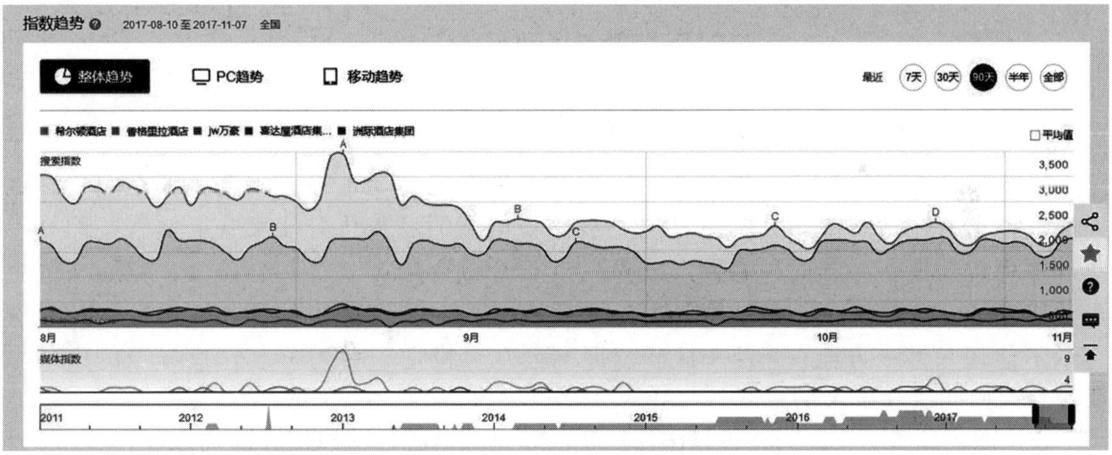

图 6–1　希尔顿酒店、香格里拉酒店、JW 万豪酒店、喜达屋酒店和洲际酒店的百度指数关注度依次递减

对于经常出差的白领、热衷旅行的游客以及长期信赖五星级酒店的公众来说，五星级酒店是他们在住宿选择中最值得信任的。但此次事件曝光的却都是五星级酒店，的确让人感到震惊，事件一出便引发网友们的强烈讨论。JW 万豪酒店平时官方微博下评论只有三四个评论点赞，但事发当天评论高达 300 多条，内容都是要求 JW 万豪酒店方给出解释的。同样，在香格里拉酒店和希尔顿酒店的官方微博下的评论也大多充斥着网友们的不满、质疑，很多人表示对这些五星级酒店感到失望。

在事件发酵的过程中，舆论焦点开始出现分化：从最初的批评酒店卫生问题，逐渐转变到对蓝莓评测是如何两天订到同一间房间、视频真实性等问题的质疑。2017 年 9 月 5 日，蓝莓评测官方通过其微博平台回应，声称保留了与五家酒店的全部联系过程和评测过程完整的音频、视频证据。并于 9 月 10 日在知乎平台发表长文章，对“如何确定两段视频确实是在两天内分别拍摄的”“如何连续两天订到同一房间”“蓝莓评测团队为什么会想到要去做五星级酒店的评测”“视频真实性”以及这两天测评的感受进行解答和说明，强调此次测评的客观性和公益性。（见图 6–2）

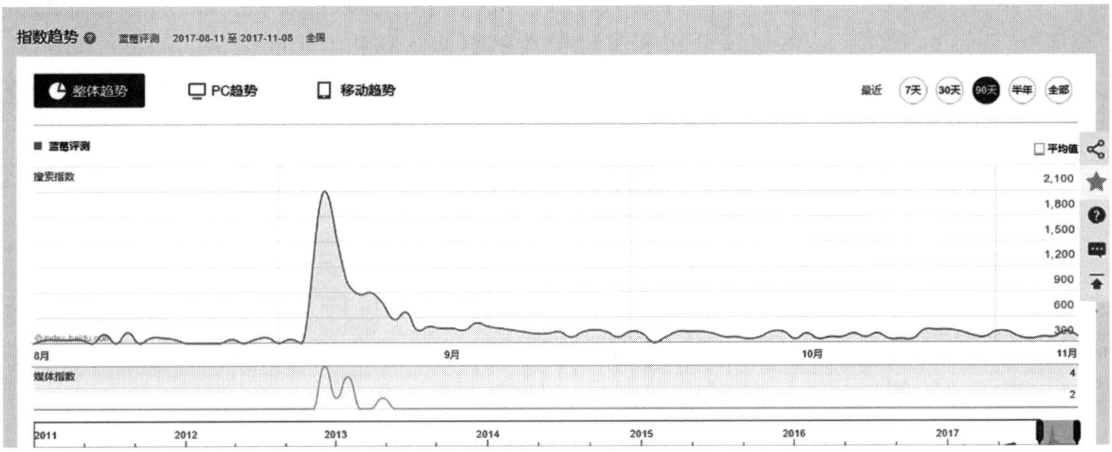

图 6–2 蓝莓评测的百度指数

（三）事件曝光的新闻资讯补贴对象是谁

根据信息发布后对利益相关者的影响，五星级酒店卫生存在问题，那么消费者该如何选择出行住宿。按照“资讯补贴”理论：信息的发布总会让某些群体获益而另一些群体利益受损。一方面，有网友质疑“蓝莓评测”的客观性和公益性，他们通过企业注册发现“蓝莓评测”和“穷游网”关系密切，对其评测目的和独立第三方的身份表示不信任。另一方面，9 月 8 日蓝莓评测公众号推送了一份署名“肖异”的声明。这篇署名声明蕴含更多信息。

该声明提到，蓝莓评测是肖异团队孵化的项目，但蓝莓评测与穷游网是两个完全独立的团队，前者不会受到包括穷游网在内的第三方的影响。另外，这份声明称，穷游网与各大酒店集团有着极其良好的合作，并非“竞争关系”。但是肖异的身份很特殊。他同时兼任寰宇慧旅科技有限公司（蓝莓评测微信运营方）和北京穷游天下科技有限公司（穷游网）的法人代表。蓝莓评测母公司北京睿行天下广告有限公司和北京穷游天下科技发展有限公司（穷游网）、寰宇慧旅（北京）科技有限公司三家公司在同一个大楼同一层办公。办公地点统称“穷游网总部”。更巧的是，评测事件爆发当日，穷游网与世界最大的共享民宿平台 Airbnb 达成了合作项目。在消费理念和住宿主张上，穷游网和 Airbnb 都主张本地化的入住体验，在理念上与五星级酒店提倡的奢华享受有很大差异。因此穷游网这一系列活动让公众对于其目的产生怀疑。即便如此，网友大多站在蓝莓评测方，希望五星级酒店能够对品质负责，严格管理以保障其基本的卫生条件。

站在营销的角度，这次测评五星级酒店卫生环境曝光事件成功吸引了公众注意力，吸引了大量面对民宿和五星级酒店摇摆不定的公众转向尝试 Airbnb 等民宿平台。

二、危机处理的循环和重现

（一）监管部门的态度

事件发生后，北京市旅游发展委员会于 2017 年 9 月 5 日 9 时 16 分和 14 时 35 分发布微博，表示对此事件高度重视，并对涉及的五家酒店进行约谈，核查实事的同时要求涉事酒店开展自查和整改。（见图 6–3）

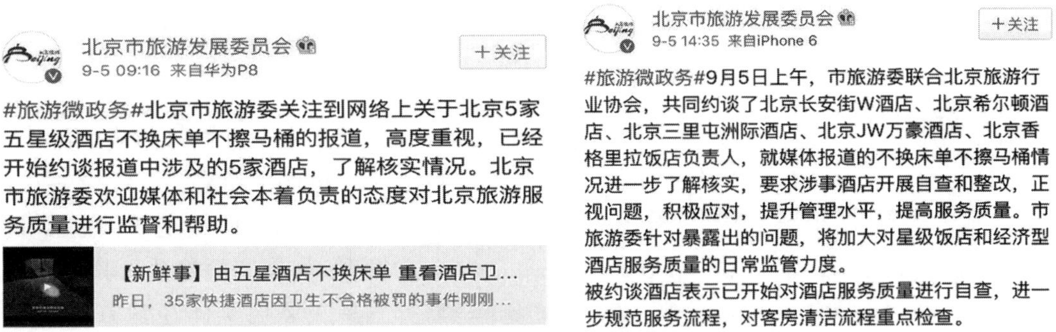

图 6–3　北京市旅游发展委员会对待酒店危机事件的态度—新浪微博截图

（二）危机酒店的态度

2017 年 9 月 5 日 20 时，香格里拉酒店集团首先在微博发声回应，表示其已经注意到相关媒体报道，尚无法核实其准确性，正在进行调查并采取一切必要措施，香格里拉的服务标准在所有酒店得到全面的执行和遵守。9 月 6 日，北京希尔顿酒店也在其官方微博进行回应，表示已经注意到相关媒体报道，尚无法核实其准确性，并称北京希尔顿酒店一贯以客人的安全与健康为经营中的核心原则，希尔顿酒店拥有严格的卫生规章制度，将持续通过一切必要的内部管理检查措施，确保所有的卫生操作流程符合相关国家与品牌的卫生规定及操作规范。（见图 6–4）随后北京三里屯通盈中心洲际酒店通过官网发布媒体声明，称蓝莓评测报道的内容不能全面真实地反应洲际酒店的服务标准，酒店对近期每天客房用品的更换以及布草的清洗数量进行核对，发现客房的清洁流程符合品牌标准，每天更换布草次数与客房清洁次数完全吻合，同时也接受媒体、公众和客人的共同监督。但是这三家酒店发布调查微博之后并没有给出结果，也没有道歉等行为，其他两家酒店更是本着不澄清、不解释的态度，在其官方微博及网站上并没有给出回应。（见图 6–5）

香格里拉酒店集团
9-5 20:09 来自微博 weibo.com
+关注

我们已经注意到近期一篇关于五星级酒店的媒体报道，对于涉及北京香格里拉饭店的内容，我们尚无法核实其准确性，目前酒店正在进行调查。香格里拉集团在卫生、健康及安全方面有严格的制度，我们正在采取一切必要措施，确保我们的服务标准在所有酒店得到全面执行和遵守。

【新鲜事】由五星酒店不换床单 重看酒店卫...
昨日，35家快捷酒店因卫生不合格被罚的事件刚刚...

北京希尔顿酒店
9-6 18:46 来自微博 weibo.com
+关注

北京希尔顿酒店非常重视近期对于涉及本酒店关于卫生清洁方面的相关媒体报道，目前本酒店已经采取行动并进行全面调查核实，尚无法核实媒体报道的准确性。北京希尔顿酒店一贯以客人的安全与健康为经营中的核心原则，希尔顿品牌拥有严格的卫生规章制度，本酒店将持续通过一切必要的内部管理检查措施，确保所有的卫生操作流程符合相关国家与品牌的卫生规定及操作规范。

【新鲜事】由五星酒店不换床单 重看酒店卫...
昨日，35家快捷酒店因卫生不合格被罚的事件刚刚...

图 6-4 部分涉事酒店的公开回应—新浪微博截图

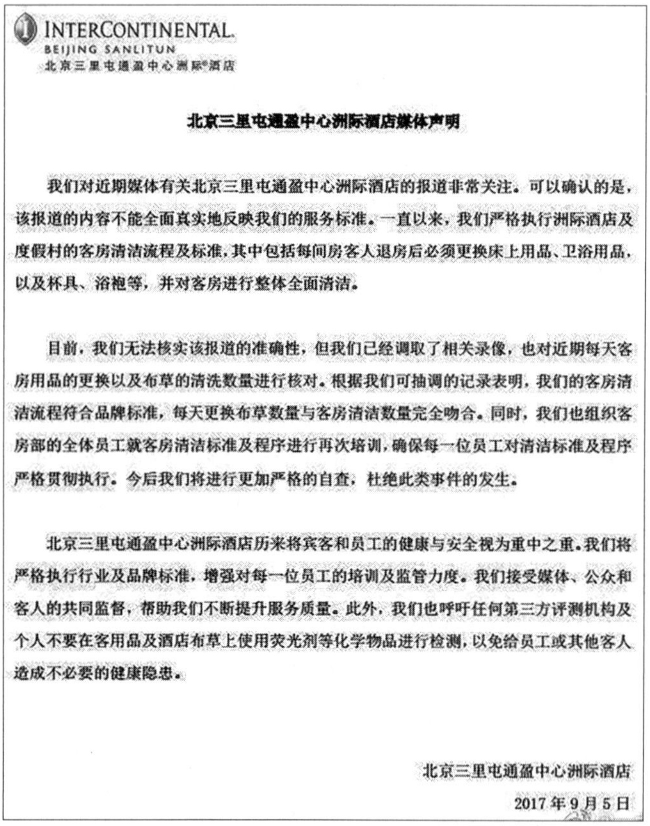

INTERCONTINENTAL.
BEIJING SANLITUN
北京三里屯通盈中心洲际酒店

北京三里屯通盈中心洲际酒店媒体声明

我们对近期媒体有关北京三里屯通盈中心洲际酒店的报道非常关注。可以确认的是，该报道的内容不能全面真实地反映我们的服务标准。一直以来，我们严格执行洲际酒店及度假村的客房清洁流程及标准，其中包括每间房客人退房后必须更换床上用品、卫浴用品，以及杯具、浴袍等，并对客房进行整体全面清洁。

目前，我们无法核实该报道的准确性，但我们已经调取了相关录像，也对近期每天客房用品的更换以及布草的清洗数量进行核对。根据我们可抽调的记录表明，我们的客房清洁流程符合品牌标准，每天更换布草数量与客房清洁数量完全吻合。同时，我们也组织客房部的全体员工就客房清洁标准及程序进行再次培训，确保每一位员工对清洁标准及程序严格贯彻执行。今后我们将进行更加严格的自查，杜绝此类事件的发生。

北京三里屯通盈中心洲际酒店历来将宾客和员工的健康与安全视为重中之重。我们将严格执行行业及品牌标准，增强对每一位员工的培训及监督力度。我们接受媒体、公众和客人的共同监督，帮助我们不断提升服务质量。此外，我们也呼吁任何第三方评测机构及个人不要在客用品及酒店布草上使用荧光剂等化学物品进行检测，以免给员工或其他客人造成不必要的健康隐患。

北京三里屯通盈中心洲际酒店
2017年9月5日

图 6-5 北京三里屯通盈中心洲际酒店声明

（三）行业危机的影响

虽然网络负面评论不断，但是媒体记者调查走访涉事酒店后发现，和网络舆论滔天骇浪相比，五星级酒店实体经营方却是波澜不惊，多数酒店依旧保持非常高的入住率。对此，酒店管理专家王兴顺表示，此次事件涉及的五星级酒店，大多服务商务型客户，由于消费观念和习惯形成是一个长时间的活动，在短时间内很难逆转。短期来看，这个事件并不会给这些五星级酒店的业绩带来什么重大影响。那些商务客户依旧会选择五星级酒店居住。同时五星级酒店的股票也没有大的浮动。

但是，从长远来看，随着消费者日益年轻化，追求文化体验的多元化，对卫生环境要求也会进一步提高，如果五星级酒店卫生问题频频发生，消费者被媒体舆论长期教育会形成“五星级酒店卫生存在隐患”的潜意识，当他们面临消费决策的时候，很有可能会受到影响。站在行业角度来看，如果五星级酒店都带头示范卫生环境存在隐患，那么三星级、四星级或者经济型平价酒店更是有了懈怠的理由。同时，消费者会将酒店管理不当的问题归咎于相关监督管理部门，最终会关联到政府形象。所以针对社会流动性的提升和人们出行频次的增加，监管部门有必要强化卫生和服务品牌的监督管理，让消费者的金钱付出有相应回报，让星级酒店再次获得消费者的信任。

三、媒体呈现的规律性报道

（一）传统的大众媒体

在人人都是新闻传递者的新媒体时代，传统媒体对社交媒体舆论焦点追踪已成常态。最早对五星酒店卫生问题追踪的是中央电视台。[1]CCTV-13 在事件发生 5 天之后，采访了评测机构负责人、寰宇慧旅（北京）科技有限公司法人代表肖异等，邀请评论员对这件事进行了报道。央视评论员洪琳称：独立测评机构以消费者身份来暗查，这点很关键，如果我们消费者自己足够细心，经过事前的相关准备，那么消费者自己也可以完成这种独立的暗查。酒店应该做的是自查和整改，但目前来看这几家酒店做出的回应有很浓的公关味道，甚至可以说有些傲慢。无论是有关部门的监管还是酒店的自查，其目的都是保障消费者权益。从这个角度来讲，没必要对这样的曝光视若仇敌。把服务做好，实现共赢才是正道。不仅如此，北京市卫生监督所在此次事件曝出后决定对五星级酒店进行抽查，央视随后也播出了《北京检查五星级酒店：未发现不换床单不擦马桶》的报道。虽然群众对于事先早就打好预防针的“突击”检查效果有些怀疑，但从官媒口径来看，至少五家酒店公关负责人稍微松了一口气。

（二）网络平台的声音

知乎有很多帖子对事件发展进行分析、评论，很多网友也积极发言，踊跃参与，表达自己的看法，可以看出消费者对这次事件有很多的不满，包括这些酒店的危机公关也并没有让消费者满意。（见图 6-6）

截至 9 月 5 日 16 时，@ 蓝莓评测 2017 年 9 月 4 日 14 时 06 分在新浪微博发布的《五星级酒店，你们为什么不换床单》，共有 8,064 次转发，影响 3,954.51 万人。

@ 新浪财经首次在新浪微博发文曝光该事件，截至 2017 年 9 月 5 日 16 时，共有 74,171 次转发，影响 1.38 亿人。

有十多位新浪微博博主在本次事件传播中起到重要作用，其发布的博文转发量在 500—10,000 不等。其中 @ 北京人不知道的北京事儿 、@ 北京的那些事以原帖的形式进行了传播，其他博主皆以转发的形式进行了传播。@ 花总丢了金箍棒、@ 李大米 Lidami 、@ 孙融 - 萝卜转发 @ 蓝莓评测的博文，带来大量二次转发。@ 花总丢了金箍棒的博主花总

[1] CCTV-13 新闻 . 追踪 . 五星酒店被曝不换床单不擦马桶 [EB/OL].（2017-09-09）[2021-01-22].https://weibo.com/5923873454/Fl33v82ZW?from=page_1006065923873454_profile&wvr=6&mod=weibotime.

经常入住各大五星级酒店，并以精品酒店、头等舱等奢侈生活评测者的身份活跃在互联网上，他称一大半五星级酒店都存在类似问题，表示支持第三方测评。而其他博主都是转发@新浪财经的博文，并且带来了大量的二次传播。

图 6-6 知乎发起的相关讨论话题

大约有10家媒体参与了本次事件的传播，其中@新浪财经的影响力和传播量最大。除爆料事件外，@新浪财经还不断跟进事件的发展，针对事件做了网络投票，征集网友意见，一次次提升事件热度。舆情处置讲求“黄金4小时”原则，事件发生4小时内会被大量转发，24小时内就能成为舆论焦点。@蓝莓评测发文超过24小时后，事件热度在酒店电话回应、北京市旅游委约谈的影响下有所降低，但涉事的五家酒店仍需尽快给出调查结果，引导舆论走向，让大众尽快了解该事件，降低负面影响。

（三）微信平台的讨论

在微信平台上，蓝莓评测同时发布推送文章《五星级酒店，你们为何不换床单》，这对于公众号营销搭车热点是一个好时机。虽然稿件内容同质化严重，但是点赞破10万并且有大量评论和转发。由于曝光内容本身与公众日常生活密切相关，所以能够引发强烈关注和消费者共鸣。微信公众号文章的网友评论大致可以分为五个方面。（见图6–7）

第一，不敢相信，不愿相信，支持曝光，希望整改。

第二，网友列举亲身经历，支持蓝莓评测这样做。

第三，质疑声音。比如曝光视频属于现场隐匿摄像头拍摄的还是后期加工的，真假难辨。而且蓝莓评测的动机和目的值得怀疑。

第四，延伸思考。如果五星级酒店都不值得信任，那外出住宿是不是就完全没有卫生安全信任可言了？

第五，期待监管。虽然这可能是酒店行业的潜规则，但是如果情况属实，消费者在有必要的情况下也会考虑合理维权等问题。希望此次测评能引起一场酒店行业的整顿之风。

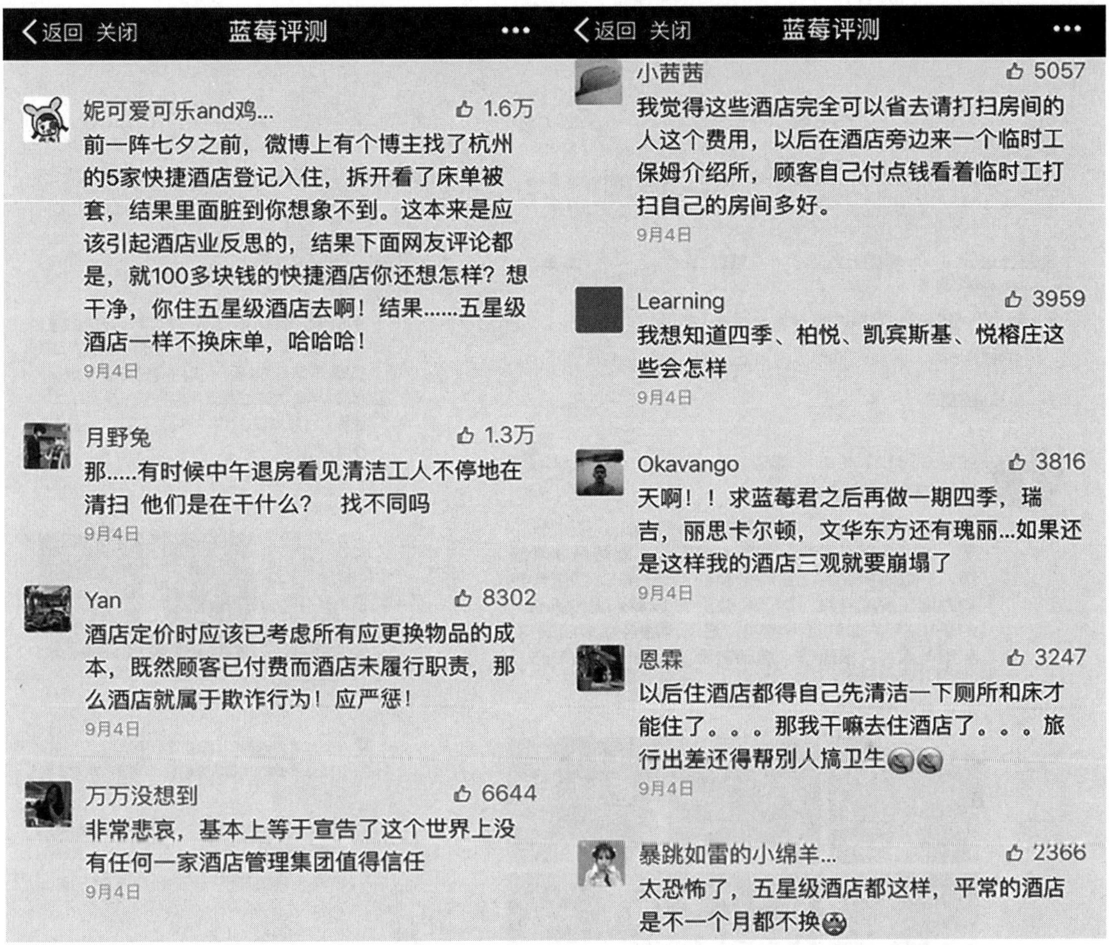

图 6-7　《五星级酒店，你们为何不换床单》部分微友评论—蓝莓测评微信公众号

四、消费者面对行业的态度

通过组织学生针对此事件随机采访身边的家人和朋友，笔者发现，虽然大多数人都表示住酒店也担心过酒店的卫生问题，甚至听说过类似酒店的电水壶不能用之类的消息，对于住酒店并不是十分放心，但是网上并没有确凿的证据表明酒店的卫生存在问题，而且很多人出差时出于便捷和标准化服务的诉求并不会选择民宿，大多还是会选择方便、安全的连锁品牌酒店，而五星级酒店抛开价格因素肯定是首选。毕竟消费五星级酒店，给人的直观感受是体面和尊严、优待和舒适。大多数受访者表示五星级酒店价格高、服务好、干净整洁，尤其是知名品牌，卫生和服务更有保证。

通过美团、大众点评等网站进行信息检索，笔者发现虽然有评论对五星级酒店的卫生问题进行批评，但大多评价都认为五星级酒店卫生较好，对于五星级酒店持肯定和信任的态度。大多数人认为此次曝光的问题属于个例，即使有一些不卫生的情况，并不影响居住体验，也不会带来卫生安全隐患，总体而言他们依然会选择五星级酒店放心入住。（见图 6–8）

图 6–8　网友对五星级酒店的好评 & 差评—大众点评网

在知乎上，课题组发现早在 2015 年就有人提出过此类关于五星级酒店的卫生问题，但大部分网友给出的评论都是五星级酒店比较值得信赖。（见图 6–9）由于没有类似蓝莓评测发布如此直观的证据及相关信息，尽管存在质疑但并未引发大规模的舆论关注。

（一）目标受众的态度：宽容惯性

五星级酒店的目标受众更多集中于热衷标准化服务质量的高端商务人士和经济地位较高的人群。这些消费者对价格的敏感度不高，对于品牌的忠诚度和信任度较高，认为即便发生蓝莓评测曝光的问题，也只是小概率事件，其背后的商业动机未为可知。他们坚信五星级酒店出现卫生问题的概率远远低于其他经济型酒店。这是五星级酒店不急于公关的主要原因。因为目标消费人群看中的是五星级连锁酒店的高端品牌背书及入住体验的阶层优越感，这种认知带来受众选择行为的相对稳定性。由此可见，蓝莓评测曝光的视频虽然给全行业带来了信任危机，但并未给五星级酒店个体造成严重的经济及信誉损失。

多年来酒店行业各种内幕曝光层出不穷，酒店行业的经营行为缺少相关监管机构的严格审查。从行业垄断的角度来看，酒店投资门槛高，经济型酒店的消费者由于价格原因本身期待不会过高，而五星级酒店品牌相对比较稳定，卫生问题只是让人心理上不舒服，并不会导致消费者人身财产安全问题，目前尚未发现引发消费者严重疾病或者损害其人身安全的卫生事件。因此酒店卫生管理方面的问题一直没有进入监管层非治不可的领域。但随着人们生活品质的提高，技术的发展和住宿形式的多样化，五星级酒店也需要树立危机意识，当前消费者面临更多的选择，五星级酒店的竞争对手并不仅限于连锁酒店，还有全新体验形式的民宿。

图 6-9　网友在知乎上对于五星级酒店的卫生提出质疑

外部公众引发的危机是否有商业目的在其中，也是影响目标受众态度的因素。在蓝莓评测曝光五星级酒店卫生问题的案例中，蓝莓评测、穷游网和 Airbnb 三者之间的关系让消费者产生疑问：蓝莓评测曝光五星级酒店卫生状况是不是为了引导消费者入住当地民宿？蓝莓评测方没有正面回答其资金来源和曝光行为的策划初衷，仅从社会正义感的角度来说，消费者对此难以接受。从商业竞争的角度看，这次外部公众自发的暗访偷拍事件策划已久，抓住卫生问题这个小的细节成功引发消费者集中讨论和不满，在曝光五星级酒店卫生无法保障的情况下成功传递给消费者一个信息：传统的酒店行业都存在类似的问题，以后出行该如何选择住宿呢？

目标受众也会考虑监管层的责任。五星级酒店的评定标准和评定周期是否有制度设计层面的缺陷？如果酒店卫生不合格，是不是应该考虑“摘星”或者“降级”处理？同时星级酒店的评定周期是否应该缩短到三年或者两年评定一次。但是过短的评定周期又会给酒店带来负担，甚至滋生评级机构的权力寻租等腐败行为。

（二）潜在消费者态度：学生观点

作为处于行业“食物链”上层的五星级酒店，它以一种冷漠姿态应对批评倒有它的理由。但是我们认为，其实它还可以有其他更好的处理办法。所以，我们将分析的重点分为酒店的五星级评定和更好的危机处理方式两部分。

先来谈一谈酒店的五星级评定。提到评星，我们首先想到的是米其林餐厅。我们认为，它将评星发挥到极致，能让多数人认可。之所以如此，首先，它是以相对中立的第三方来做出评价的，也就是说米其林的相关利益人较少，这为米其林增加了可信度。其次，它所评选的餐厅无论是服务还是美食都能让多数人满意，所以它才成为比较权威的评星机构。但本次危机事件涉及的当事主体为五星级酒店。我们认为五星级的评价标准更多参考的是它的硬件设施和人员接待等额外服务方面。所以在出事后，酒店卫生情况反倒没有遭遇太多的质疑声，因为人们默认全行业的酒店都存在卫生问题。而想要预防类似危机发生，首先还是要保证服务与产品的质量。当然，在生活中，我们有时也会是一个评星者。比如在淘宝购物时，我们会查看店铺的好评率，在收货后，我们会给店铺一个比较合理的评价。可以说，评星行为在生活中随处可见。除了个人与组织的评星行为，还有政府机构的评星行为。

在本次危机事件分析中，课题组查阅大量的相关评星资料，如《饭店星级的划分与评定》、《星级饭店访查规范》、《星级饭店暗访检查制度》和《关于印发星级饭店评定工作“十不准”的通知》。通过浏览，我们发现：国家旅游局[1]建立了国家级星评监督员队伍，并制订了《国家级评星监督员管理规定》。其中星评员的构成有：中国旅游协会领导、中国旅游饭店业协会领导、国家旅游局监督管理司领导、政策法规司领导、中国旅游协会和中国旅游饭店业协会秘书处相关负责人及各省、自治区、直辖市旅游星级饭店评定委员会主任等。可以看到，星评员的构成比较复杂。虽然在平时，这种构成能够较全面地吸收各方意见，但在危机处理方面，容易造成职责不明确，不能及时做出反应。

同时，政府评星的反馈效率远低于淘宝的个人评星反馈，我们认为一方面是因为政府的星评背后牵扯的相关利益人太多，另一方面是因为星评员并不负责惩处不合格的酒店（一般是判定酒店卫生、服务情况，不执行惩处）。虽然，星评员可以判定酒店应受到某种程度的惩罚，比如批评、约谈和降星，但没有明确规定何种错误应该对应何种程度的惩罚。在本次危机中，涉事酒店最后没有被给予降星的处分，而是进行了约谈，其结果我们不得而知。也因为具体惩罚的执行不由旅游管理部门和星评员负责，且没有具体的惩罚金额，使危机事件的惩处虎头蛇尾，造成人们对于违规酒店及相关监管部门的不信任。从这一点上说，政府评星行为效率比不上淘宝的个人评星行为，它对酒店的约束力也不够，不容易得到消费者的认可。

我们还注意到：部分星评员为在四星级（含）以上饭店连续担任中高级管理职务 3 年以上，且任期内饭店经营业绩良好，在业内具有一定声誉的饭店在职经理人。这让我们对评星的公平性和正义性产生疑虑。同时，我们还了解到：根据星评监督员的工作要求，酒店卫生的复核也是需要旅游局方面下达文件，规定访查日期的。否则，去酒店明察暗访只能属于星评员的个人行为，其检查结果不予参考。基于此，我们认为，本次的危机爆发也

[1] 2018 年 3 月，根据第十三届全国人民代表大会第一次会议批准的国务院机构改革方案，将国家旅游局的职责整合，组建中华人民共和国文化和旅游部，不再保留国家旅游局。

在一定程度上反映出酒店卫生访查制度的缺陷。在应对危机方面，政府还需要修改相关制度条款，使其更加严格，能保障大多数人的利益。此外，面对这些问题，我们希望通过法律来保护消费者的合法权益，但除了《消费者权益保护法》，没有找到其他具体的法律条文，如果遇到这类问题，消费者应得到的赔偿也没有明确的规定。

一个危机事件的发生，是需要一定的时间积累的，其背后有无数的因素在起作用。从制度层面上来说，是因为相关法律制度不够完善，部分酒店才能为了利益钻空子。从经济角度来说，这也是因为酒店的资金分配不够合理，为在激烈竞争中得到更有利的位置，它压缩了应有的成本。从社会环境的角度来说，也可能是因为提倡人人节约，不过度消费，五星酒店的经营大不如前才出此下策。我们可以从多个角度来分析此次危机事件，但我们认为最重要的还是当危机发生后，我们要如何补救，吸取教训。

当然，针对此次危机事件，除了涉事酒店要反思以外，消费者和政府相关监管部门更要反思。归根到底，社会所形成的大环境，行业所形成的潜规则或风气还是由群体共同推动形成的。法律不可能尽善尽美，而政府方面也要加强监管力度。总之，我们希望能够尽量预防危机的发生，保障大多数人的利益。

五、外部利益相关者的反思

五星级酒店卫生隐患事件对豪华酒店的形象和经营管理造成负面影响。政府方面对其施加的压力相对较小，从旅游管理部门到卫监所“约谈”之后的新闻发布看并没有实质性的处罚。所以危机处理的关键主要在于引导社会舆论，减少负面舆论给酒店带来的不良影响。

（一）第三方身份的合理性

蓝莓自称是独立的第三方，但在本次由其独家实施的测评中，实施工作由其工作人员进行，且是以住客身份进行登记和接受服务的，它与酒店之间形成服务提供方和消费者的直接关系，已经是双方关系，并非独立的第三方。所以蓝莓评测的独立性、公正性确实应该受到质疑。蓝莓发布的视频显示，其工作人员安排了所有的测评事项和摄录工作。但是，有视频不一定有真相，有可能是作秀炒作等，再加上前边说过的蓝莓非第三方的身份，其真实性受到合理质疑，无法证明其评测方法的公正性。蓝莓仅展示了一个视频，因此只能证明一家五星级酒店出现了卫生问题，没有其他四家酒店的视频，无法证明其余四家酒店均存在其披露的相关问题，它的测评显然缺乏说服力。

（二）媒体监督范畴的有限性

一个利益相关者群体的反应和行为可以显著影响其他群体的反应和行为。在这一过程中，记者和舆论领袖发挥着重要作用。他们作为调解人具有独特的功能，负责组织利益相关者之间大部分的信息流通。[1]一般来说，人们对公司的了解大多来自新闻媒体。通常，当内部、外部和媒体利益相关者缺乏其他信息源时，人们会对媒体产生依赖性——这是大多数危机事件的典型情况。通过构建新闻框架，媒体可以使其接受者接触到更复杂的问题，从而对利益相关者产生重大影响。虽然一个组织可能会选择以一种清晰而平淡的方式与媒体利益相关者进行沟通，但它应该使用一种更具同情心的方式与员工进行沟通。此外，企业一方面要采取措施防止客户流失带来的不良财务后果，另一方面要向投资者承诺股权收益来构建一种长期的信任关系，让客户相信危机事件不会影响其长远利益。企业需要让投资者相信其与组织利益的一致性，尽可能及时有效地与所有利益相关者互动[2]。

从传统媒体对五星级酒店的报道来看，消费者只能了解事件本身和处理的开端，对于调查结果和处罚结果，传统媒体多采取淡化或者消声的方式处理。消费者在自媒体平台的讨论过了高峰期后其“结局”被人自然淡忘，直到下一次危机的大规模爆发。归根结底，从人群分布来看，五星级酒店的消费者依然不是社会主流，其卫生问题与民生关系远不及食品安全、贫困报道和社会保障那么重要。从媒体报道原则来说，五星级酒店的卫生问题，传统媒体发挥的监管职能非常有限，而新兴媒体和自媒体在讨论过程中都会掺杂组织或者个人利益，让消费者难辨信息真假。在讨论持续一段时间之后，人们对信息本身会感到厌倦从而放弃了信息检索和关注。

（三）相关服务行业的警惕

豪华酒店管理公司对于类似事件一直采取鸵鸟式危机处理方式，埋头沉默，期盼大众很快遗忘或关注其他热点。虽然这种方式有效，但是它给人留下的负面影响并不会随着时间推移减少，不回应不但加深了消费者的怀疑，更是一种“默认”的态度，只会加深负面影响。在衣食住行等关乎民生的问题上，服务行业一定要用主动积极的态度应对，就像海底捞一样，给消费者一种知错就改、勇于承担的正面形象。由于豪华酒店是生活中的可选项，而非必备项，所以消费者的态度不会像对待食品安全问题那样强烈，但是持续的懈怠会带来整个行业的危机，并且会提升未来潜在消费者转化的成本。

蓝莓精心选取了本次测评的酒店，五家酒店实则分属于四家国际酒店管理集团，覆盖范围非常广。虽然各酒店管理公司彼此是竞争对手，但在此事件中，各个酒店需要团结合作，共同考虑和应对危机处理。如果只有一家酒店对蓝莓的公正性提出质疑，那么它很快会被公众的愤怒压下去，但如果五家原本是对手的酒店共同提出质疑，就会引导群众往蓝莓的目的上思考，会引发大家对视频真实性的怀疑，从而减轻其社会舆论压力。后续的调查取证由于蓝莓视频拍摄于夏季，但酒店的监控视频只能保留三个月，所以无法对照，没有任何有利的证据去证伪或者证实。涉事酒店如果无法调取当天的视频，也可随机调取过

[1] VOGLER D, SCHRANZ M, EISENEGGER M. Stakeholder group influence on media reputation in crisis periods[J].Corporate Communications: An International Journal,2016, 21(3):322-332.

[2] ULMER R R, SELLNOW T L, SEEGER M W. Effective crisis communication: moving from crisis to opportunity[M].2nd ed.CA:Sage, Beverly Hills, 2011.

去三个月中某一天定时更换床品的酒店走廊监控视频。这些视频对于豪华酒店的服务标准和品质，有很强的说服力，能够重新树立五星级酒店的形象。

◆ 如何看待危机公关中的“从众者”

A. “法不责众”的心理

“法不责众”是一个法学概念，具体是指当某项行为具有一定的群体性或普遍性时，即使该行为含有某种不合法或不合理因素，法律对其也难以惩戒。从法律渊源的角度看，因为法律制定需要考虑群众基础和社会基础，也就是需要有能够实施执行的社会环境，如果一个法律条款要处罚社会中的绝大多数人，那么在现实中就难以推广并执行。但是在文明社会之中，并不存在“法不责众”的法律依据，因为一旦产生具体的侵害行为和侵害后果，相关责任人都要承担相应的后果。从企业和行业之间关系的角度可以理解为，如果一个企业在行业规范中突破规则，采用劣势产品或服务供给市场消费者，其他企业纷纷效仿，当全行业都存在这类问题的时候，消费者势必会采取行动和抵制态度，那么整个行业就会面临着法律制裁或者面临着生存危机。从社会心理学的角度，可以用“破窗效应”来解读。

破窗效应是由美国政策科学家詹姆士·威尔逊与犯罪学家乔治·凯琳提出来的。破窗理论认为环境中的不良现象如果被放任存在，会诱使人们仿效，甚至变本加厉，它反映的是环境对个体行为的引导作用。[1]它通过生动形象的实验说明，一栋房子的几扇窗户破了，如果没有人去修补，不久其他窗户也会莫名其妙被人打破；再如街心公园或者公共图书馆洁净如新，第一个丢垃圾的人要承受极大的心理压力，但是如果满地垃圾，后续丢垃圾的人就毫无心理压力和舆论负担。为了有效阻止“破窗现象”的爆发，确定“引爆点”至关重要，即确定此类情况究竟要坏到什么程度，人们才会自暴自弃，跟进降低标准。与此同时，事件的负面影响会导致人的心理认知达到一定阈值时，会促使人们对该事件的态度倾向于负面化。

破窗效应是一个由“量变”引起“质变”的过程，因此准确把握引起“质变”的“量变”阈值对于控制事件的发展方向具有重要意义。具体到一个企业面对行业潜规则或者普遍存在的隐患时的态度，我们会发现如果行业整体对某一负面舆论采取漠视态度，那么单个的企业很难对自身提高要求和标准。相反，如果行业对某一负面舆论重视且对于消费者权益侵害事件采取零容忍态度，那么企业则会倍加重视自身存在的各种负面舆论隐患。

B. 全行业危机的风险

全行业危机的风险可以用责任分散效应来解读，因为这种共同风险不是单独的组织需要面对的，而是将责任分散到每一个组织身上，也称为“旁观者效应”。例如，当他人遇到紧急情况时，如果只有旁观者一个人能够提供帮助，他会清醒地意识到自己的责任，对受难者给予帮助。如果他见死不救就会产生罪恶感、内疚感，这需要付出很高的心理代价。而如果有许多人在场的话，帮助求助者的责任就由大家来分担，造成责任分散，每个人分

[1] 马宇红 . 社交网络谣言传播的破窗效应和责任分散效应 [J]. 计算机科学与探索 , 2019, 13(10).

担的责任很少，旁观者甚至可能连他自己的那一份责任也意识不到，从而产生一种“我不去救，还有别人会去救”的心理，造成“集体冷漠”的局面。[1]

将责任分散效应放到全行业危机风险这一情况的讨论之中，我们会发现：一旦整个行业的信誉崩塌，带给每个企业的危害是不可估量的。以 2008 年中国奶制品三聚氰胺事件为例，危机起因是很多食用了三鹿集团生产的奶粉的婴幼儿被发现患有肾结石，根据官方公布的数字，截至 2008 年 9 月 21 日，因食用其奶粉而接受门诊医疗咨询且已康复的婴幼儿累计 39,965 人，正在住院治疗的 12,892 人。事件引起了国内外公众的广泛关注以及对乳制品安全的担忧。中国国家质检总局公布对国内的乳制品企业婴幼儿奶粉三聚氰胺检测报告后，事件迅速恶化，包括伊利、蒙牛、光明、圣元、雅士利在内的多个知名厂家奶粉都被检测出三聚氰胺。该事件直接重创了中国乳业制造商品牌的商业信誉，多个国家明确禁止进口中国乳制品，中国食品安全问题成为全世界关注讨论的话题，甚至有些国际商品会在原材料配方里强调：没有来自中国的原材料添加与采购。

2008 年 9 月 24 日，中国国家质检总局表示，三聚氰胺奶粉事件已经得到控制。但是直到 2011 年，中央电视台《每周质量报告》调查发现，仍有 7 成中国消费者不敢买国产婴幼儿奶粉。可以说三聚氰胺事件是中国奶粉乃至中国乳业发展史上的转折点，改写了此后整个中国奶牛养殖模式、牛乳检测标准，也加速了奶粉配方注册制的诞生，与此同时供应链上游奶农与奶企的矛盾加剧，奶粉行业迅速洗牌。

劣质奶粉事件使消费者对国产奶粉的信任被摧毁，重建之路异常艰难。2009 年至 2015 年的 6 年间，不仅跨境电商和物流为代购和海淘提供了方便购买进口奶粉的渠道，许多海外奶粉品牌也借机进入中国市场。尼尔森 2010 年的调查数据显示，整个市场国产奶粉的销量在 50% 以上，如果算上三线城市和农村，国产奶粉的市场依然占有至少六成以上。但是到了 2012 年外资品牌奶粉的份额就占到了一半以上。根据支付宝发布的一份《2012 年海淘报告》显示，当年海淘最受欢迎的爆品就是婴儿奶粉，也足见消费者对国产婴幼儿奶粉的不信任。

同一时间，往返深圳和香港采购婴儿配方奶粉的人越来越多，很快催生一条稳定而庞大的“水货客”产业链，连接深圳、香港的口岸长期站满了收奶粉的二道贩子。内地突然增加的需求和香港的供应链之间出现了矛盾，导致香港市场出现婴儿奶粉的供应短缺。矛盾在 2013 年激化，香港颁布了“限奶令”，规定“离开香港的 16 岁以上人士每人每天不得携带总净重超过 1.8 公斤的婴儿配方奶粉，这相当于普通的两罐 900 克奶粉，违例者一经定罪，最高可被罚款 50 万港元及监禁两年”。

咨询公司凯度消费者指数监测的数据显示，2015 年至 2017 年消费者对于进口或者来自海外工厂生产的中国品牌奶粉热度依旧在上升，在重要的省级城市和一线城市，国外奶粉在整个婴儿奶粉总量中的占比分别为 72.5%、79.5%、84.4%。直到 2018 年飞鹤董事

[1] 吴国军，张莹，李文涛 . 浅析大学课堂提问中的“集体沉默”——基于“责任分散效应”的视角 [J]. 山西师范大学学报（哲学社会科学版）, 2011, 38(S4): 147–149.

长冷友斌在接受采访时称“配方注册制实施、密集的市场质量监督抽检制度和相关部门强化对企业的监督检查。目前整个乳制品行业合格率达到99.6%，婴幼儿配方乳粉合格率99.72%”。可以说，“三聚氰胺事件”的负面影响已经过去，中国乳业已经脱胎换骨。

国产奶粉行业用了整整十年的时间才完成品牌重塑和消费者信任回归，可见行业危机对其影响和伤害之大。对于全行业危机的风险，企业需要见微知著，及早洞察，不能因为“法不责众”的心理和破窗效应，就听之任之。唯有站在消费者角度去思考其真正需求，才能实现企业、消费者、社会三方共赢。

➢ 课后思考题

由于市场竞争的激烈，生活节奏的加快，消费者经常都能看到很多企业的危机公关文案。公众面对企业危机公关的素养日益提升，同时对待“套路”的理解也各不相同。“高度重视”“深表歉意”“个案”“立即整改”“我们秉承顾客是上帝的理念”……这些被认为是危机公关声明的套路。如果仔细对比七家涉事酒店的声明，会发现它们属于同一种语言表述逻辑和范本。因为其声明的核心为：态度和行动。但是，竟然有三家酒店的危机公关声明，几乎一模一样。这只能说明一个问题：道歉缺乏诚意，连危机公关的声明都是统一口径、说辞一致。贵阳贵航喜来登酒店和上海浦东丽思卡尔顿酒店分别先后发出的两份声明，与上海世贸皇家艾美酒店的危机公关声明几乎一模一样。

1. 请问以下雷同或者类似的危机公关文案说明什么问题？（图6-10）长此以往会造成什么后果？请从正面和反面不同角度去思考。

2. 请对比分析其声明有哪些特点？

3. 危机公关文本的叙事结构和模板是什么？

4. 请问这种形式的危机公关是否有效？

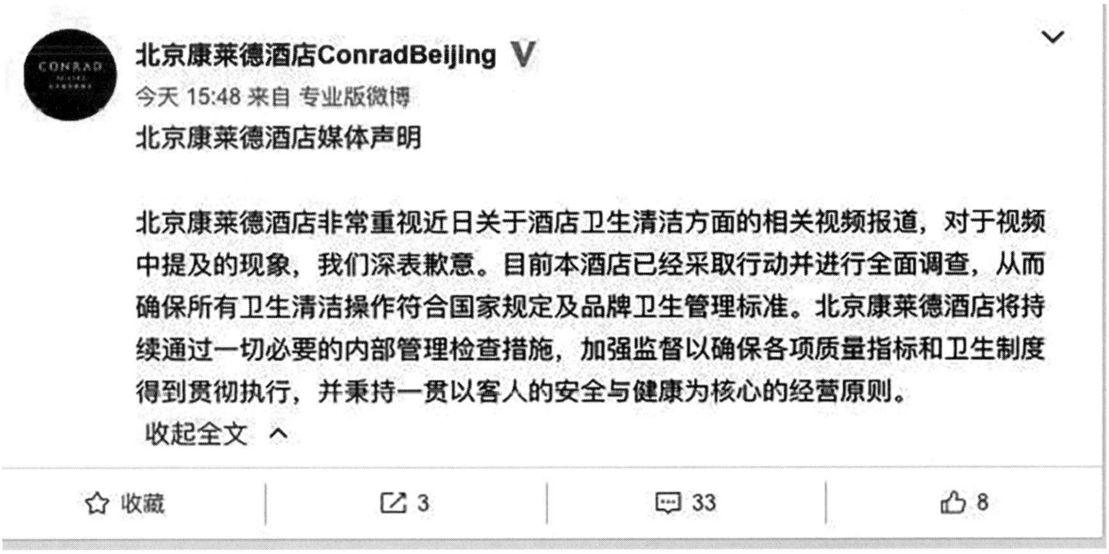

（a）

北京柏悦酒店 V

今天 11:32 来自 微博 weibo.com

#声明# 2018年11月14日晚八时，微博上发布了一个关于国内某些五星级酒店客房卫生清洁的视频，其中包括北京柏悦酒店。

对于此视频中涉及的事件的发生，我们深表歉意。北京柏悦酒店上下极度重视，并已在内部展开彻查。这起单一事件绝不是北京柏悦酒店卫生管理的标准。客人与员工的舒适与健康将一直是酒店工作以及关注的重中之重。我们将在酒店内部，从上到下，额外加强培训卫生标准以及管理监督制度，以确保所有的员工按照规范，有效执行。

有任何问题，请联系：

陈素婷
市场销售部总监
+ 86 10 8567 1598
sootheng.tan@hyatt.com

郑慧汶
市场传讯部高级经理
+ 86 10 8567 1588
josephine.tee@hyatt.com 收起全文

（b）

图 6-10 星级酒店在危机发生后的官方微博声明—新浪微博截图

Chapter 7
第七讲　来自资本市场的质量检测
——茅台酒、酒鬼酒等塑化剂风波

- 自媒体议题与议题管理呈现
- 危机的真相与品牌媒体呈现
- 危机中利益相关者的态度
- 设置媒体议程与消费者态度
- 消费者自我认同的作用机制
- 从危机预警到品牌议题建构

主案例：酒鬼酒、茅台酒遭遇塑化剂检测危机

2012 年 11 月 18 日，“央视 2013 年黄金资源”广告招标中，酒业以 42.1 亿元占到央视广告收入的 31.4%。11 月 19 日，21 世纪网刊登了名为《致命危机：酒鬼酒塑化剂超标 260%》的文章，酒鬼酒随即陷入塑化剂风波。新闻曝光当天酒鬼酒停牌，白酒板块市值当日蒸发近 330 亿元。自酒鬼酒“塑化剂”超标丑闻曝光以后，白酒企业的质量问题备受关注和质疑，身处国酒地位的茅台也不例外。在 12 月 3 日时，就有民间人士送检茅台酒，塑化剂事件不断发酵。12 月 9 日晚间，投资交流平台雪球网上一名为“水晶皇”的网友发布《请大家客观分析，茅台是否塑化剂超标？》的博文称，其于 11 月 29 日在香港北角的茅台酒专卖店购买了一瓶 53 度飞天茅台，并将该酒送至香港一家化验所检测。最终检测报告显示，送检茅台酒检出邻苯二甲酸二 (2– 乙基) 乙酯 (DEHP，塑化剂的一种)，含量为 3.3mg/l，比中国酒业协会此前引用的国家标准超出 120% 左右。12 月 10 日贵州茅台酒（集团）股份有限责任公司发布公告，宣布从 12 月 10 日当日起开始停牌。（见图 7–1）受此影响，早盘整个白酒板块飘绿。随着市场各方信息的传播，短短几天，茅台市值缩水近 300 亿元。

图 7–1 “塑化剂”丑闻曝光后贵州茅台的股价波动情况—证券之星截图

一、自媒体议题与议题管理呈现

议程设置，也叫议题设置，是指媒体有意无意地建构公共讨论与关注的话题。这一思想是美国政治学家伯纳德·科恩首先提出来的。科恩认为，媒体在使人们怎么想这一点上很难奏效，但在使人们想什么这一点上却十分有效。1972 年，美国传播学者麦库姆斯和唐纳德·肖在《舆论季刊》上发表了《大众传媒的议题设置功能》一文，通过实证调查研究，证实了此前科恩等人提出的议题设置猜想的成立。[1] 他们分析了 1968 年美国总统选举

[1] 唐纳德·肖在接受作者访谈时（2018 年 11 月 2 日北卡教堂山 Carroll Hall）表示自己无意中在酒吧发现人们谈论的话题和每天报纸的话题惊人地一致，他便希望考证其中的具体关联。

期间媒介内容议题的排序，同时对照当时公众舆论中诸议题的排序，发现两者的相关度极高。进而提出假设：大众传播具有一种为公众设置“议事日程”的功能，大众媒介通过日复一日的新闻选择和发布，影响着公众对当前什么是最重要的问题或事件的判断；在媒介议题与公众议题之间，存在着一种因果关系，即经过一段时间，媒介的优先议题将成为公众的优先议题。

议题“agenda”总体上指所报道的问题的排序或者程序，具体指议题或者事件的报道。议题设置论是指：在特定的一系列问题或论题中，那些得到媒介更多注意的问题或论题，在一段时间内将日益为人们所熟悉，它们的重要性也将日益为人们所感知，而那些得到较少注意的问题或论题在这方面则相应下降。而且，受到某种议题影响的受众成员会按照该媒介对这些问题的重视程度调整自己对问题重要性的看法。这里包含三个层面：在认知层面，公众因为媒介的报道而意识到议题的存在；在次序层面，媒介所安排的议题顺序一般会影响公众考虑这个问题的顺序；在显著性层面，媒介赋予议题的意义（包括给予的版面位置或节目中的时间先后）一般会影响公众对这个议题重要性的认知。

具体到酒鬼酒和茅台酒危机，主要是来自网络媒体的议程设置让企业陷入了被动局面。中国人拥有悠久而独特的白酒文化，社会交往、家人团圆、节日庆典、商务宴请、日常聚会，白酒是增进感情必不可少的媒介物和情绪催化剂。民族个性相对内敛的中国人只有在白酒的作用下才能自我释放，打开畅所欲言的社交场面，所以，在中国人的餐桌上，白酒是饮食必不可少的一部分。

基于白酒具有广泛的群众基础，酒鬼酒和茅台酒又是白酒高端品牌，其塑化剂超标的新闻必然引起消费者强烈关注并对企业产品质量产生强烈反应，对自身和身边饮酒亲友的健康产生担忧。消费者最关心的实质上是以下三个问题：

1. 酒鬼酒和茅台酒是否含有塑化剂？含多少？
2. 含有的塑化剂是否对人体有危害？
3. 除了酒鬼酒和茅台酒，其他白酒是否安全？

但是如何有效化解这次危机，并不仅仅是简单回答这三个问题就足够了，因为消费者的注意力和媒体议程设置密切相关，在新媒体时代，它不仅仅与传统主流媒体议程设置有关，更与消费者的网络声音相关联。

在回答消费者最关心的三个问题时，表达的顺序性，信源的权威性，信道的流畅性，信宿的领悟性都至关重要。接下来我们就来对比分析酒鬼酒和茅台酒在危机中的媒体策略表现。

二、危机的真相与品牌媒体呈现

（一）塑化剂事件的的媒体呈现

1. 官方媒体

新华网对于塑化剂事件的点评十分理性，没有一味指责，反倒发文分析事件始末，探讨事情缘由，发出了理性的声音。

➢ 观点 1. 质疑“未公布检测机构名称”

2012年12月14日《新京报》一篇名为《网曝多个白酒巨头塑化剂超标 五粮液超标10倍》的文章里，这样写道：“昨日，雪球网认证为北京中能兴业投资咨询有限公司的官方账号，发布了 11 份塑化剂检测报告……（此处省略报告数据）与此前投诉茅台塑化剂超标的投资者‘水晶皇’不同，中能兴业账号是经过雪球网认证的官方账号。但在其发布的 11 组报告上，同样遮盖了检测机构名称，只透露该检测机构隶属于北京市科学技术研究院。”

➢ 观点 2. 为酒企申冤

“塑化剂风波持续了 20 多天，各种乱象不断，真真假假很难判断，而官方也未就此发布公开透明的调查言论。”昨日一位不愿公开姓名的白酒企业相关负责人表示，“目前这个阶段，酒企无论说什么都是苍白无力的，希望此事件尽快有说法，让白酒行业健康有序地发展”。

➢ 观点 3. 从融资角度分析，此事涉及资本做空

“融券限于借券难，但如果如同传言一样先打压股价，然后融资做多是否有空间？截至 12 日，茅台融资买入的规模为 10.4 亿元，几乎是融券卖出的 10 倍。但在融资这一项上，融资的变动更为平缓。从 12 月初至今，融资买入茅台的余额一直维持在 10 亿元左右，其中 12 月 7 日达到 12 亿元，为近期最高。如果投资者在 12 月 6 日融资买入做多，12 月 11 日全部了结，按照 12 月 11 日当日偿还融资 2.16 亿元看，盈利规模为 1,948 万元，融资成本约 24 万元（按 8% 利率算）。即在市场最极端的情况下，可能出现同一批投资者获利近 2,000 万元的情况；若投资者融资规模更大，分批获利了结，获利规模更大。”（见图 7–2）

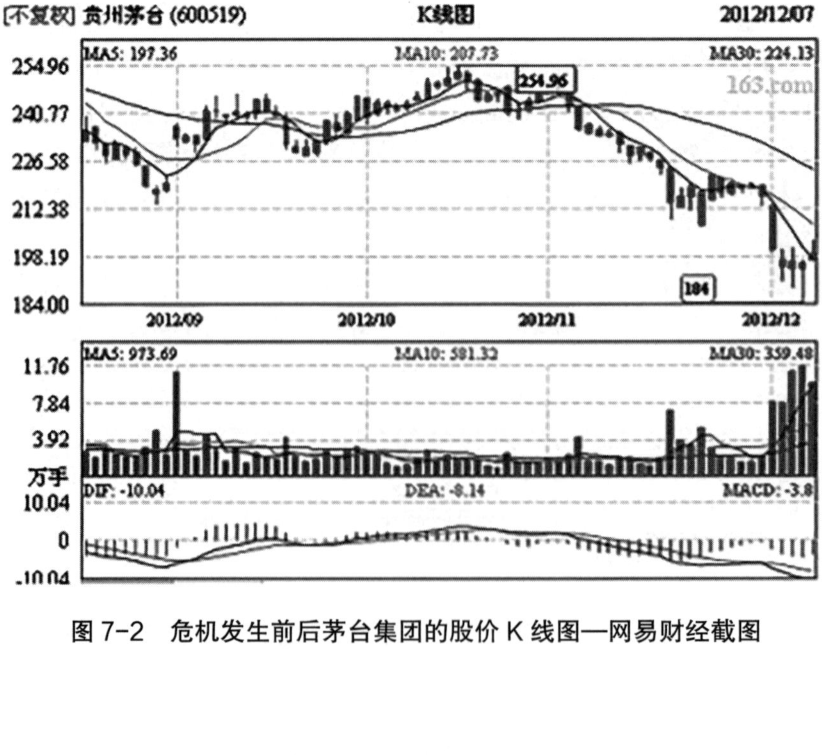

图 7–2 危机发生前后茅台集团的股价 K 线图—网易财经截图

2. 网络平台

事情一出，新浪财经就在 2012 年 12 月 12 日发表了《茅台酒塑化剂事件媒体见面会实录》，该文章全面报道了茅台集团紧急召开记者发布会的全部问答与声明内容，为正面报道。

同天，搜狐健康也发表文章《贵州茅台就塑化剂事件回应一览表》，文中写道："针对近日发生的塑化剂事件，12 日上午，贵州茅台酒厂（集团）有限责任公司召开媒体见面会，就相关问题进行了回应。茅台集团董事长袁仁国在见面会上表示，感谢'水晶皇'使白酒行业更加注重食品安全和产品质量，但白酒行业不会因一个事件而停止或者消亡。"

同时，贵州茅台酒厂（集团）有限责任公司发布增持公告，引起了业内的广泛关注。董事长袁仁国回应，成熟的投资者要对茅台有坚定的信心。他指出，茅台储存了 14 万吨基酒，但没有五年绝对不出厂。而茅台名誉董事长、技术总顾问季克良也表示，只有疯子才会在酒中添加塑化剂。季克良说，对于外界质疑飞天茅台塑化剂超标，他表示"非常痛心"，认为企业在发展壮大中总会遇到各个方面的质疑。

这些报道都是正面报道，从中可以看出茅台方积极回应，态度良好。

3. 微信朋友圈

不管是官方媒体、党媒还是自媒体公众号，它们对于茅台塑化剂的报道几乎都是趋于客观、理性、正面的，而朋友圈中对于此事的议论，也都基于这些报道的转载，偶有酒民的担忧声音，但没有过多影响。

（二）酒鬼酒的媒体呈现

1. 传统官方媒体

同样是新华网，它对于酒鬼酒的专题报道，就没有像它为茅台那样积极伸张正义。新华网食品频道特意对此进行了报道，文中提出四个疑问：

"疑问一：第三方检测机构是否权威？"

——与对茅台酒的报道文章存疑点相同。

"疑问二：酒鬼酒是否真的有鬼？"

——对于此疑问，文章中主要阐述了塑化剂的危害。

"疑问三：塑化剂到底是怎么进到白酒中的？"

——白酒中的塑化剂是从何而来呢？北京大学人类营养运动医学专家李可基教授在接受媒体采访时表示，塑化剂不是食品添加剂，国家严禁将其添加到食品当中，但在食品包装上可使用；食品中被检测出含有塑化剂，也有可能为食品包装渗入微量塑化剂或者是在制作的过程中，设备管道上的塑化剂制品渗入所导致。有网友质疑表示，塑化剂早已经成为食品行业里的高风险因素，酒鬼酒作为一家上市公司应该有风险意识。酒鬼酒在生产过程中、在包装使用方面是否有相应的措施，保证塑化剂对产品没有影响呢？除这些原因外，塑化剂是否还有其他途径进入白酒产品中？也有网友称，首先白酒在酿造过程中不需要添加塑化剂，在运输、贮存过程中也不与塑料制品接触，而都是用玻璃瓶、瓦罐、金属罐。

最有可能的只是塑料水管，但也不可能让酒中的塑化剂超标300余倍。

“疑问四：酒鬼酒涉毒压垮白酒股的最后一根稻草？”

——这个疑问则阐述了此次酒鬼酒的塑化剂事件对白酒行业产生了极大的影响。

从以上来看，对于酒鬼酒的评价，官方媒体没有去洗白，而是像认定了其塑化剂超标一样去报道。

2. 网络媒体

新浪财经为酒鬼酒做了一个专页报道，不管是题目《酒鬼酒被曝含有毒物》，还是简述报道“11月19日，号称天下第一酒的酒鬼酒被曝塑化剂含量超标高达260%，可影响发育和导致肝癌”“酒鬼酒因媒体报道当日临时停牌”都将酒鬼酒的情况报道得十分严重。在最新进展中，对于酒鬼酒的报道也偏向以负面为主。

11月27日：《酒鬼酒否认全面停产　不主动召回超标产品》[1]；

11月27日：《媒体报道称酒鬼酒开始全面暂停生产》[2]；

11月25日：《酒鬼酒称已初步确定塑化剂三大来源》[3]；

11月22日：《泸州老窖等8白酒品牌针对塑化剂含量表态》[4]；

11月22日：《酒鬼酒事发三天后致歉　坚称产品符合国标》[5]；

11月21日：《湖南质监局称酒鬼酒塑化剂超标247%》[6]；

11月19日：《酒鬼酒因报道盘前紧急停牌》[7]；

11月19日：《酒鬼酒被曝塑化剂超标260%》[8]；

搜狐财经11月25日对酒鬼酒的报道：《酒鬼酒“闹鬼”：曝塑化剂超标260%》[9]。

酒鬼酒出事后，网友对于自己健康的担忧和对于白酒行业的担忧更是十分高涨，网络平台上充斥着愤怒、担心、质疑等声音。

在微博中，北京绿腰食品有限公司执行董事龚也长的一条微博，“食用的酱油、醋、

---

[1] 曹磊，建金．酒鬼酒否认全面停产 不主动召回塑化剂超标产品 [EB/OL].(2012-11-27)[2021-03-22].http://finance.sina.com.cn/chanjing/gsnews/20121127/174113814810.shtml.

[2] 郑道森．酒鬼酒今日起全面暂停生产 暂无召回计划 [EB/OL].(2012-11-27)[2021-03-22].http://finance.sina.com.cn/chanjing/gsnews/20121127/023013804271.shtml.

[3] 酒鬼酒公司称已初步确定塑化剂三大来源 [EB/OL].(2012-11-25)[2021-03-22].http://finance.sina.com.cn/consume/puguangtai/20121125/150113789313.shtml.

[4] 泸州老窖等8白酒品牌针对塑化剂含量表态 [EB/OL].(2012-11-23)[2021-03-22].http://finance.sina.com.cn/chanjing/cyxw/20121123/000813768300.shtml.

[5] 酒鬼酒事发三天后致歉 坚持称其产品符合国标 [EB/OL].(2012-11-23)[2021-03-22].http://finance.sina.com.cn/consume/puguangtai/20121123/082613773910.shtml.

[6] 湖南质监局：酒鬼酒塑化剂超标247% [EB/OL].(2012-11-21)[2021-03-22].http://finance.sina.com.cn/consume/puguangtai/20121121/181813751866.shtml.

[7] 严洲．酒鬼酒今日起临时停牌 涉嫌塑化剂超标 [EB/OL].(2012-11-19)[2021-03-22].http://finance.sina.com.cn/chanjing/gsnews/20121119/102313718096.shtml.

[8] 李耳．致命危机：酒鬼酒塑化剂超标260% [EB/OL].(2012-11-19)[2021-03-22].http://finance.sina.com.cn/consume/puguangtai/20121119/074513717143.shtml.

[9] 酒鬼酒再陷塑化剂 郎酒等躺枪 回复：无法多说 .[EB/OL].(2012-11-25)[2021-03-22].http://business.sohu.com/s2012/jgjzjyy/.

饮料里面的塑化剂含量是酒的 400 倍”，更是引起了民众对于塑化剂的恐慌。短短一天，这条微博就被转发 15,000 余次。全网几乎无一正面报道，酒鬼酒面临毁灭性打击。一时间，消费者人心惶惶，持有相关上市公司股票的投资者更是如坐针毡。

三、危机中利益相关者的态度

（一）酒鬼酒被媒体曝光塑化剂超标

1. 中国酒业协会声音

2012 年 11 月 19 日，中国酒业协会发表《关于白酒产品塑化剂有关问题的说明》，表示通过对白酒生产过程的全面跟踪、查定，已知白酒生产过程中自身发酵环节不产生塑化剂。白酒产品中的塑化剂属于特定迁移，主要源于塑料接酒桶、塑料输酒管、酒泵进出乳胶管、封酒缸塑料布、成品酒塑料内盖、成品酒塑料袋包装、成品酒塑料瓶包装、成品酒塑料桶包装等。

11 月 21 日，中国酒类流通协会发表关于白酒塑化剂事件的声明，称白酒生产过程中确定不会产生塑化剂，也绝无必要使用塑化剂。塑化剂如存在于白酒中，对酒的质量有害无益，因此任何企业都不可能在产品中添加此类物质。

2. 监管部门权威发声

11 月 20 日，湖南省质量技术监督局在其官网发布消息称，据湘西自治州质量技术监督局对酒鬼酒公司进行执法检查，截至 11 月 20 日 17 : 30，没有发现人为添加塑化剂行为。

11 月 21 日下午，国家质量监督检验检疫总局在官网公布了湖南省质量技术监督局对 50 度酒鬼酒样品的初检报告，截至目前检验结果，其中 DBP 最高检出值为 1.04mg/kg。湖南省质量技术监督局已经督促企业查明产出邻苯二甲酸酯类物质的原因，认真进行整改。

3. 第三方检测机构声音

11 月 21 日，上海天祥就媒体关于“酒鬼酒”的报道发表声明，检验的样品为一位客户提供，对方要求检测这些样品中的塑化剂含量。上海天祥并未参与样品的抽取，也不确定样品的来源和抽取方法，以及样品在送达前的保管方式。

4. 危机主体酒鬼酒企业声音

11 月 21 日晚间，酒鬼酒股份有限公司在其官方微博上发布了声明，声明指出，由于国际食品法典委员会、我国及其他国家均未制定酒类中邻苯二甲酸二丁酯（DBP）的限量标准，故不存在所谓“塑化剂”超标的问题。

11 月 22 日晚间，酒鬼酒公司发布公告称，公司股票将于 11 月 23 日复牌。同时，酒鬼酒还就此事对广大消费者及投资者表示歉意。

11 月 23 日，酒鬼酒公司针对近期塑化剂事件发表声明，就酒鬼酒“塑化剂事件”给大家造成的困惑和质疑表达诚挚的歉意。

11 月 25 日，糖酒快讯网、中国酒业报道全媒体记者在酒鬼酒安徽品牌运营中心获悉，该运营中心在事件发生后的三天内，已累计给酒鬼酒经销商、消费者及部分业内人士，发出针对塑化剂事件的新闻链接、澄清信息等短信一万余条，对减小负面影响起到一定效果。

11 月 27 日晚间，酒鬼酒发表公告，针对媒体报道的《酒鬼酒今起全面暂停生产》，公司澄清称，目前公司未全面停产，曲酒（基酒）生产正常，未停产，已排查至包装环节，并称正对可能导致塑化剂超标的设施彻底更换，将于 11 月 30 日前完成整改工作。

12 月 2 日，酒鬼酒发表公告，整改“全面完成”，公司已对有可能导致酒类中塑化剂污染、迁移的包装材料、设备等进行彻底更换，12 月 3 日恢复包装生产。与此同时，再次送检也在按计划展开。

12 月 5 日，酒鬼酒在湖南吉首召开全国经销商大会，公司管理层称已收到湖南质检部门的质检报告，结果显示“50 度酒以外的其他酒鬼酒产品未检出塑化剂”。

（二）茅台酒被网友送检称含有“塑化剂”

2012 年 12 月 9 日晚，网友“水晶皇”公布送检的茅台酒检测结果，称“茅台含有塑化剂”。贵州茅台集团随即发布公告，宣布从 12 月 10 日当日起开始停牌。受此影响，早盘整个白酒板块飘绿。股价随着市场传言上下蹿动，短短几天，茅台市值缩水近 300 亿元。12 月 10 日下午 4 点，中信证券举办贵州茅台机构投资者电话会议，贵州茅台集团总工程师王莉、董秘樊宁屏出席会议。随后，贵州茅台集团再发公告称“自送产品至国家食品质量监督检验中心、贵州省产品质量监督检验院、上海天祥质量技术服务有限公司等三家权威检测机构检测，结果均符合《卫生部办公厅关于通报食品及食品添加剂中邻苯二甲酸酯类物质最大残留量的函》关于 DBP、DEHP 和 DINP 最大残留量（分别为 0.3mg/kg、1.5mg/kg 和 9.0mg/kg）的要求。”事实上，自酒鬼酒塑化剂事件在全行业发酵后，伴随着茅台集团的沉默，多个茅台民间检测版本陆续出炉，且观点矛盾。贵州茅台集团终于发布了三份自送产品的检测报告，分别来自以上三家权威检测机构，这三份报告均未显示送检的 53 度茅台酒或 15 年茅台酒有任何塑化剂成分。

有报道分析：在酒鬼酒与茅台酒塑化剂事件发生前，白酒行业势头非常猛。从 2007 年初的美国次贷危机一直到 2009 年的全球金融危机，世界经济普遍不景气，而中国白酒却逆风飞扬，保持着上升的势头，令境外资本一直垂涎欲滴。投资人士分析，中国白酒凭着自己独特的核心工艺、较高的盈利水平坚守阵地，没有被外资攻陷。而这次的酒鬼酒、茅台酒被网友和媒体曝光的塑化剂危机引发的整个白酒市场股价暴跌，从某种意义上来说，和资本市场“做空”中国白酒密不可分。（见图 7–3）

公关态度：“茅台产品完全符合相关标准，塑化剂导致的大跌很可能是个阴谋。”贵州茅台集团董事长袁仁国此前在接受媒体采访时如此表示。此外，在网友“水晶皇”事件爆发之前，茅台集团高层面对记者和大众的态度一直非常坚定，称茅台产品不存在塑化剂超标等问题，请国家监管部门抽检。

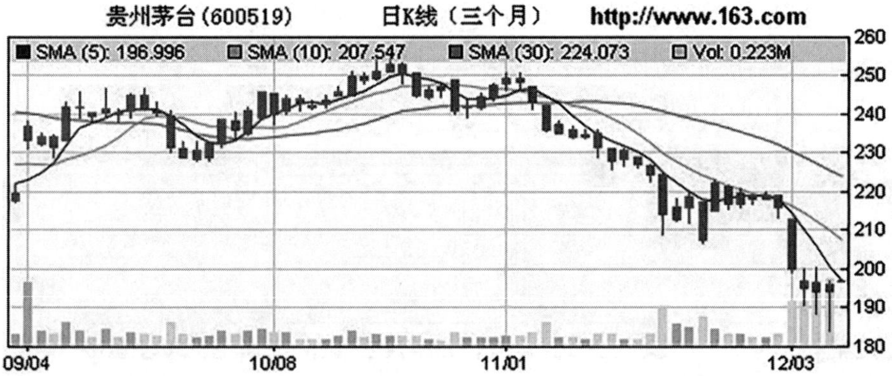

图 7–3　贵州茅台 2012 年 9 月 4 日—2012 年 12 月 3 日的股价 K 线图—网易财经截图

（三）企业主体公关行为

1. 主动送检并公布权威报告

检测报告来自三家具有代表性的检测机构，分别是国家食品质量监督检验中心、贵州省产品质量监督检验院、上海天祥质量技术服务有限公司。上海天祥正是此轮“塑化剂”风波中最早检出酒鬼酒超标的检测机构。

面对“水晶皇”发布的送检结果引发的网友质疑，茅台公司于 12 月 10 日晚间及时发布公告，公告内容包括对送检结果的六点质疑以及再次保证茅台产品质量过关，并表示希望各大监管部门随时抽检。

2. 及时召开媒体发布会

除了再次声明茅台白酒没有发生“塑化剂”超标事件，贵州茅台酒股份有限公司召开媒体发布会向大家阐释了塑化剂的危害性并非传言所说之高。（见图 7–4）

（1）优点：在短时间内看清事态走势，初期危机公关比较成功，信息发布及时，态度诚恳。拥有先见之明，在酒鬼酒“塑化剂”超标丑闻曝光后，茅台公司及时向三大权威检测机构送检，提前掌握与事件有关的检测结果，以便需要时能及时公布。

（2）缺点：在媒体见面会上对“塑化剂”问题的回应角度不当，公众媒体不理解不接受，导致发布会不但没有洗白茅台反而衍生出了更多的负面问题。茅台公司在此次危机事件的紧急媒体见面会中，主要从两个方面回应了公众的质疑和问题：一、“塑化剂”的危害没有大家想象中的那么大；二、关于白酒的“塑化剂”含量根本没有统一清晰的标准，所以超标是不存在的。茅台公司这样的回应等于暗示了酒中添加了定量的“塑化剂”，还表现出了“因为没有标准，所以我们没做错”的态度。并且在媒体发布会上它用大篇幅给公众解释“塑化剂”没什么危害，言外之意就是超标何妨，未必有害处。这种解释给消费者和媒体一种狂妄、糊弄的印象，导致茅台多年以来树立的良好的品牌形象在这次危机公关后受到了一系列的抨击和质疑。

（3）建议：茅台公司更加合适的做法，一是邀请媒体和国家相关质检部门和相关机构到企业了解生产流程；二是联合酒行业上市企业举行媒体见面会，揭露恶意制造“白酒塑化剂”危机的推手，并要求相关部门进行彻查；三是联合酒行业，要求国家相关的质检部门尽快制定包装食用塑化剂标准，并要求对食品行业进行全面检测。茅台公司这样做就可以掌控“白酒塑化剂”危机的蔓延，打击对茅台酒的恶意操纵行为。

图 7-4 危机发生后茅台酒召开媒体见面会

四、设置媒体议程与消费者态度

谁来设置媒体议程？学者法赫米认为议程建构理论在传播学领域中的一个研究趋势是对资讯补贴（information subsidy）的思考。[1] 该研究将媒体议程从三类议程中脱离出来，突出关注媒体议程的建构。议程建构理论的研究者将目光更多投向了媒体外部因素对媒体议程建构的影响，特别是外部信息源对媒体议程建构的持份者（shake holders，也有人将其翻译为“持有者”）。他们对不同类型的持份者，如政府、企业、NGO 组织、媒体进行研究，分析这些持份者对资讯补贴的使用情况，以反映其对媒体议程建构的影响。

这一理论认为，可以从信息获利角度对媒体议程的设置过程进行分析，不同利益相关者提供信息的出发点不同；从媒体报道信息后产生社会效果影响的角度来看，不同的利益相关者获益的比例不同。

---

[1] FAHMY S S, WANTA W, JOHNSON T J, et al. The path to war: exploring a second-level agenda-building analysis examining the relationship among the media, the public and the president[J]. International Communication Gazette, 2011, 73(4): 322-342.

这次中国白酒塑化剂风波最初波及的是酒鬼酒，接下来是茅台酒，紧跟着是一系列白酒品牌。刚开始媒体议程设置集中在对信息事实的追讨方面，接下来大家开始怀疑信源的真实可靠性，此刻权威质监部门出面、企业新闻发言人公开表态，这一系列举措的目的是给消费者一颗定心丸，表达中国白酒市场的整体安全性。之后舆论开始转移"议程设置"，媒体议程开始反思这样一场波及中国白酒资本市场的安全问题曝光的原因何在，综合全球经济动态分析，很有可能是资本市场在背后操纵中国白酒品牌形象，进而有目标、有动机策划的一次资本"做空"行为。（见图 7–5）当然，白酒企业的乙方公关公司在危机公关中会发布各种信息给媒体，表面上公众看到很多网友自发去检测茅台酒，实际上另一种可能性是公关公司有组织的行为。由于茅台的"国酒"地位和长期良好的品牌形象塑造，其与媒体一直保持良好的合作态势，对比同样卷入塑化剂风波的"酒鬼酒"，消费者就可以感受到媒体对其不一样的报道倾向。还有另一种可能性是因为茅台酒处于中国白酒的龙头地位，而中国白酒一直是中国品牌形象在海外塑造的首屈一指的商品代表，所以无论如何，媒体、政府、监管部门、公众对待茅台的态度都是爱护有加，加上茅台公司的公关和危机处理方法相对得当，最终能及时地化险为夷。

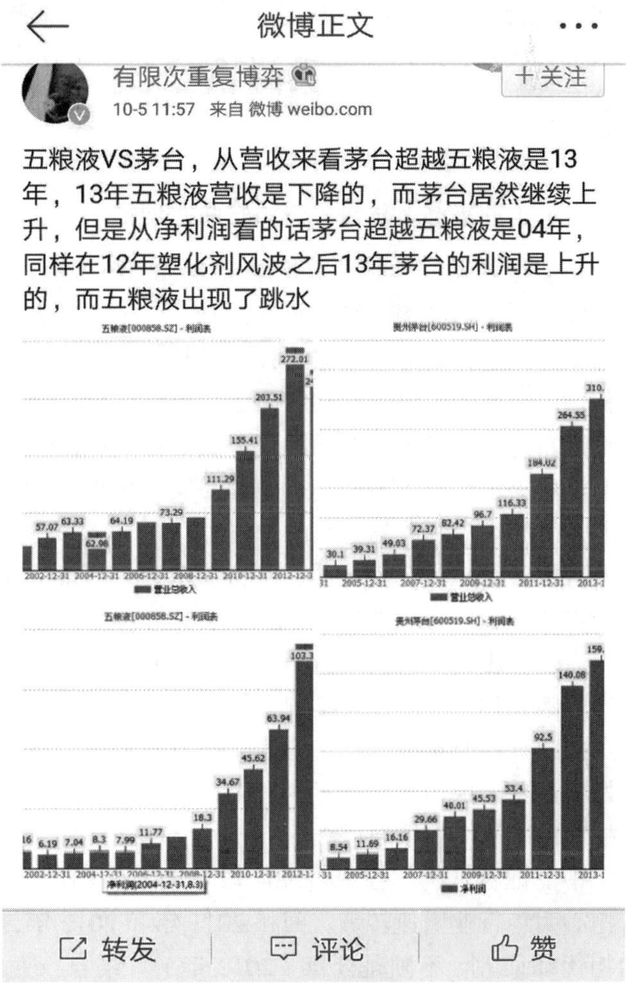

图 7–5　茅台忠实受众呼吁公众从资本角度看待茅台塑化剂事件—新浪微博截图

（一）贵州茅台"送检门"引舆论多空交锋

据《证券时报》报道，茅台送检事件引发了舆论多空交锋。贵州茅台集团董事长认为这可能是个阴谋，股城网 CEO 杨云微博称自己在香港送检茅台结果合格，而最先送检茅台的"水晶皇"2012 年 12 月 9 日晚间公布检测报告截图称"茅台含有塑化剂"。

据中国上市公司舆情中心监测，新浪微博平台上有关茅台塑化剂检测的微博在近 10 天突破了 23 万条，周一当天就有约 6 万条，雪球网上关于该事件的讨论帖也达到近 800 条。唱多与唱空投资者都试图占据舆论高点。

长期持有贵州茅台的投资人东方港湾董事长但斌继续力挺，10 日发微博表示："要相信常识！塑化剂自酒鬼酒始，茅台终。"唱空的投资者里有微博名人黄生，他接连对以茅台为代表的白酒股提出质疑。在检测报告发布后，他惊呼："整个白酒板块完了！"10 日下午，贵州茅台投资者电话会议结束后，黄生则再次发微博对会议沟通效果予以批评。关心贵州茅台的投资者们评论不断。核心有几点：茅台酒到底是否含塑化剂？"水晶皇"发布的报告是否可信？看空做空的边界在哪里？

声称自己是"茅粉"的雪球网用户"董文珍"，呼吁舆论应通过塑化剂事件，善待看空者"水晶皇"，尊重做空行为，这有利于推进价值投资理念的传播。而亦有网友称，"做空没问题，但别通过造谣或者作假来做空，也不要通过制造恐慌来做空，'水晶皇'提供的报告疑点太多"。10 日晚茅台公司披露，其产品送检后，三家机构出示的检测报告均显示合格。但仍有人质疑，认为送检没有说服力，抽检才有价值。也有知名博主在微博上亦表示，应网友提议，安排同事将公司收藏的茅台酒送去香港检测，结果将在网上公布。可以预计，猜疑的魔盒被打开后，无论哪个机构的结果，可能都难以获得所有人认同。

（二）冲击逐渐减弱，白酒股回归理性

受塑化剂风波影响，贵州茅台 2012 年 12 月 10 日临时停牌。其他白酒股则在早盘消化掉此次利空后，午后纷纷企稳回升，一举扭转近期的连跌走势。而投资人士对白酒股近期的走势判断存在分歧。据《证券时报》报道，一位不愿具名的食品饮料行业研究员称，塑化剂风波暂告一段落，利空出尽后白酒股已完成塑化剂事件影响下的最后一跌，白酒行业将重新回归由基本面主导的走势。而据《中国证券报》报道，部分基金经理表示，高端白酒消费需求或出现萎缩，行业食品安全事件又持续打击消费者信心，短期谨慎对待白酒股尤其是高端白酒股的超跌反弹。

有投资者担忧，塑化剂事件将对白酒行业形成长期冲击，而机构集体重仓白酒股也带来结构性调整压力。"塑化剂超标存在偶然性，同批号的同款产品检测结果都可能不同。"业内人士指出，"而机构抱团反映了大家都看好白酒股长期趋势，这是由行业高景气度所决定，塑化剂事件对行业影响有限"。

据《证券时报》统计，各家券商发布的白酒行业研究报告显示，券商对白酒股的长期看好观点并未因为塑化剂事件发生较大改变。国泰君安、国信证券、东方证券等券商依然维持对白酒行业的乐观评级。

平安证券认为，投资者现阶段对明年（2013 年）白酒行业的担忧较大，甚至有投资者担心明年行业增速转负。回顾 2011 年和 2012 年，每逢年底投资者对次年白酒业绩成长的担忧都很大，不独是今年（2012 年）。结合行业的价格、量、库存综合判断，我们预计全行业营收明年仍可增 5%—15%，考虑到行业正处于优秀公司市场份额快速提升的阶段，因此预计上市公司营收可增 20%—30%，部分投资者太悲观了。

国信证券指出，就行业本身来看，经过本轮调整，白酒的静态PE（TTM）和相对大盘（沪深300）的估值溢价率，都处于历史底部。就基金博弈来看，由于四季度食品饮料行业已大幅跑输大盘，以及机构的整体减持，我们估计目前食品饮料股占基金股票的比例已经下降到不足10%。从估值和机构博弈上来看，目前食品饮料行业都是历史底部。

（三）基金慎对白酒股超跌反弹

受塑化剂送检风波影响，在大盘大涨4.12%的情况下，基金头号重仓股贵州茅台放量大跌近8%，并创出2010年5月以来最大单周跌幅，这可能使三季度重仓该股的基金损失较大。据金牛理财网对基金三季报的统计，三季度共有237只主动偏股型基金重仓持有贵州茅台，这些基金合计重仓持有贵州茅台达1.26亿股，三季度末重仓市值达310.38亿元。

据《中国证券报》报道，对于贵州茅台近期的调整，部分基金经理认为，这与大盘行情不佳、白酒板块累积超额收益较多、投资者担忧未来白酒销售等多方面因素影响有关，“塑化剂风波”只是导火索。不过，在销售不佳、库存高企的背景下，最好的操作方法还是尽量规避。

业内人士指出，从2012年半年报到三季报期间，主动偏股型基金对贵州茅台的持有量增减互现。总体上来看，三季度重仓持有该股的基金比中期增加38支，其中共有81支基金第一大重仓股为贵州茅台，占重仓贵州茅台基金数量的34%。从重仓净值比例看，有13支基金持有贵州茅台市值超过基金净值的9%，接近10%的持股上限，有22支持有该股的净值在8%以上。基金业内人士认为，年底为了达成年初的计划和新年度的规划，企业不得不降低批发价回笼资金，高端白酒价格下跌会影响整个行业估值中枢。

虽然多数基金业内人士认为塑化剂风波不会对白酒股造成致命打击，但在经济增长前景仍存不确定性、白酒销售状况不佳的背景下，昔日基金的重仓股正在经受考验。“经销商与企业间会就来年计划进行磋商，企业将对来年规划适度调整，这一过程存在不确定性，对股价可能会带来冲击。”上述人士认为，未来白酒行业将难以维持高增长，不过，随着行业集中度提升，优秀白酒企业的成长空间依然存在，投资者对贵州茅台仍有信心，并不会因此大举减持。若白酒本轮调整较充分，明年上半年会存在投资机会。

五、消费者自我认同的作用机制

用户信息传播意愿受很多因素影响。已有研究实验表明：用户自我一致性对信息分享具有正向影响，并受到关系强度的调节作用。相对于现实自我一致，理想自我一致对信息分享具有更强的影响。在强关系情景下，用户更加倾向于呈现理想自我；而在弱关系情景下，用户则更倾向于呈现现实自我。[1]

---

[1] 张婷，吉峰．用户自我一致性对在线信息分享意愿的影响研究[J]. 管理现代化，2017(2).

（一）消费者自我认知和品牌信赖

自我概念，即个体对自我属性的感知以及情感认知。其中，“现实自我”是基于对自我实际形象的感知，“理想自我”是指个体相信自己能够实现的形象感知。由于个体会将自我投射到他物，当持有物与个体自我概念相一致时，持有物便会被视为自我意识的延伸。Mittal[1] 等将关系强度定义为两人之间的关系效价。用户之间的关系强度可分为弱关系和强关系。强关系中的个体之间更加熟悉，社会身份、背景、经验等方面具有更高相似性，彼此之间更容易形成信任，产生认同感与归属感，更易于挖掘传播深度；而弱关系中的个体虽然相对陌生，但仍可以搭建某种形式的桥梁，并且拥有异质信息源，从而传递高质量、复杂或隐性知识，促进成员间信息产生。

相较于弱关系，强关系中的口碑更加普遍、更具有说服力。关于服务提供商的抱怨在强关系网络中较少发生。在强关系中，出于对他人利益的考虑，人们在日常交流中经常分享有关产品的经验。

（二）场域理论之中的茅台酒消费人群

具体到茅台酒本身，由于茅台酒本身的高昂定价和品牌效应，日常有经济能力消费茅台或者被他人宴请茅台酒的群体，要么拥有较高的社会地位，要么拥有较强的资本实力。这些人本身具有较高的社会层级。根据布尔迪厄的场域理论，一个人所拥有的经济资本、社会资本、文化资本、政治资本是可以互相置换和交易的。所以从用户自我感知的角度，较高社会阶层的消费群体并不希望茅台酒真的发生危机并且存在食品安全问题。他们会强烈拥护自己认可的消费品和身份地位的品牌代表物，这是由于“资本”“惯习”和“场域圈层”共同作用决定的。而酒鬼酒的消费者显然要低茅台酒一个层级，从自我感知的角度来说，酒鬼酒的消费者不像茅台酒的消费者那样拥有强烈的品牌拥护力度，本身这个群体就希望可以更上一层楼进入茅台酒消费群，而定位不及酒鬼酒的白酒品牌消费者也会因为此次事件跨越酒鬼酒，直接进入对更高一级品牌的追求、崇拜和消费圈层。同时，对于日常消费白酒的公众自我感知而言，他们更期待未来能够消费这个领域的高端品牌，因为茅台酒在中国具有身份资本象征意义，在政治、经济、文化、社会地位等多个层面都属于让人崇拜向往的符码，所以公众期待茅台酒成为“行业引领者”，从认知一致性角度来看，他们更愿意相信茅台是安全的。

六、从危机预警到品牌议题建构

议程建构效果研究的核心内容包括一级、二级、三级议程建构。其中一级建构关注的焦点是客体显著性的转移问题，如果客体的显著性在不同主体间发生了转移，那么一级议

---

[1] MITTAL, HUPPERTZ, KHARE. Customer complaining : the role of tie strength and information control [J]. Journal of Retailing, 2008,84(2):195-204.

程建构效果便得以产生。例如约翰逊（Johnson）等人探究了尼克松、卡特、里根、老布什等四位美国总统有关毒品问题的声明与媒体报道、公众舆论之间的关系，发现总统声明对媒体报道有着重要的影响，即产生了一级议程建构的效果。[1] 再如基奥西斯（Kiousis）等人对 2002 年美国佛罗里达州州长竞选进行了相关研究，发现了行为主体所关注的议题显著性在竞选人的新闻通稿与媒体报道中发生了转移，表明竞选人的新闻通稿对媒体议程产生了一级议程建构效果。[2]

二级议程建构主要致力于探索客体属性显著性转移的问题。一般而言，客体属性主要指客体的特征，每一个客体都具有不同的特质。客体属性主要分为两大类：第一，实质属性（Substantive Attributes），指的是客体的一些基本信息。以政客的实质属性为例，研究者们认为其实质属性主要由政客们的意识形态、立场、履历、品格等组成；第二，情感属性（Affective Attributes），指的是各行为主体对客体实质属性的态度，具体由积极、中立、消极态度构成。再以政客为例，如果竞选者具有强烈的自由主义倾向，那么情感属性所对应的就是各行为主体对竞选者这种倾向的认可、无所谓、不认可等。一些研究亦印证了二级议程建构效果的存在：例如基奥西斯等人以美国医疗改革为研究背景，发现由总统、联邦政府办公室、国会及医疗改革利益集团所刊布的信息与媒体报道之间具有一定的关联，议题属性的显著性在两者之间发生了转移，具有二级议程建构效果。[3]

三级议程建构主要关注的是，不同议程中各要素间的关联性（Connections）对显著性的形成与转移所产生的影响。它主要借鉴了网络议程设置模型（Network Agenda Setting model），用以检验不同议题间的关联、议题不同属性间的关联、议题与属性间的关联在不同主体间的显著性转移问题。

如果说议程建构效果研究在一定程度上借鉴了议程设置的研究思路，那么议程建构中对持份者的研究凸显了该理论自身的特色。一般来说，持份者主要是指一些影响组织目标构建或受组织目标构建影响的团体或个人。[4] 在议程建构的视阈中，持份者主要指那些影响媒体议程建构的机构、团体或个人。休梅克与里斯所提出的影响力分层模型为议程建构领域中的持份者研究提供了理论基础。在他们看来有五种因素能够影响媒体的议程建构，包括个体新闻工作者、媒体准则、传媒机构、媒体外部、意识形态等。[5]

持份者研究更多涉及媒体外部因素对媒体议程建构的影响。在休梅克与里斯的模型中，

---

[1] JOHNSON T J, WANTA W, BOUDREAU T. Drug peddlers: how four presidents attempted to influence media and public concern on the drug issue[J].Atlantic Journal of Communication 2004, 12(4): 177–199.

[2] KIOUSIS S, MITROOK M, WU X, et al.First–and second–level agenda–buildingand agenda–setting effects:exploring the linkages among candi–date news releases, media coverage, and public opinion during the 2002 florida gubernatorial election[J]. Journal of Public Relations Research, vol. 18, no. 3, 2006. pp. 265–285.

[3] KIOUSIS S, PARK[J].KIM J Y, et al. Exploring the role of agenda–building efforts in media coverage and policymaking activity of health–care reform[J]. Journalism & Mass Communication Quarterly, 2013, 90(4): 652–672.

[4] FREEMAN R E. Strategic management: a stake holder approach. Marshfield[M], MA: Pitman Press, 1984: 46.

[5] SHOEMAKER P J, REESE S D. Mediating the message: theories of influences on mass media content[M].2nd ed.New York: Longman, 1996: 57.

媒体外部影响主要包含了信息源、政府管控、市场、新兴技术等，而在议程建构的持份者研究中，研究者们特别关注媒体外信息源对媒体议程建构的影响。他们将这些信息源与持份者联系起来，认为持份者往往充当了媒体信息源的角色，在重大事件活动中发挥着传递信息的作用。过往的研究重点考察了一些持份者的类型，发现政府机构、营利性机构、非营利性机构在媒体议程建构过程中发挥了重要作用。[1]

针对本案例，这三个层级的影响依次是：茅台多方质检报告、多个持份者提供信息，让消费者淡化了对茅台酒塑化剂的担忧，并且倾向于认为报告提供者“别有用心”。第一层级成功转移主体话题建构。

第二个层级，从塑化剂危机的媒体议程转向资本市场有可能做空中国白酒的经济领域“阴谋论”。从实质属性的角度看，股票的确受到波及，白酒股价变化异常。从情感属性角度看，中国人的情感更倾向于团结一致对外，相信国酒茅台的品质。

第三个层级，从网络议程设置的角度，贵州茅台的公关从传统媒体到网络媒体再到自媒体，从监管部门到行业协会再到意见领袖，层层分化、各个击破，非常成功地将自身从白酒企业塑化剂风波中抽离出来，让媒体议程建构相对客观、理性，有利于企业声誉恢复。

（一）案例点评分析

酒鬼酒和茅台酒作为白酒行业中的领先者，相继被曝出塑化剂超标后，对白酒行业和股票市场造成了巨大的冲击。其中，两家公司的危机公关都有可圈可点的地方，虽然都存在问题，但相比较之下，茅台酒的处理方式更加成功，后续处理也更好。

酒鬼酒在塑化剂超标消息被曝出后就立即反应，采取各项措施——曾多次发表声明澄清不存在塑化剂超标问题，并且进行道歉、宣布整改；事件经过一小段时间后，官方给出证据证明塑化剂超标问题并不属实等。酒鬼酒及时发表声明，在一定程度上挽救了企业形象，但质检报告应该更快速地呈现在大众视野中，以减少损失。之后，有关塑化剂的相关辩论及阴谋论文章的发表更在大众心里打下了一剂预防针……酒鬼酒危机处理迅速，态度也诚恳，但是，刚开始的“三连否认”是让公众无法接受的。而且，酒鬼酒内部口径不太统一，面对公众有停产和不停产两种说辞，这显得不负责了。还有一种说法是：刚开始塑化剂事件未曝光时，内部有些高层人员是知道的，但并未引起重视，这才导致如此严重的后果，没有做到提前防范。酒鬼酒在预防危机发生方面做得不到位，危机处理时也不够有力，这都有待加强。更加值得注意的是，危机过后，酒鬼酒就只是说要挽回形象，挽回消费者的信心，但并没有实际行动。

相对酒鬼酒来说，茅台酒的公关要成功得多。由于茅台酒塑化剂事件是在酒鬼酒事件发酵之后，对白酒行业的二次冲击更加猛烈，市值蒸发数额庞大。值得庆幸的是，由于酒

---

[1] 潘祥辉．中国媒介语境下的突发灾难事件与传播学理论的检视与思考———以汶川地震报道为例 [J]. 浙江师范大学学报（社会科学版）,2008(5); LAZARSFELD P F，MERTON R K. Mass communication，popular taste，and organized social action[M]//BRYSON. Communication of ideas. NY: Harper & Brothers，1948: 95–118; YANG, CALHOUN. Media，civil society，and the rise of a green public sphere in China[J]. China Information，2007, 21(2): 211–236.

鬼酒和茅台酒都是中国白酒行业顶尖的品牌，资本阴谋论更是被大众所认可，这时候大众对塑化剂也有了一定的了解，都知道塑化剂的超标并不能对白酒的销售和口感带来任何好处，相反还会增加成本，这在一定程度上缓和了茅台酒的危机。而茅台酒官方更是反应迅速，三大机构的权威证明更是一剂强心针，处理简单有力，一针见血。危机处理后，茅台酒官方更加注重与媒体的合作及公益宣传，这就是一个值得肯定的后续工作。

经过这一系列的处理，虽然塑化剂事件对行业仍有冲击，资产也有所减少，对品牌还是有负面影响，但是从目前白酒市场的反应来看，总体来讲，塑化剂事件对行业的影响并不大，仅有部分市场反应稍显冷淡。

（二）操作要点总结

1. 当负面新闻不可避免发生的时候，主动提供有力的相关权威报告。

2. 让第三方信息（造谣者）或者利益相关者的证据淹没在你提供的信息中。

3. 尽可能让利益相关者或者产品使用者站出来说话，选取有代表性、有影响力的消费者，让公众听到多种声音。

4. 不能自证有罪（尤其是公众和舆论处于顶峰时期），可以选择情节较轻微的错误事实来承认，或者选择其他话题引发关注。

5. 解决问题的根本要点还是安全生产，提供产品质量安全、合格的商品。

6. 茅台近些年的品牌形象公关日益成熟，国际形象和国内形象搭车行为显著。不管是《战狼 2》的非洲推广，还是国酒国宴企业形象搭车国家形象走向世界，都是非常明智的企业形象塑造路径。

7. 公众态度表达：

（1）茅台态度前后矛盾，因为国酒地位而格外傲慢（失望）；

（2）国外资本市场要做空中国白酒，我们要支持国酒茅台（爱国）；

（3）哪怕所有白酒都有塑化剂，茅台肯定是最安全的（信任）；

（4）白酒中的塑化剂含量不足以危害人的身体健康，普通受众的科普知识有待完善（理性而自信）。

◆ 如何看待危机公关中的“实力派”

A. 日常媒体关系的维系

一直以来在媒体从业环境中，日常报道过程中的车马费和媒体权力寻租行为是一个长期存在的社会问题，对于企业客观公正的报道除非涉及严重的公共利益，企业的过失、错误造成了难以挽回的严重后果，否则日常媒体关系的维系对于化解一般性的负面新闻报道具有决定性作用。

首先，日常媒体关系维系较好的企业会有自己熟悉的记者和媒体联络人，大企业都有自己的公关部门，可以绕开第三方专业公关公司的临时性和中间人交易平台，直接对接媒体，更有助于保持良性沟通维系长期关系。

其次，企业在市场中运营所面临的一般性商业负面新闻和危机传播管理就像一个人一生难免感冒发烧一样普遍，如果每次都有自己熟悉的医生医治或者见微知著将危机处理在萌芽状态，会大大有助于企业在市场中健康、良性的运转。

最后，企业通过邀请媒体从业者参与行业峰会、企业庆典、新技术观摩等形式的活动建立长期的信源供给关系，与此同时企业会主动包装自身形象和产品故事，一方面给记者提供了解企业的畅通渠道和沟通平台，另一方面让媒体无形中按照自己的思路去塑造企业形象。一旦发生危机，企业可以第一时间联系到行业内权威媒体和有话语权的行业专家，哪怕不能让其为自身说话，至少也可以让媒体把关人和行业大 V 们站在相对客观的角度甚至有利于自身的角度去发声。

当然在现实操作中，有些企业依仗资本实力雄厚，面对媒体从业者态度非常倨傲且市场化，不免引起记者们情绪上的反感和行为上的不合作。如 2014 年年底海尔集团发给新闻媒体的公函《这是一封没有车马费的媒体邀请函》里，提到凡是参加了海尔新闻发布会，并在社交媒体上发布稿件的媒体人或自媒体人，海尔将“根据一周之内的阅读量，我们愿意为你付出一笔还不错的稿费”[1]。海尔的稿费政策无异于变相笼络、控制和收编媒体人，因而惹来了很多媒体人的反感和批评。这也反映出企业对媒体的公信力源自其独立性和无利益冲突这一常识的无知或漠视。

新闻媒体采编与经营分离是新闻专业精神的传统，同时这种“防火墙制度”也是 19 世纪中后期在欧美商业化新闻媒体走向职业化的过程中逐渐确立的。在我国新闻媒体从业环境下，要让新闻媒体的广告部门和采编部门完全分离，对于市场性媒体而言是非常困难的，因为总编辑和社长也要考虑企业生存问题。但是对于依靠财政拨款的媒体而言，其采编部门的报道自由度和独立性相对更强，但与此同时也还是有商业资本会通过各种形式干扰和侵蚀编辑部门的独立性。

B. 行业领军企业的价值

外部效应是指一个主体的某一特征或行为会影响到与该主体有一定关系但本身不具有这一特征或行为的其他主体的现象。[2]Borah 等认为[3]，网络外溢效应是指在互联网交流平台上，消费者对一个品牌的负面言论会溢出到另一个品牌，进而使另一品牌在网络上也出现负面评价的现象。以往研究主要关注品牌外溢会引发危机的特征，例如品牌相似度和代表性，消费者的品牌熟悉度、品牌承诺以及产品危机的类型都会对外溢效应产生影响；另一方面，发生产品危机之后，品牌的风险战略和社交媒体策略也会影响外溢效应。但是外溢效应的类型在其中发挥的作用尚未有明确充分的研究。当产品危机发生后就会出现行业效应，行业效应主要分为两种类型：传染效应和对比效应。传染效应是指品牌的负面影响

[1] 邓理峰 . 新媒体环境里新闻专业主义的重建：企业的能动性与可能性 [J]. 现代传播，2016(4).

[2] AHLUWALIA R. How prevalent is the negativity effect in consumer environments?[J]. Journal of Consumer Research, 2002,29(2):270–279.

[3] BORAH A, TEELLIS G J. Halo(spillover) effects in social media: do product recalls of one brand hurt or help rival brands? [J]. Journal of Marketing Research, 2016,53(2):143–160.

跨越了品牌的边界，对其他类似品牌产生了相似的负面影响；对比效应则是指品牌的危机事件对其他品牌产生相反的影响。传染型网络外溢效应是指品牌的危机事件跨越了品牌边界，对行业内部类似品牌的网络口碑造成了负面的影响；对比型网络外溢效应是指品牌的危机事件对其他品牌的网络口碑产生了相反的影响。

对于行业领军企业而言，它在某一行业中属于强势品牌，因此它向消费者展示的是独特的产品个性、优异的产品质量和不可替代的消费者满足心理，是品牌核心竞争力的体现。面对行业领军企业出现的危机问题，消费者在处理其品牌态度时倾向于接收并支持与其原有品牌态度一致的信息。当强势品牌发生能力型危机时，消费者基于原有品牌认知和对行业的理解，会倾向于把责任归因于品牌外部即整个行业共谋或者普遍存在的问题。[1] 而当弱势品牌发生能力型危机的时候，消费者倾向于将责任归因于企业自身，认为是弱势品牌的产品质量不合格，无法达到同行业的基本标准、技术水平或者服务不达标等问题。因此作为全行业的领军企业而言，单个企业的危机会扩散到整个行业，而行业中的弱势品牌的危机仅限于企业自身。

对于利益相关者而言，一旦行业中的领军企业出现问题，从政府监管层到行业中的上下游供应商，从竞争对手到目标消费人群，都会竭尽全力去挽回这一危机造成的损失和声誉，因为大家都不希望看到因为领军企业危机而给全行业带来品牌外部性影响，也不愿意社会公众对这个行业产生相关负面认知。基于此，我们会看到三鹿奶粉在经历了数次危机之后才集中爆发，企业破产引发行业震荡；当茅台酒遇到有关塑化剂的负面新闻，从专家到媒体，从行业对话到茅台目标销售人群都倾向于从资本运作的视角去理解这是一次来自资本领域的“偷袭”。而弱势品牌就没有这么好的运气，从强势品牌理论来看，只有强势品牌能在行业中获得 80% 以上的利润甚至市场，而弱势品牌作为后来者和策略跟进者，只是尽可能在蓝海市场中探索生存发展空间。基于此，我们会发现，行业领军企业具有得天独厚的生存优势，哪怕发生了危机，消费者从情感层面更愿意选择原谅，不管是五星级酒店还是海底捞，这些品牌都堪称是一个行业当中的领军企业，消费者愿意给领军企业、强势品牌更多机会去改正错误，弥补消费者的损失。同时也愿意相信作为行业的领军企业，它有能力从危机中走出来。但是，如果遇到类似产品质量安全的问题，也会让消费者对整个行业产生怀疑。不管是红十字会因郭美美事件陷入信誉危机，还是三鹿奶粉因三聚氰胺引发行业危机，要让公众重新恢复信任，至少需要五年以上的时间周期。

➢ 课后延伸思考

1. 请用 3T 模型分析茅台酒和酒鬼酒在面临危机时应对的态度和采取的行动。

2. 请分析为什么茅台酒面对塑化剂危机可以化险为夷，而酒鬼酒在同样的危机中却损失惨重。

3. 请用议程设置理论分析，面对同样的危机媒体对茅台酒和酒鬼酒的报道有何相同之

---

[1] 青平，等 . 品牌危机网络外溢机制的实验研究 [J]. 管理学报，2019(4).

处和不同之处，为什么？

4. 从利益相关者的视角分析茅台酒面对塑化剂危机，哪些群体利益受损？哪些群体利益增加？为什么？

5. 在茅台酒成功化解塑化剂危机后，有哪些危机传播管理经验值得学习？又有哪些不足之处需要改进？

Chapter 8

第八讲　企业社会责任的公众期待

——游戏行业暴力引发质疑批评

- 腾讯的危机对策与媒体呈现
- 对腾讯危机处理的点评分析
- 企业社会责任的定义和指标
- 企业的社会责任与企业危机
- 从社会责任视角去塑造品牌

主案例：腾讯的游戏产品《王者荣耀》被主流媒体批评

2017年7月，以人民网、新华社为代表的主流媒体，指责《王者荣耀》缺乏社会责任担当，利用“成瘾性消费”赚钱，危害少年儿童身心健康。一时间，《王者荣耀》作为一款游戏产品成为一个社会话题，变成舆论口诛笔伐的目标。

《王者荣耀》是由腾讯游戏开发运行的多人在线战术竞技类手机游戏。在游戏中，玩家通过召唤英雄角色在王者峡谷、长平攻防战等多张地图中进行战斗。这款游戏有着浓郁的中国文化风情，英雄角色多是中国历史名人，画面制作精良，游戏操控性体验好。一局时长约15分钟，精准满足快速生活节奏下个体的娱乐需求。游戏中取胜的关键在于技术和队友之间的团队配合，利用社交黏性形成用户自发推广。该游戏于2015年11月26日在Android、iOS平台上正式公测。2017年第一季度收入高达60亿元人民币；收入的来源是玩家购买游戏内英雄的皮肤所得。

2017年2月春节期间，《王者荣耀》爆出最高日流水达2亿元的惊人数据。每7个中国人里，就有1个人是该游戏的玩家。在游戏玩家中，11至20岁的用户比重高达54%。数据显示：一亿多的中小学生和大学生都在玩《王者荣耀》，这也是主流媒体痛批该游戏的关键所在。这款游戏账号注册便利、管理松懈导致未成年人沉迷，是媒体和公众热议批评的焦点。处于知识学习和身体生长关键时期的青少年，若是长期难以自控地沉迷于游戏，将会严重危害其身心健康。此外，游戏中人物“男必铠甲，女必大胸”，台词内容和人物设定不尊重历史，也是《王者荣耀》饱受诟病的重要原因。

对于成年人来说，与历史相去甚远的人物设定可以理解为游戏文化专属的语境要求。但是对于历史观念尚未成熟的小学生而言，游戏中的内容很容易使其先入为主，这样不仅对老师的教学造成困扰，也会给学生接受历史知识造成障碍，影响少年儿童对中国传统文化的认知。

一、腾讯的危机对策与媒体呈现

对于社会舆论的批评监督，腾讯官方在第一时间给予回应，以《王者荣耀》为试点推出健康游戏防沉迷措施。具体规则是：12周岁以下（含12周岁）未成年人每天限玩1小时，并计划设置为晚上9时以后禁止登录；12周岁以上未成年人每天限玩2小时，若超出时间将被游戏强制下线。此外，游戏将陆续增加“未成年人消费限额”功能，增加硬件设备绑定功能、强化实名认证体系。

对于游戏设定与真实历史不符的情况，腾讯改进措施如下：增加《历史上的他》一栏。玩家打开游戏中的故事页面时，会优先弹出“历史上的 ××”，以正视听。其主要内容是关于角色原型的真实历史介绍，将其关掉之后，才会显示游戏中的角色故事背景，并特意注明“本故事纯属虚构”。与此同时，腾讯官方还推出了《王者历史课》《荣耀诗会》《煮酒论王者》《王者为你读诗》等传统文化教育视频节目。

（一）行业监管与游戏企业的市场博弈

早在2017年3月17日，文化部就发布了《文化部关于规范网络游戏运营加强事中事后监管工作的通知》。该通知明确指出：网络游戏运营企业应当严格落实“网络游戏未成年人家长监护工程”的有关规定。提倡网络游戏经营单位在落实“网络游戏未成年人家长监护工程”基础上，设置未成年用户消费限额，限定未成年用户游戏时间，并采取技术措施屏蔽不适宜未成年用户的场景和功能等。[1] 此通知于 2017 年 5 月 1 日起开始实施。由此可见，腾讯官方采取的种种措施不仅仅是迫于舆论压力，更重要的是有来自政府监管部门的督查处罚标准限制。

但是在《王者荣耀》做出种种改进之后，舆论反馈效果甚微，针对“实名认证漏洞百出”“家长根本不知道这个成长守护平台”等问题的声音越来越多，未成年人因为沉迷于游戏而出现的各种事件也被频频曝光。2017 年 5 月 28 日，《人民日报》官方微博发布了一条关于未成年人因《王者荣耀》而花光母亲存款的新闻。6 月 29 日，人民网在中学生跳楼事件后，转发了杭州夏衍中学老师蒋潇潇的文章《怼天怼地怼王者荣耀》。（见图 8–1）文章称，《王者荣耀》只顾利益不顾孩子前途，即便是在人民网点名下出了防沉迷系统，依然没有实际效果。7 月 2 日，腾讯游戏发布了文章，表示将于 7 月 4 日以《王者荣耀》为试点，率先于其他游戏平台，推出健康游戏防沉迷系统“三板斧”，试图通过限制未成年人登录时间、加强家长监护便利性和严格执行实名制这三方面措施来解决问题。虽然腾讯很好地运用了危机管理中的勇于承担、制度保障等原则，但收效甚微。

（a）　　　　　　　　　　（b）

[1] 文化部．文化部关于规范网络游戏运营加强事中事后监管工作的通知 [EB/OL].(2017–03–17)[2019–10–26].http://www.ccm.gov.cn/zgwhscw/gfxwj/201703/d0d3bab1849643be939bb56e3a29481e.shtml.

（c）

图 8-1 《人民日报》官方微博对《王者荣耀》社会影响的报道—新浪微博截图

7 月 3 日《人民日报》再次发文，在谴责《王者荣耀》的同时也宣布了腾讯游戏即将推出“最严防沉迷系统”。新华网发文《“王者荣耀”难以中断低龄化战局》[1]，人民网发文《〈王者荣耀〉是娱乐大众，还是“陷害”人生》[2]。同一时间，《王者荣耀》官方微博再次强调其防沉迷系统的政策。腾讯游戏公众号发布游戏制作人李旻的公开信。7 月 4 日人民网再次发文[3]，腾讯以自我对话的形式做出回应。7 月 5 日《王者荣耀》官方微博发布关于“健康系统”试运营首日的情况，强调腾讯游戏对承担更多社会责任充满信心。7 月 6 日人民网再次发文[4]，主题从批评游戏平台转向倡导健康娱乐。新华社发表评论[5]指出企业要强化社会责任。面对官媒一边倒的指责声，部分媒体也相继表态。中国新闻网发表《王者荣耀让所有不合格的父母现了原形》[6]一文表示，主要是因为父母的不负责任，才让孩子沉溺于游戏。腾讯升级“健康系统”后，官媒态度有了转变，关注点更侧重于家长对未成年人的监管。（见图 8-2）

[1] 覃澈 .“王者荣耀”难以中断低龄化战局 [N/OL].(2017-07-03)[2019-10-27]. https://www.sohu.com/a/153922801_114988.

[2] 人民网 . 人民网一评《王者荣耀》：是娱乐大众还是“陷害”人生 [N/OL].(2017-07-03)[2019-10-28].http://opinion.people.com.cn/n1/2017/0703/c1003-29379751.html.

[3] 人民网 . 人民网二评《王者荣耀》：加强“社交游戏”监管刻不容缓 [N/OL].(2017-07-04)[2019-10-28].http://opinion.people.com.cn/n1/2017/0704/c1003-29382531.html.

[4] 人民网 . 人民网三评《王者荣耀》：过好“移动生活”倡导健康娱乐 [N/OL].(2017-07-06)[2019-10-28].http://opinion.people.com.cn/n1/2017/0706/c1003-29387722.html.

[5] 新华社 . 再评“王者荣耀”没有责任血液的游戏注定走不远 [N/OL].(2017-07-06)[2019-10-29]. https://www.sohu.com/a/243710572_775366.

[6] 中国新闻网 .《王者荣耀》，让所有不合格的父母现了原形 [N/OL].(2017-07-05)[2019-10-29]. https://www.thepaper.cn/newsDetail_forward_1725583.

（a）

（b）

图 8-2　腾讯在《王者荣耀》被官媒批评后的态度回应—新浪微博截图

新华社发文《怒怼王者荣耀，怼的是我们在移动互联网时代的窘境》[1]，它呼吁家长或教育界人士不要执着于怒怼，而是尽可能推动这些更复杂问题的解决。自媒体和网友主要围绕“王者荣耀应该整改”“游戏没错，父母监管最重要”和“即使把王者荣耀完全关停，还会有其他游戏会让孩子沉迷”等观点进行了讨论。尽管受到中央官媒集中抨击，但大众舆情似乎并没有朝着更恶劣的方向发展。从人民网和新华社文章的评论来看，大多数人都对这些观点持调侃的态度。

（二）危机事件的媒体呈现

● 人民网

7月3日，人民网发布题为《〈王者荣耀〉：是娱乐大众还是“陷害”人生》的文章。文章称：作为游戏，《王者荣耀》是成功的。而面向社会，它却不断在释放负能量。研发者既要在一定程度上满足用户的游戏需求，又要对孩子进行积极引导。研发并推出一款游戏只是起点，各个主体尽责有为没有终点。[2] 此文发布后，腾讯股价暴跌。

7月4日，人民网二评《王者荣耀》：《加强“社交游戏”监管刻不容缓》。文章表示，游戏不是天然的恶，但监管是少不了的关键环节。特别是当移动互联网的普及化、大众化程度越来越高，手机不仅成了媒体的延伸，更是作为一种移动终端集纳了各种各样的功能，如果不从源头、过程中把好关、站好岗，更容易让用户深陷其中不能自拔，最后受害的就不止用户一人。如此看，“社交游戏”的监管不该只堵不疏，而应树立“大监管”概念，游戏制作方的源头设限、政府部门的审核监管、家庭成员的陪伴监护等，一个都不能少。[3]

7月6日，人民网发表三评：《移动时代不会像想象的那样无忧》。文章称《王者荣耀》引发的热议，进一步促使人们思考如何过好“移动生活”……游戏可以社交，随时随地“买买买”，打开手机就直播……人们的生活工作方式被极大地便利和丰富了，也是技术变迁带来的时代红利。利用好技术并充分分享享受福利，才能提高幸福指数，而不是一不小心“掉进坑里”。[4]

7月13日，《人民日报》四评《王者荣耀》，此次题为《学生沉迷是家庭教育问题》。文章称，很多家长会主动给孩子手机或平板电脑玩——特别是在孩子哭闹的时候——等于请了一个不花钱的“电子保姆”，让电子设备替代了父母的看护。不少孩子都因此沉溺于游戏与社交媒体。文章认为，与其抨击手机游戏开发商为了赚钱不讲道德，广大家长不如

---

[1] 王婷．怒怼王者荣耀，怼的是我们在移动互联网时代的窘境 [N/OL].(2017-07-03)[2019-10-29]. http://game.people.com.cn/n1/2017/0703/c210053-29379547.html.

[2] 人民网．人民网一评《王者荣耀》：是娱乐大众还是“陷害”人生 [N/OL].(2017-07-03)[2019-10-28].http://opinion.people.com.cn/n1/2017/0703/c1003-29379751.html.

[3] 人民网．人民网二评《王者荣耀》：加强“社交游戏”监管刻不容缓 [N/OL].(2017-07-04)[2019-10-28].http://opinion.people.com.cn/n1/2017/0704/c1003-29382531.html.

[4] 人民网．人民网三评《王者荣耀》：移动时代不会像想象的那样无忧 [N/OL].(2017-07-06)[2019-10-28].http://tech.sina.com.cn/i/2017-07-06/doc.ifyhwefpo154210.shtml.

反思一下自己的所作所为，是不是尽到了应尽的职责。[1]

● 新华社

7月7日，新华社发布《“王者荣耀”还是“王者农药”？健康游戏不止于防沉迷》一文。文章称，爆款游戏《王者荣耀》再次引燃了关于手游的争议，甚至由于一些极端案例，被批评为“亡者毒药”。

7月10日，新华社发文称，近来，手游《王者荣耀》因一季度营收60亿元而成为全球最“吸金”游戏。但同时，这款游戏也因大量未成年人沉溺其中而成为众矢之的。一边是巨额市场收益，一边是汹涌而来的批评指责，“叫座不叫好”的《王者荣耀》现象，暴露出我国游戏行业野蛮生长的痛点。

● 光明日报

7月13日，《光明日报》也发文《网络游戏好玩更要有担当》评论《王者荣耀》。文章称，从歪曲历史到青少年沉迷，由于牵扯到众多不同领域，围绕这款游戏的讨论正朝着全民性话题的方向蔓延。从表面看，围绕《王者荣耀》的这场大规模、大范围的舆论争议，指向的是网络游戏长期存在的粗制滥造、色情、暴力等问题，但背后暴露出的是我国网络游戏行业、网络游戏治理领域长期存在的深层次问题。

二、对腾讯危机处理的点评分析

面对众多主流媒体的指责批评，腾讯回应及时且措施有力，态度积极。《王者荣耀》短时间内风靡全国吸金众多，固然会引起广泛的关注。一时间因沉迷游戏而导致的“小学生”话题新闻层出不穷，这款游戏逐渐沦为社会大众口诛笔伐的对象。这种端倪最早见于《光明日报》官博在2017年3月推送的一篇文章：《荆轲是女的，李白成刺客！小学生玩〈王者荣耀〉还能学好历史吗？》，引起了很大的社会反响。之后《王者荣耀》的社会影响力与日俱增，从一个“玩家极多、收入极高”的游戏，升级为一个关注度极高的话题。从企业危机传播管理的角度来看，腾讯这次的应对举措，可以说是态度诚恳、敢于担当、应对得当。

（一）应对得当

1. 积极回应：2017年7月4日腾讯在官方微信公众号“今日话题”刊文称，《王者荣耀》作为一款游戏产品，其设计本身是完全符合国家规定的。《王者荣耀》现在已经是一款国民游戏，就必须承担起对应的责任。游戏和其他娱乐方式一样，也能够成为正常生活的一部分，而不是成为被社会诟病的洪水猛兽、精神鸦片。

2. 出台措施：腾讯针对《王者荣耀》正式推出最严防沉迷系统。按新规，12岁以下（含12岁）的未成年人每天限玩1小时，并计划上线晚上9时以后禁止登录功能；12岁

[1] 人民网．人民网四评《王者荣耀》：学生沉迷是家庭教育问题[N/OL].(2017-7-13)[2019-10-30]. http://www.ithome.com/html/game/316097.html.

以上未成年人每天限玩 2 小时。超出时间的玩家将被游戏强制下线。虽然是强制下线但腾讯还是保留了人性化的一面，就是在游戏进行中时限到了并不会立刻强制退出游戏，而是等待对局结束后系统才会提醒并强制其退出登录，这样避免了玩家在游戏中“挂机”的行为。

3. 引入家长职责：腾讯同时发布业内首份“家长指引守则”，呼吁家长通过腾讯游戏旗下的“成长守护平台”对孩子的游戏、消费情况进行共同监督，并在平台提供“一键禁玩”功能，加强对未成年人健康游戏的引导和管理。

尽管腾讯做出很多积极的公关回应，但社会舆论对腾讯游戏平台《王者荣耀》的批评并没有轻易退潮。多家官方媒体的集中关注带来了巨大的社会反响。事件发生当天腾讯股价出现跳水，截至收盘，股价下跌 11.6 港元，跌幅超过 4%，创下年内最大单日跌幅，市值也蒸发了超过 1000 亿港元。

（二）学生观点

学生 A（1999 年出生）：很多人斥责《王者荣耀》歪曲历史，造成很多小学生用户对历史的错误认知，对于他们日后升入中学学习历史有很大的负面影响。但是，如果文化产品不可演绎历史，那么就连名著《三国演义》和《西游记》本身也有问题，更别说国内外无数部以历史人物为原型改编的小说、电影与游戏。很多创作人改编故事是为了给大众带来乐趣，如果这个世界上一切都只能按照现实客观真实的标准去衡量，那么电影、电视剧如何创作？艺术又从何诞生呢？为什么《三国演义》就可以改编历史，人们会对其赞不绝口，还被列于学校的推荐书目之中？因为大众尤其是家长从一开始审视《王者荣耀》的视角就带有偏见，他们希望这款游戏可以陪伴孩子又教育孩子，最好还可以提高学习成绩。但它是一款游戏，不是教科书，它所能提供给用户的只能是娱乐，是虚拟的东西。腾讯愿意站出来面对声讨，已经体现了企业的社会担当和社会责任感。当然作为游戏的《王者荣耀》虽然没有错，但它还是不得不修改使用规则。

学生 B（1998 年出生）：腾讯在短时间内做出了很多管理系统，但俗话说“上有政策，下有对策”。在我看来《王者荣耀》的防沉迷措施并不能行之有效，无法阻挡真正的游戏成瘾者。比如实名制，孩子直接拿家长的身份证登记，然后绑定为自己，或者小学生拿他哥的身份证，等等。这些现象都是玩家自觉性缺失导致的，并不能怪罪于游戏。游戏本身并无“原罪”，《王者荣耀》完全可以作为社会生活娱乐的一个组成部分，腾讯推出游戏是为公司带来收益的，所以道具收费这些都是合乎常理的，而且大部分的游戏肯定都需要玩家的支持，关键还是在于玩家自己要有自觉性，不要沉迷于虚拟的游戏世界，并且适度消费。中小学生的监管责任更多应该是由家长来承担，游戏公司本身无法兼顾所有的中小学生，学生家长应与孩子面对面沟通，多陪伴并且合理引导孩子。客观来讲，舆论总是在批评《王者荣耀》，一直关注其个别的负面新闻。但与此同时这款游戏也推动了中国电竞行业的发展。

（三）建议改进

首先，“防沉迷系统”需要进一步完善。身份验证环节需要提供有效身份证件，并通过“人脸识别”等技术完成真人和照片的核对。并且用户在每次登录时仍须按要求完成人脸识别，当识别结果与注册信息一致时，才能进入游戏，以防假冒身份的现象出现。其次，实名注册信息和银行办卡信息进行核对，两相一致才可进行虚拟货币交易，以防未成年人不理性消费。再次，开展有教育意义的活动。如历史故事有奖知识竞答，以提高青少年学习历史的积极性。最后，通过微博微信传播正能量，开展公益活动，比如“助学行动”“贫困地区学习设施用品捐赠”等活动以彰显企业的社会责任感。

三、企业社会责任的定义和指标

根据欧洲共同体委员会的定义，企业社会责任是企业对其社会影响的责任，指公司试图通过投资丁志愿者，努力解决社会或环境问题，与利益相关者建立关系。

（一）企业的社会责任与评价指标

研究表明，企业社会责任影响消费者对企业的态度，与企业活动、事件等存在因果关系。企业社会责任在形成购买意向、建立品牌诚意和影响组织显著信念方面具有重要性。企业社会责任信息的具体细节可以作为有关企业社会责任动机的诊断线索。公司对社会事业和社区的承诺可以增强企业社会责任动机的积极归因；然而，吹牛的印象可能会导致企业社会责任动机的不利归因，从而阻碍其从企业社会责任沟通中获得利益。

企业社会责任的评价指标有很多种，不同国家消费者对于企业的评价指标也各不相同。对中国消费者来说，企业的社会责任表现在公司生产安全、提供高质量的产品；对德国人来说，企业的社会责任表现在能够提供安全的就业机会；在南非，企业的社会责任表现在对人们生活改善具有积极效益，对社会做出贡献，如医疗保健和教育；在欧洲，常见的企业社会责任评价指标是企业慈善。这包括向非营利组织和社区提供金钱捐助和援助，在艺术、教育、住房、卫生、社会福利和环境等领域进行捐赠，但不包括政治捐款和商业活动赞助。

（二）从利益相关者的角度看企业社会责任

站在利益相关者的角度，企业的社会责任可以从企业对政府、股东、业务伙伴、企业管理层、企业员工、消费者、社会公众等承担的责任和义务来体现。

1. 政府

对于非国有企业而言，其对政府承担的责任主要是纳税、解决就业、维护国家利益、做一个遵纪守法的企业公民。对于国有企业而言，政府既是国有企业权益的代表者，也是国有资产的监管者，国有企业还是政府职能的分担者，国有企业的发展方向与政府的政策支持紧密相连，如此复杂的依存关系，使得国有企业向政府传播品牌形象时也带有复杂的多重属性。国有企业良好的品牌形象是展示其业绩和政绩的重要方面，国有企业良好的业绩与发展态势也是政府执政能力的反映。因为国有企业承担了一部分政府的职能，国有企业良好的口碑还是展示其社会公信力的手段，一些民生服务型国有企业的优质服务和好口碑不仅给企业带来长期稳定的利润回报，也给政府形象增光添彩。一些国有企业的高层管理者甚至因为企业良好的形象而拥有宝贵的政治背书，为其迈入政坛打下坚实的基础。

2. 股东

从投资者角度看，不管是国有企业还是非国有企业，拥有强势正面的公司品牌才能更容易获得投资回报，投资生存与发展的空间更大。企业的品牌建设与传播能够给公司带来利润，直接为股东创造价值。因此，向股东传播品牌形象既是双向沟通的策略，也是增加股东信心的砝码。

3. 业务伙伴

对于大多数处于市场上游且拥有资源的国有企业而言，其先天优势使得其与业务伙伴合作时占据主动权。一些公益服务型国有企业（如园林绿化等）因涉及多方面的资源配置，与业务伙伴的合作更加紧密，国有企业的品牌形象建设与传播可以起到锦上添花的作用。对于非国有企业而言，企业社会责任的履行有利于良好产业生态环境的建构，有利于企业口碑和声誉的形成，业务伙伴可以通过其履行的社会责任增加合作的可信性和忠诚度。

4. 管理层

在中国经济的高速成长期，企业管理层是企业发挥职能的重要角色。他们既要对政府和监管层负责，与业务伙伴沟通，监管着内部的产品与服务质量，负责内部员工的培训与成长，还要监管与顾客的沟通工作，对市场战略进行规划。企业社会责任之于管理层而言主要在于使企业更好地运转，满足顾客需求，树立良好的品牌形象。管理层与内部员工一样，他们既是企业品牌的建设者，也是企业品牌价值的享受者，属于典型的“内部利益相关者”。向管理层传播企业的品牌形象，是统一品牌理念、协调品牌建设步骤的机制，也是强化品牌信心、改进品牌策略的一种功能。

5. 员工

企业对于员工的社会责任主要体现在创造良好的经济效益，保障员工的福利、提高员工待遇。这些是在有形的物质层面，在无形的精神层面主要体现在企业品牌建设能给员工带来归属感和身份认同。品牌建设是组织内所有员工、所有部门参与协同的结果，或者说，品牌塑造是全员的责任，而不仅仅是营销人员的工作。Schultz[1] 认为，企业品牌的成败一定是由活生生的、有血有肉的员工如何为顾客提供服务和创造价值来决定的。组织就是品牌，品牌就是组织，品牌建设与传播的目标必须分解到各职能部门的各项工作中，使全体员工明确如何操作。组织通过品牌传播活动调动全员参与组织的品牌建设，建立完善的品牌质量体系和以顾客满意度为核心目标的考核制度，最大化地创造品牌价值。

[1] SCHULTZ D, SCHULTZ H. Brand babble: sense and nonsense about branding[M].South-Western Educational Pub,2003.

6. 消费者

大多数消费者都认同，在企业实现商业目标的同时要积极参与社会责任的履行。一般情况下，从事慈善工作的公司会得到积极的回应：消费者表示更愿意在经常做慈善的零售商身上花更多钱。比如在 2008 年汶川地震中，王老吉当时所属企业加多宝弘道集团捐赠 1 亿元人民币支援灾区，获得了消费者极大的认同，塑造了良好的企业形象。与此同时，企业的社会责任履行越是关注与营销有关的公益活动就越容易获得良好的收效和消费者认同。但是，并非所有的企业慈善行为都会获得消费者的好感和认同，这要看企业的慈善是否与企业的营销目标一致。比如香烟企业赞助肺癌患者救治基金，消费者会感到其产品与慈善活动之间有强烈的冲突，会认为企业的慈善行为是对商业盈利“作恶”在先的弥补。还有高级奢侈品服装行业其商品中有动物皮草，却在慈善行为中表示要关爱动物生存，这种自相矛盾的慈善行为，只能在消费者心目中树立“伪善”的企业形象，并不利于企业品牌和社会责任的履行。在企业社会责任履行的过程中，要强化接触消费者的重要性，强调与消费者沟通，重视消费者的反馈和投诉建议，建立与顾客交流的平台，构建品牌社区等，这些都有利于企业的社会责任履行。

7. 公众

随着公众社会责任感的逐步增强和媒介传播环境的变化，社会公众对企业品牌的影响力日趋强大。一般来说，社会公众期望企业品牌能够承担社会责任，实施社会营销，不破坏环境，不危害人体健康，诚信经营，提供真实的企业生产和产品品牌等商品信息，传播积极向上的消费文化等。

（三）企业的社会责任与社会声誉

企业声誉的基本组成部分来源于公司的身份和形象。普鲁桑[1]将声誉定义为一家公司的各种利益相关者从不同视角对其形成的感知的综合，形象是外部观察者对其形成的感知，而身份是公司员工和管理者对其形成的感知。一个组织的形象会影响公众对它的行为。组织化的形象取决于对其他概念（如信息、声誉、感知、认知、态度、可信度和信仰）的可互换感知。[2]此外，真正的企业身份是企业与其他实体能够区分开来的行为特征，这些行为特征是在从企业所有权和结构、组织类型、企业哲学和企业历史中呈现出来的。

虽然声誉可以通过公众对企业的资产和特征的认知来表述，但它还可以根据组织与公司内外利益相关者的关系来定义：公司声誉是一种集体代表。它衡量一家公司在内部与员工以及外部与利益相关者之间的相对地位。公司声誉指的是“公司行为和结果的认知表征，它是公司向利益相关者提供有价值结果的能力具体化”[3]。声誉是一种无形但有价值的公

---

[1] PEARSON C, CLAIR J. Reframing crisis management[J]. Academy of Management Review,1998, 23(1): 59–76.

[2] BALMER J M. Corporate identity and the advent of corporate marketing[J]. Journal of Marketing Management, 1998,14(8):963–996.

[3] FOMBRUN C J, GARDBERG N A, BARNETT M I. Opportunity platforms and safety nets: corporate citizenship and reputational risk[J]. Business and Society Review, 2000,105(1):85–106.

司资产，表明公司过去与利益相关者的互动产生了积极的结果；它揭示了公司的独特优点，并降低了公司绩效和产品质量的不确定性[1]。良好的企业声誉为公司带来了间接但实质性的利益，创造了好的公众舆论和友好的商业环境。

先前的企业声誉会影响公众对其社会责任信息的处理。一个公司的不良声誉会对企业社会责任评估不利。因为，企业社会责任认知受到情境 / 外部因素的影响。如果一个公司拥有良好的声誉，那么与其业务活动高度相关的企业社会责任将使其收益；如果一个公司的声誉较差，那么与其业务活动高度相关的企业社会责任的影响可能是中性的，甚至是负面的。如果企业能够在危机产生之初和危机处理的过程中积极承担责任，能够有效保护消费者的利益，赢得消费者和社会公众的支持和肯定甚至是谅解，并成功建立企业负责任的形象，那么这一形象可以帮助企业的声誉有效从危机中恢复。

四、企业的社会责任与企业危机

企业社会责任缺失是企业危机产生的重要根源之一，从企业危机管理成功和失败的案例比较分析中可以发现，当危机爆发时承担起相应的责任是企业有效控制危机、快速从危机中恢复的基石和途径，危机对企业来说是机遇；企业推卸社会责任的行为短期对企业有利，但责任的缺乏将让企业失去市场信任和未来，危机对企业来说是危险的。

（一）企业面对社会责任的态度

在危机管理中，企业唯有积极承担相应责任，企业的危机管理预警机制、策略和技巧等才能发挥应有作用。人们在将组织责任归因于危机时通常使用三个因果维度：稳定性、轨迹（即内部与外部原因）和可控性。在一项关于危机应对策略的实验研究中，Coombs[2]使用一个基于理论的类别系统对危机类型进行了分类，该系统涉及危机事件中的两个因素：外部控制和意向性。根据危机起因的归属，无论危机是由组织本身还是外部行为体造成的，以及组织是否有意或无意造成危机，一旦发生，消费者首先关心的便是企业的社会责任和其应该承担的义务。

公众对企业社会责任的认知以道德危机为框架和讨论起点，公众在了解危机事实时，首先带入的是个人的情绪认知和基于企业原有社会责任行为的判断。企业面对社会责任既可以积极主动应对，主动评估自身产品和服务有可能带来的社会影响，也可以消极应对，就是等负面的社会影响蔓延之后再来“灭火”。以腾讯为例，这家企业最早以 QQ 社交著称，它改变了通信市场三足鼎立的局面，随后微信的使用更是将原有通信交流行为从手机电话、短信有效迁移到了即时通信且免费的场域之中。这些通过科技改变生活

---

[1] BLACK E, CARNES T, RICHARDSON V. The market valuation of corporate reputation[J]. Corporate Reputation Review,2000, 3(1): 31–42.

[2] COOMBS W T, HOLLADAY S J.Unpacking the halo effect: reputation and crisis management[J].Journal of Communication Management, 2006,10(2):123–137.

并且让公众得到实际好处的创新行为都在消费者心目中树立了良好的企业形象。但是随着行业垄断的日趋集中，腾讯在游戏领域一家独大，在互联网领域遥遥领先的局面已经形成。在《王者荣耀》推出之前，其很多游戏就受到公众褒贬不一的评价。高昂的续费制度或者购买游戏没有穷尽的消费主张，有效诱使年轻人沉迷于游戏角色等问题逐渐浮出水面之后，社会公众开始对腾讯企业有了全新的认知和评价。此次危机事件只是其相关负面问题的一次集中爆发，它一方面反映了腾讯在游戏市场的领先地位，另一方面也暴露了我国行业发展过程中监管不完善以及面对现代网络游戏的易得性和父母职业压力较大带来的家庭教育困境。

（二）从企业产品的社会影响看企业社会责任

如果一个公司被视为不负责任，它将失去信任和社会合法性。因此，为了应对任何可能对声誉造成的损失，一个组织必须按照社会规范和所要求的义务行事。通常情况下，企业的社会责任是企业应对危机的有效策略，能够在危机期间预防声誉损害。然而，当公众认为企业社会责任是一种“随和”的穿衣打扮时，企业社会责任将不利于解决或缓解危机。考虑到潜在的不良认知，公司应更重视自身能力，即产品服务本身的问题，而不是放弃矛盾焦点本身转向其企业社会责任的表达。[1]

从危机产生根源的角度来说，企业诸多内部因素导致的危机都可能会给企业带来致命打击，如产品质量问题、企业文化缺失、战略失误、公关失利等。[2] 其中因产品质量问题导致的危机最为普遍，对企业的影响也最大。王娜[3] 选取国内发生在 2009—2011 年的企业危机案例进行分析，结果发现 60 个样本案例中，涉及产品危机的样本案例有 34 个，即超过 56% 的企业危机是由产品问题引发的，即企业对消费者责任的缺失是企业危机产生最为普遍和严重的内部根源。

控制危机的蔓延和化解危机的有效途径必然是承担相应的责任，甚至承担超出消费者预期的责任，为企业建立良好的负责任形象，以便企业能够从危机中快速恢复。现实操作中存在这样一种悖论：出于对消费者和公众利益的考虑，企业能够有效预防危机和处理危机，企业负责任的形象可以保证企业的长期利益，危机对企业来说表现为机遇；而出于对企业品牌和经济利益的保护，企业不能有效预防和处理危机，不负责任的形象使得企业经济利益得不到保证，危机对企业来说就是危险的。

（三）腾讯企业社会责任的危机影响

第一，是对腾讯股价的冲击。

《人民日报》的《〈王者荣耀〉是娱乐大众，还是“陷害”人生》这篇文章一出，腾

[1] KIM J, KIM H J, CAMERON G T. Making nice may not matter: the interplay of crisis type, response type and crisis issue on perceived organizational responsibility[J]. Public Relations Review,2009,35(1):86–88.

[2] 夏洪胜，张世贤 . 企业危机管理 [M]. 北京：经济管理出版社，2014.

[3] 王娜 . 基于危机生命周期的企业危机管理中的沟通研究 [D]. 南昌：南昌大学，2012.

讯港股暴跌 5%，市值蒸发近千亿元。与此同时，在香港上市的其他手游股票均应声大跌。作为爆款手游，《王者荣耀》在承担如此巨大的用户体量时，其所践行的社会责任却远远不够。当腾讯享受了可喜的商业利益时，它应该以一种什么样的态度对待用户，尤其是它对未成年人用户的成瘾问题显然缺少应对策略和长远规划。企业表现更多的是通过提供娱乐换取商业利益。一个组织除了看到消费等明确可见的有形关系，还需看到与公众间的信用、道德、情感等实际存在却又难以量化的无形利益关系，这才是企业长远发展的正确方向。

企业的利益相关者对企业行为决策具有影响力、合理性和紧迫性，他们能决定企业的兴衰成败，他们需要企业对自己的需求给予高度关切和有效回应。本次危机事件中，腾讯终于在社会舆论的监督下，亡羊补牢地承担起了它早应承担的社会责任。但由于其“游戏成长守护平台”有着较大的漏洞，这个功能似乎并没有药到病除的作用。其原因是腾讯缺少对“游戏成长守护平台”的宣传，致使很多家长并不知道这个功能，尤其是对于文化水平不高的父母来说，这个平台更像是在冬天为破窗户糊了一层保鲜膜——面上好看但几乎没有实质性的保温作用。

第二，社会讨论并反思父母对孩子的监管责任。

孩子沉迷于网络游戏，一方面在于游戏本身的设计具有强大的吸引力和成瘾性。但是另一方面也暴露了现代社会快节奏的日常生活中，家长对孩子监管的放松和忽略。很多家长只是很“放心”地将监督责任全权交给了第三方，而其自己可能只是在嘴上呵斥孩子别玩游戏外，并没有采取更多有效的监管措施。腾讯虽然在早前的危机处理中，很好地做到了积极主动的原则，做出了及时回应并采取了相应的措施，其应对措施的重心也更多在历史文化普及方面，但它并没有真正抓住家长和老师的心理：他们就不想看到孩子花很长时间玩游戏。诸如《王者历史课》《历史上的他》，相对于未成年人玩游戏的时间，他们又会花多长时间去看这些历史知识？如果腾讯没有在减少未成年人玩游戏时间方面有所作为，那么社会，尤其是家长，在没见到成效的时候，是不太会在意你做了什么的。

第三，寻求网络游戏的发展和青少年防沉迷对策的平衡。

腾讯针对舆论批评的公开信在承认游戏本身存在问题外，更多的是在申诉自己的冤屈，侧面解释《王者荣耀》“无罪”，以博取同情。其中一句：“今天事情的缘起，是因为很多人太喜欢《王者荣耀》，而其中有许多未成年人，这引发了一些批评与担忧。”把犯错误的主体归结到玩家身上。此外，公开信很大篇幅把《王者荣耀》比作自己的孩子，试图以此来换取家长们的心软和理解，让人产生“博同情”之感。文中强调：“就因为有人沉迷，就都来怪游戏，我们觉得有些委屈。”当人们批评了一款游戏在社会责任感上的缺失，游戏负责人却不检讨自身存在的问题，而是觉得受到了公众的迫害，真是树立了一个“娇气”的产品形象——只能允许消费者赞美，无法接受其批评。这表现出腾讯未考虑全局利益，也违背了勇于承担责任的原则，完全缺少了一个大公司应该具备的气度和责任感。之后，李旻表达：“做出《王者荣耀》这种游戏是我从小的梦想，但我现在在考虑要不要放弃。”看似想要勇于承担责任，实则又是以“无辜者”的形象来告诉公众：“别和我较劲了，你们这是在毁我从小到大的梦，我那么不容易。”他文章后半部分提出了“做中国游戏”“是中国游戏人”，可以看出游戏创作者李旻想要从“国家发展”这个大情怀来让大家“消消气”，甚至是希望大家更多地去支持《王者荣耀》。此次腾讯的所有应对措施都是通过腾讯游戏和腾讯官方微信公众号平台发布的。没有首先邀请媒体开发布会、写报道，不需要经过媒体的二次解读。这使腾讯掌握了更多的主动权，也能更快、更直接、更明确地表达出想对公众说的话。腾讯在其自媒体上发布的一系列声明，内容巧妙地避开广告法。比如“史上最严”这几个字，现在既不能出现在广告中，也不能用于媒体报道，但腾讯在自己的官方微信中用了一次又一次。

官方媒体前期的一致批判报道是在督促相关网络游戏运营政策的施行，其收效显著。然而我国正处于一种网络游戏市场爆炸发展的全新阶段，一个产业的迅速发展很可能伴随着产业欠缺规范化、监管缺乏体系化等一系列问题。解决这些问题，单单靠哪一方负起责任是远远不够的，它需要整个社会的通力合作。而对于“未成年人沉迷游戏”这个问题本身，最好从以下几个方面来努力解决：游戏防沉迷系统的有效开发、家长的教育和监管、课外兴趣的培养和社会上针对未成年人寓教于乐资源的开发与宣传，这样才能保证未成年人在有意义、有趣味的环境下健康成长。

五、从社会责任视角去塑造品牌

中国传统文化讲究个人的社会责任，比如“穷则独善其身，达则兼济天下”。商户的慈善捐赠历史源远流长。如果从现代企业的角度去考察社会责任，可以追溯到 18 世纪中后期英国完成第一次工业革命后，虽然企业社会责任的观念还没有出现，但是在实践中业主的个人道德行为已有所呈现。到了 18 世纪末期，西方企业的社会责任观开始发生微妙变化，更多表现为业主们的捐赠行为。随着经济和社会的进步，企业不仅要对赢利负责，而且要对环境负责，并承担相应的社会责任。我国企业的社会责任发展从 20 世纪 90 年代起至今也大致经历了这样的过程，企业落实社会责任，实现经济责任、社会责任和环境责任的动态平衡。如今，企业社会责任也越来越成为消费者评价企业的标准之一，如何在已经践行企业社会责任的基础上开展有效的品牌形象传播是值得每个企业去思考并执行的。

（一）危机类型与企业社会责任

从企业社会责任的视角去看危机发生的类型来源以及在危机应对中如何塑造品牌形象，就会发现企业社会责任的承担、履行和意识强化不仅有利于帮助企业有效避免危机发生，同时也可以在危机时刻帮助企业渡过难关。首先我们来看企业的危机类型有哪些。

一是恶性竞争引发危机。在激烈的市场竞争中，有些恶意的竞争者为了达到自身的经济目的，采用不正当竞争手段，通过造谣、假冒、坑蒙拐骗来损害竞争品牌的利益，从中牟利。

二是组织内部出现重大事故。品牌经营者发生重大事故引起品牌危机，如生产事故、运输事故、消防事故等。

三是质量与服务出现问题。质量和服务出现问题是常见的危机形式。如品牌遭遇顾客投诉，应急处理不当，很容易使个别顾客的不满情绪通过媒体的报道扩散到公众群体中，引发大面积的负面影响，从而造成品牌危机。

四是生产经营管理问题。品牌内部生产经营管理发生问题，使得公众对该品牌的发展前景产生怀疑，特别是客户、经销商、银行等合作伙伴的疑虑，引起供应商断货、销售商滞销、资金链断裂等危机，从而引发雪崩式的破坏后果。

五是人事方面的问题。管理过程的人事问题是危机的根本问题。如股权分化引起利益冲突，内部员工维权行为过激，媒体关注其内部管理问题并扩大矛盾的影响等，近年来因人事问题而引发的品牌危机越来越多。

六是品牌理念及文化方面的冲突。品牌宣传与本地文化冲突，对本地公众（民族）自尊造成一定伤害等。这一类危机容易加剧扩散，如果品牌经营者置之不理，事态会逐渐扩大，甚至产生严重后果。

七是企业言论不当导致公众不满。内部员工代表人物对外发表个人观点，一旦这些观点和社会公众的认知产生偏差，引起公众不满时，这种负面情绪则会直接投射到品牌上，给品牌形象带来危机。

八是代言人不当言行引发品牌危机。品牌代言人的言行与品牌形象紧密联系在一起。代言人的不当言行甚至犯罪行为，常常导致品牌形象承受连带风险，造成品牌形象危机。

九是不可抗力因素。外部的自然环境和社会环境发生了不可抗拒的突发事件，使品牌陷入危机之中，如地震、洪水、台风等自然灾害，战争、政变等社会因素等。这些因素都是品牌自身难于抵御的，必须依靠有效的危机管理体系以减少危机中的损失。

（二）危机发生后如何重塑品牌

很多情况下，企业危机发生是因为企业没有很好地承担对政府、投资人、业务伙伴、内部员工、外部公众、消费者的责任，从而造成企业危机，导致企业品牌形象受损。品牌出现危机之后，品牌管理人员要在第一时间迅速反应，会同有关部门调查分析，全面了解事件的起因、影响和公众的反应，遵循坦诚沟通、公众利益至上的原则，制定危机公关方案并迅速行动，以减小危机事件给品牌带来的负面影响，恢复、重建品牌形象。品牌危机公关包括如下工作：

第一，迅速成立危机公关团队。

危机发生之后，要在第一时间成立专门处理危机的公关团队，团队成员包括公关人员、管理层、相关部门负责人和第三方顾问团队等。团队成员组合要视危机的程度而定，如果是中度危机或者重大危机，团队就需要管理高层直接参与。

第二，做好信息搜集和危机评估工作。

要确认危机的性质和来源，即“危机是什么”，界定危机所涉及的公众，即“危机影响到哪些人”，并评估危机的影响，即“危机有多严重”。

危机影响包括广度和深度上的影响。危机影响的广度是指危机波及的区域，如产品质量出现问题，影响到多少区域市场、多少经销商、是否影响到相关的协会组织等。危机影响的深度是指危机在某一方面或领域所产生影响的程度，如品牌质量问题造成多少退货，多少市场份额被蚕食，多少顾客表示不再购买等。确认危机的影响并非一定要得出量化的结论，有些影响不能用具体指标来量化，或没有时间进行充分的危机调查，这就需要决策者利用丰富的危机处理经验和市场经验，综合各方面的信息，对危机的影响有个大致的判断，并能据此评估出危机的级别以及将要启动的警备状态。

（三）危机程度分级与社会责任

一般而言，危机分为轻度危机、中度危机和重大危机几个级别。品牌经营者要根据危机的影响为其定级，并做出相应级别的危机公关行动。分级别、分层次地进行危机公关能够有效利用资源，实现公共资源利用的优化。发生轻度危机时，不必全体人员进入战备状态，只需公关人员做合适的处理即可。而发生重大危机时，决策者必须充分掌握信息，以其丰富的经验全程参与，防止事态恶化。

针对品牌危机反馈的沟通效果和预期目标主要有两个：即最低目标和最高目标。所谓最低目标，就是通过危机策略，化险为夷，转危为安。简言之，就是通过采取措施，消除危机事件产生的损失。所谓最高目标，就是利用危机，将其转为商机。简言之，就是把坏事变成好事。

当面对品牌危机突发事件，危机传播策略的事务排期需要有所变化。时间是指制定危机策略的事务排期，关键有两个：第一个是事项名称要尽可能全面，为此，需要由品牌经理牵头，所有成员参加，将危机策略可能需要的事项名称详细列出来，并按照序号予以排列。我们都熟知孙子兵法所说的知己知彼，制定时间排期的事项栏目，就是信息完备的过程。第二个是逐项分析每个事项的起始日期、过程时间预算、终止日期，这样就可以尽可能地将其进行组合。

◆ 如何看待危机公关中的“背锅侠”

A. 爆款产品背后的隐忧

“爆款”产品这个概念在网络时代非常流行，具体是指在短时间内通过互联网分享聚集大量消费者的同一款产品、服务或者游戏。《王者荣耀》可以说是网络手游中的爆款产品。与此同时，直播电商平台上知名主播带货也会产生很多爆款产品，将公众注意力转化为在线购买力，爆款不在于产品的生命周期，而在于短时内超乎寻常的销售量和被关注度。

那么爆款产品背后有哪些隐忧呢？首先，它利用人性的弱点，让用户本身成为产品的推销员。比如网络游戏的社交化偏向日渐突出，一方面社交软件可以有效拉新促活，增强用户黏性；另一方面技术可以精准测算强制诱导消费者分享作为二次游戏的入口和免费的广告宣传。从激励用户分享的角度看，游戏公司至少从激励理论、情景效应理论、人际吸引理论多方面的数据验证支撑其技术模型框架，让人的生理反应来不及被理性控制，就已经将个人的游戏页面或者相关过程分享出去，这种即时性往往内嵌于其他社交软件之中以提升和完善用户体验。有研究者“呼吁手机游戏诱导性分享行为应适当地承担社会责任，在诱导性分享中重新赋权分享主体、重视二级传播的反馈并谨慎把握文化输出和传播导向，希望以此能为良好的社会环境建设建言献策”[1]。

其次，爆款产品实则是技术赋权和资本奴役。在网络世界，网络技术的拥有者与资本方面向消费者会形成一个不平衡的权力结构。拥有技术和资本的一方往往可以统一或者协调利益，他们处于主宰者的位置，而消费者即网络用户一方处于相对弱势甚至被操控的地位。2020年阿里巴巴的总裁蒋某利用其企业职务身份控制新浪微博言论，真实上演了资本对舆论的控制。虽然新浪微博被网信办约谈处罚，但是阿里巴巴企业本身和管理层没有受到实质性的严重处罚。研究表明，平台、企业和用户是互联网上的三大核心主体，但是由于平台和企业是话语权的掌控方和技术的天然优势控制者，这会让用户评价机制天然带有不平等的色彩，一旦相关法律和行政规制不够健全，必然导致话语权向网络口碑的技术控制方倾斜。网络口碑甚至是危机传播管理中的舆论走势在巨大的经济利益影响下，都会陷入一种霸权思维的陷阱。2018年乎睿数据团队曝光马蜂窝平台通过机器人抄袭竞争对手的口碑数据，引发公众对合理利用评价资源的关注。所以爆款背后的真实用户数据和真正有效的声音如何被听见是值得思考的问题。

再次，警惕爆款背后利益共同体的“技术合谋”。2016年百度因魏则西事件而到舆论关注进而被处罚，随后修改了竞价搜索广告排名的规则和百度搜索广告位的展示页面。原因是一位名叫魏则西的大学生因相信百度搜索排名推荐的武警北京市总队第二医院，花费高昂治疗费接受治疗后无效病逝。后经记者调查和监管部门查证，这家医院已经将该科室承包给民营私人机构，其广告通过竞价方式在百度上名列信息检索头条位置，带给公众以可以信赖的错觉。在此事件整治之后，监管部门要求百度必须在推广信息中标注“广告”或者“推广”字样，以免公众被企业的良好口碑假象所误导。

B. 企业社会责任的价值创造

企业社会责任的价值创造主要包括文化建构路径、社会资本积累路径和声誉提升路径。[2] 以鸿星尔克为例，2021年7月20日郑州发生特大暴雨引发水灾，企业在第一时间捐款5,000万元，并且通过社交媒体官宣。网友们纷纷留言表示心疼这家已经淡出公众营销视线的国产运动品牌，担心5,000万元的捐款物资会导致企业入不敷出。一时间鸿星尔克直播间发生了抢购良心品牌，拥护国产运动品牌的自发性、集聚性消费行为。短短三天之内鸿星尔克销售额超过7,000万元，以至于库存全部告罄。我们从企业品牌的文化建构、社会资本累积和声誉提升三个维度来分析。首先，由于近五年来鸿星尔克很少做广告，没有传统媒体、户外广告、电梯间广告、自媒体广告平台的大量投放，也没有任何娱乐明星和娱乐节目站台该品牌，它给公众留下了淡出市场的印象。这是文化建构路径的弱化，缺少品牌形象塑造输出路径。其次，在社会资本积累层面，鸿星尔克在自然灾害面前显示出

[1] 谢天. 手机游戏诱导性分享行为及社会责任引导 [D]. 武汉：华中科技大学，2019.

[2] 郭洪涛. 企业社会责任价值创造机理研究 [J]. 技术经济与管理.2020(12).

强大的感召力。社会资本是继物质资本、人力资本后的第三种资本形态。社会资本是基于群体或家庭中的友善、同情心、同胞感情等因素组成的社会交往关系。通过构建稳固的社会关系，社会关系网络中的个体/企业可以获得稀缺资源。由于关系网络会随着环境的变化、社会的变迁而改变，企业在突发事件中的态度会为其带来意想不到的社会资本。由于社交媒体的普及和应用，企业获取社会资本的速度和规模空前扩张。一方面，企业可以借助社交媒体向利益相关者甚至社会公众传递企业的慈善信息，另一方面，企业可以通过公众留言第一时间掌握利益相关者对企业社会责任的具体需求。再次，从声誉提升层面来看，企业的声誉提升与企业危机密切相关。企业声誉是一种无形的资本形态，它借助传统媒体塑造品牌形象，借助新媒体实现与目标消费者的实时互动。企业主动承担社会责任的实践能够增强社会公众对企业的认可度，提升企业声誉，塑造良好的品牌形象。研究表明社会责任承担越多的企业，公众对其信赖感越强，关键是声誉较好的企业比声誉差的企业能获得更多的市场回报、受到更少的市场惩罚。以阿里巴巴为例，在其初创期以及上市初期，社会公众多数认为阿里巴巴这家企业为社会提供了 一种新型的消费方式和生活方式，让小商家有更多的生存机会，商品的在线交易节约了时间成本，让更多的年轻人足不出户就解决了就业问题。但是随着行业的日趋集中和资本的不断扩张，淘宝中的中小微企业开始质疑阿里巴巴平台自身的垄断性权力，直到 2021 年上半年国家市场监督管理总局给阿里巴巴开出了 182 亿元违规罚单，社会公众才意识到这家企业的声誉已从被赞扬跌落到被质疑。一个行业越是集中在少数企业的控制中，越不利于其他竞争者的准入，更不利于消费者利益的保障。因此，国家市场监督管理总局通过详细具体的追踪调查，掌握了确凿可靠的违规证据后，给阿里巴巴开出了罚单，为阿里巴巴敲响了警钟，警告它不能为了资本获利而触犯法律规章，进而提醒企业需要承担更多社会责任，而非只想着股东利益最大化。

➢ 课后思考题

1. 谈一谈你对企业社会责任的理解，请从利益相关者的角度选取政府、投资人、企业员工、企业监管者、消费者、社会公众等任何一个主体去分析，企业对他们肩负了哪些社会责任？如何将这些社会责任融入企业的生产过程之中？

2. 结合腾讯《王者荣耀》的案例，谈一谈互联网行业有哪些企业的社会责任履行赢得了消费者好感和社会公众的认可。

3. 请问企业社会责任的履行如何在企业的危机传播管理中发挥作用，请结合企业声誉和企业品牌形象塑造的具体案例来回答。

Chapter 9
第九讲　企业家新闻引发的组织危机

——企业家个人言行引发的社会关注

- 差序格局与道德示范的期待
- 道德评价与企业形象关联度
- 规范个人行为预防组织危机
- 企业家负面新闻的类型区分
- 企业家负面新闻的传播渠道

本章以我国近10年的企业家离婚案、企业家越轨行为、企业家不当言论给企业带来损失的三种类别、共计8个案例进行对比，分析由企业家个人所引发的组织危机具有哪些特点，企业家公德、私德与企业形象的关联，企业家道德评价对上市公司股票的影响，企业家离婚案对企业发展和利益相关人的冲击，企业家不当言论是否必然带来企业形象危机，以及企业家如何规范个人行为以满足公众伦理道德期待以预防组织危机。

根据对比发现，企业家负面新闻与消费者对企业形象感知密切相关，企业家负面新闻可以分为由能力导致的和由道德导致的两类，其中道德评价与企业形象相关度更高，能力问题涉及专业知识，门槛较高，消费者关注度较低。但是道德评价，人人可以参与，社会公众传播其认知并对企业形象进行关联感知。在应对危机的过程中，面对离婚案件之类较为隐私的事件，许多企业家选择三缄其口，任由离婚官司的另一半控制舆论，或者双方对阵各执一词，这样不仅会暴露更多的隐私，而且对赢得公众好感、塑造企业家个人形象毫无益处。较为妥当的处理方式是尽量把危机控制在萌芽状态，将离婚事件控制在私人范围内，不向外界舆论扩散。一旦爆发危机，最有利的途径是诉诸法律而非媒体。对于自身错误要勇于承担，至于另一半的造谣自然会有法律来约束，要相信“正义可能会迟到，但从不会缺席”。明星吸毒和企业家触犯法律有本质区别，因为明星吸毒只是个人形象和相关影视作品受损，属于人们日常娱乐消费范畴，但是企业家触犯法律会让消费者将其与组织行为进行关联感知，直接降低消费者对企业的信任度。至于不当言论，在危机影响中其冲击力是最小的，但是不当言论影响的持续性也是最强的，因为这种潜在的危机要素会不断叠加，直到下一次危机爆发的时候，公众会将之前所有的不当言论全部理出线索来进行控诉。所以面对不当言论引发公众质疑时，企业家要引起重视，通过正面形象塑造尽力拉升好感度。

类型案例1. 企业家离婚官司阻碍企业发展

——土豆网、真功夫、赶集网、日照钢铁、蓝色光标

案例1.1 土豆网

2005年4月，土豆网上线，它当时是中国第一个视频分享类网站。2006年，企业创始人王某与杨某相识，2007年8月，二人结婚。2010年3月，两人离婚，杨某未提出财产分割要求。2010年11月底，在土豆网向美国证券交易监督委员会提交SEC文件的第三天，杨某提起“离婚后财产分割”诉讼，要求以承担“共同债务”的方式分割王某的股份。由于在双方婚姻存续期间，土豆网成立了上海全土豆网络科技有限公司，获取了在中国运营视频业务的许可证。王某在该公司中占股95%。杨某提起诉讼，在这部分股份中，有76%涉及夫妻共同财产问题，她要求对这部分股份的一半予以权利主张。随后，法庭冻结了该公司38%的股份进行保全，禁止转让。土豆网的上市计划也随之搁浅。2010年12月优酷网上市。当时中国概念股面临波段性谷底，2011年3月以来上市的人人网、世纪佳缘网、淘米网先后破发，这极有可能影响土豆网的IPO融资额。优酷市值最高时达71亿美元，土豆如能按照原计划

上市，将市场份额差距和“冠军效应”扣除后，高峰市值预计可以达到40亿—50亿美元。而拖延的后果是市值最乐观估计为15亿美元，中间损失高达20多亿美元。一场离婚官司导致20多亿美元市值蒸发，带给股东、投资人、员工等利益相关者的损失巨大。

案例1.2　真功夫

1994年，蔡某夫妇出资4万元加入小舅子潘某的餐厅，潘某占股50%，蔡某夫妇各占股25%。1995年他们连续开了两家分店后，蔡某开始完善从前线到后台各个操作流程的标准。2006年9月，蔡某夫妇感情破裂，双方协议离婚，妻子将持有的25%的股份转让给蔡某。2007年初，蔡某在企业内部开始实施“去家族化”改革，并从肯德基、麦当劳等企业引进一批高管，进一步削弱了潘某的势力。2007年10月，真功夫引进两家风投“今日资本”和“中山联动”各1.5亿元，各占3%的股份，蔡某的股权就同时被稀释到了47%。两家风投因蔡某的经营能力更强而倾向于支持蔡某。2009年3月，蔡某婚外情曝光，非婚生子已9岁。随即前妻起诉蔡某重婚，并欲索回其股权。2010年2月，法院判决真功夫拒绝大股东查账违法，要求其将相关账务信息交会计师事务所审计。2011年3月17日，真功夫部分高管因涉嫌经济犯罪，被警方带走协助调查。同年4月，蔡某因涉嫌经济犯罪被捕。2013年12月12日，广州市天河区法院认定蔡某职务侵占和挪用资金两项罪名成立，判处有期徒刑14年。

真功夫由于家族管理纷争和股权对等问题使有经营能力的创始人无法完全掌控企业，同时企业家婚姻处理不当造成利益相关人反目，不仅错过了企业最佳上市时机，更使投资人损失惨重，企业发展受到重创。

案例1.3赶集网

2004年，赶集网运营公司“北京鑫秀伟烨科技发展有限公司”在北京市海淀区注册设立，注册资金不到1,000万元，股东为杨某和他的弟弟，二人分别持股50%。2005年3月20日，赶集网正式上线，一个月后获得互联网经营许可证（ICP），半年后做到了同类网站北京市场占有率第一。杨某妻子王某于2009年1月向美国加州法院递交了离婚诉状，要求判决离婚并冻结在美国的夫妻共同财产。调查显示，赶集网从2009年4月开始盈利，当年年收入上千万元，预计2010年年收入过亿。在此期间，杨某已将其持有的50%的股份全部转让给了弟弟，并进行了工商变更登记，杨某弟弟成为公司唯一股东，持有100%股份。2010年8月王某向北京市海淀区人民法院起诉杨某兄弟二人和北京鑫秀伟烨科技发展有限公司，请求确认杨某兄弟之间“恶意转让股权”的行为无效。“恶意股权转让行为无效案”原定于2010年10月18日开庭，但是当天杨某的律师一到庭就告诉法官，杨某已于6天前，即2010年10月12日，向北京市西城区人民法院起诉，申请以“结婚时双方未亲自到登记机关领取结婚证”为由，要求确认杨某和王某婚姻关系无效。一场婚姻财产关系的罗生门就此展开持续拉锯战，当事人的婚姻纠葛和财产纠纷外人无权评论，但是企业家的婚姻关系和舆论热点事件直接影响到企业发展。2012年赶集网计划赴美上市，却同时面对着婚变财产分割诉讼，根据相关法律程序，如果法院判定股权转让无效，股权恢复到杨某名下并作为待定夫妻财产，股权可能会被法院做出财产保全，诉讼保全一旦执行，理论上相关资产可能被冻结3—6个月，这个案件的审理期限在国内一般为半年，如果还要上诉、审理，时间会延长至一年。最终赶集网上市计划受挫，也给投资人和利益相关者带来严重损失。

案例 1.4　日照钢铁

2008 年，日照钢铁控股集团有限公司董事长杜某以 350 亿元人民币资产，位列胡润中国富豪榜榜眼。2011 年，前妻宋某称 10 年前自己在不知情的情况下被丈夫办理了离婚手续。2010 年 8 月，宋某在北京市海淀区人民法院起诉杜某，要求离婚并且分割其 300 多亿元资产，但是杜某律师拿出了一份河北省衡水市中级人民法院 2001 年的离婚判决书。前妻宋某的大肆宣传吸引了舆论的眼球，杜某在沉默了数月之后，于 2011 年 7 月通过媒体发布声明澄清了与前妻的纠葛，赢得了公众对其态度的转变。2012 年 8 月 29 日，河北省衡水市中级人民法院再审，认为双方离婚已成定论，再审只能针对双方财产分割问题，这需要宋某针对 300 多亿元的财产分割另行起诉。

案件最终审理结果和私人和解没有进一步的媒体报道，充分说明杜某的危机公关非常到位，站在企业的角度和家庭的角度都最大化保全了利益相关人的隐私、情感和财产安全。

根据《民事诉讼法》第一百三十四条规定，人民法院审理民事案件，除涉及国家秘密、个人隐私或者法律另有规定的以外，应当公开进行。离婚案件，涉及商业秘密的案件，当事人申请不公开审理的，可以不公开审理。同时，根据《最高人民法院关于人民法院在互联网公布裁判文书的规定》第六条，人民法院在互联网公布裁判文书时，应当保留当事人的姓名或者名称等真实信息，但必须采取符号替代方式对下列当事人及诉讼参与人的姓名进行匿名处理：

（一）婚姻家庭、继承纠纷案件中的当事人及其法定代理人；

（二）刑事案件中被害人及其法定代理人、证人、鉴定人；

（三）被判处三年有期徒刑以下刑罚以及免予刑事处罚，且不属于累犯或者惯犯的被告人。

案例 1.5　蓝色光标

2011 年蓝色光标披露，公司 5 月 12 日接到持股 9.62% 的董事孙某通知，根据孙某与其前妻胡某签署的《离婚协议书之财产分割补充协议》的约定，双方已经在 5 月 10 日完成了孙某所持公司有条件限售股 1,155.5 万股股份的分割事宜，其中孙某获得 604.5 万股，占公司股份总额 5.03%；胡某获得 551 万股，占股份总额 4.59%。公告显示，胡某此前并未持有蓝色光标股权，此番因离婚而跃身成为蓝色光标股东。由于所持有股权为限售股，胡某承诺，其所获股份遵守 2013 年 2 月 26 日前不得转让的 IPO 限售承诺。同时胡某同意将其名下的蓝色光标股票的表决权，在其持有期内委托给孙某行使。根据蓝色光标的招股说明书及年报，孙某与赵某等五人以合计 47.02% 的控股权作为公司的共同控制人。在转让 551 万股股份之后，孙某仍为持有蓝色光标超过 5% 以上股份的股东及公司实际控制人。而孙某因离婚“损失”市值达 1.6 亿元的股份，这是公开信息显示的 A 股市场首例。但此次事件由于孙某处理有担当，并没有引起妻子不满及法律诉讼，也没有让舆论风波对离婚案的关注超越公司价值本身，企业股权变更相对平稳，最大限度保护了投资人和利益相关者的利益。

类型案例 2. 企业家越轨行为拉跌公司股票

美国当地时间 2018 年 8 月 31 日晚上 11 点，美国明尼苏达州明尼阿波利斯市警方，以性侵犯罪（criminal sexual conduct）为控诉罪名逮捕了刘强东，16 个小时后，9 月 1 日下午 4 点 5 分，刘强东被保释，保释金为零，该案件状态为“取保等待正式指控”（released pending complaint）。北京时间 12 月 22 日凌晨，明尼阿波利斯市亨内平县检察官办公室公布刘强东事件的调查结果，决定对刘强东不予起诉，这意味着该案正式结案，刘强东无罪。

京东官方在第一时间发布声明，称欢迎这个决定，公司将继续致力于为全球客户和合作伙伴提供最好的服务，为投资者创造长期价值。刘强东律师 Jill Brisbois 发表声明，在房间里发生的一切都是对方自愿的。该女士整个过程都很主动，没有任何不情愿的表示。而女方在几次通话和短信沟通中反复索要钱财，并威胁如果她的要求得不到满足就要将此事公开并起诉刘强东先生。有人在调查期间不断散布大量不实和误导信息。他表示，希望今天的结论和将来警方调查人员公布的证据可以澄清此前大量流传的错误信息和猜测。受此消息影响，京东股价由跌转升，盘中一度大涨超过 10%。截至 22 日收盘时，京东收涨 5.88%，报 21.08 美元。

因为事发在美国，这件事情最初被外媒曝光，且通过微信朋友圈和自媒体在国人社交圈迅速发酵。京东是国内互联网电商企业巨头，从 2013 年 4 月份推出宠物形象 JOY、更改互联网域名 jd.com，于 2013 年第三季度扭亏为盈，企业迅速发展为国内体量第二大电商平台，社交媒体一直以来对京东创始人的婚恋和慈善行为保持关注，与其他互联网企业家的婚恋故事相比，京东无疑是新闻曝光度极高的。这种曝光同时也促使企业成功从吸引男性顾客的 3C 电子产品平台转型为大规模综合电商平台，其中企业家私人生活的新闻为企业赢得了大量女性粉丝的关注。

从“涉嫌侵犯”变“无罪但婚内出轨”，刘强东和京东经历了漫长的 114 天。个人名誉扫地、身价缩水，京东市值跌超 60%，刘强东为此感到“十分的自责和后悔”。2018 年岁末，京东集团完成新一轮组织架构调整，多个业务部门不再直接向刘强东汇报。企业领导人和企业利益相关者都为一个人的越轨行为付出了惨重的代价，同时企业也开始考虑将组织形象与领导人个人形象的绑定关系进一步弱化。

2018 年 12 月 21 日，刘强东在结案后的声明如下：

> 最近几个月，我在美国的事情受到了大家的广泛关注。为了不干扰司法公正，在美国警方和检方的独立调查过程中，尽管有人散布误导信息，但我本人无法为自己辩护，也没有对互联网社交平台和媒体上的相关言论与报道做出任何回应，这给关心我的朋友们带来了不少困扰，在此先说声抱歉！
>
> 今天，在我全力配合彻底调查之后，明尼阿波利斯市亨内平县检察官办公室宣布将不会对我提起任何指控，这个结果证明了自始至终我都没有触犯任何法律。
>
> 但无论如何，事发当天我的行为都给我的家庭特别是我的妻子造成了巨大的伤害，为此我感到十分的自责和后悔。我已经第一时间向她坦承了事实，希望她可以接受我最诚恳的道歉，我一定将竭尽全力去弥补此事对家庭的创伤，重新担当起丈夫的责任。
>
> 在这段令人煎熬的日子里，我特别感激京东的每一位同事，他们每天都在顶着舆论压力工作。我恳请大家不要由于我的事情再去苛责、议论他们，他们只是一群努力工作的普通年轻人。现在，我唯一能够为他们做的就是更加努力地投入工作当中，和他们一起让公司发展得更好，让他们过上更好的生活。只有这样，才是我对他们最好的交代！

谢谢大家！

类型案例3. 企业家不当言论影响企业形象

案例3.1 俞敏洪讲话“女性堕落导致国家堕落”

2018年11月18日下午，一条疑似新东方创始人俞敏洪侮辱女性的公开演讲视频在网上传开。视频中，在讲到如何改变教育方向时，俞敏洪举例说，“如果中国所有女生找男人的标准，都是这个男人必须会背唐诗宋词，那全中国的所有男人都会把唐诗宋词背得滚瓜烂熟；如果所有的女生都说中国男人就是要他赚钱，至于说他良心好不好，我不管，那所有中国男人都会变成良心不好，但是赚钱很多的男人，这正是现在中国女生挑选男人的标准”。

随后，俞敏洪称，“所以，实际上一个国家到底好不好，我们常常说在女性，就是这个原因，现在中国是因为女性的堕落才导致整个国家的堕落”。

此番言论一出，引发网友热议。

同日晚间，俞敏洪在其微博公开致歉称，“今天我某个论坛上阐释‘衡量评价的方向决定了教育的方向’这一论点时，用了女人找男人的标准做例子，由于没有表达好，引起了广大网友的误解，在此深表歉意”。

俞敏洪表示，“我想表达的真正意思是：一个国家的女性的水平，就代表了国家的水平。女性强则男人强，则国家强”。

据中国女网2018年11月20日报道，近日，针对俞敏洪有关女性的错误言论，全国妇联、北京市妇联等均发声予以批驳。11月20日，俞敏洪专程来到全国妇联机关，向广大女同胞诚恳道歉，现发布如下：

各位朋友好！

这两天，我看到听到大家的批评意见，深感不安和自责。特别是在全国妇联有关负责同志的批评帮助下，我深刻认识到，前几天在某个论坛上针对女性的不当言论是极其错误的，反映了我性别观念上的问题，对女性不够尊重，没有认识到男女两性都应该在家庭和社会中承担责任和义务。事实上，绝大多数女性都在勤勤恳恳、兢兢业业地努力奋斗，为家庭的幸福、国家的发展做出了重要贡献。

在此，借中国女网，向广大女同胞再次表示深深的歉意。我一定吸取教训，加强对两性平等思想的学习，在新东方内部积极营造男女平等的企业文化。同时，我将借助新东方教育平台，大力宣传以男女平等为核心的先进性别文化，宣传女性在经济社会发展中的重要作用，为中国的男女平等事业，为实现中华民族伟大复兴的中国梦贡献自己的一份力量。

具体分析，俞敏洪作为新东方的创始人，在国内高级知识分子学习英语出国留学潮中具有标志性意义。一直以来他塑造着勤勉励志的个人形象，打造了知识改变命运的人生导师形象。虽然演讲人在特殊背景下发表个人对极个别女性的看法，但是经由自媒体迅速传播扩散，且引起网民很大的反感，同时也让并不了解发言背景的女性观众对新东方产生了不良认知，导致新东方股价下跌。尤其此番言论引起了北京市妇联和全国妇联等组织的不满，这让企业家本人非常被动，鉴于此，俞敏洪不仅在线上道歉更正，同时也在线下亲自去了代表着女性权益的部门进行公开致歉，以显示诚意。

案例 3.2 李彦宏发言“中国人更愿意用隐私交换便利性”

2018 年 3 月 26 日消息，中国高层发展论坛在北京举行。百度公司董事长兼 CEO 李彦宏出席了以“中国经济的新动能”为主题的论坛。在回答如何使用数据这一问题时，李彦宏指出，百度在当下会更加注重隐私问题，中国也在加强法律法规的建设，“我想中国人可以更加开放，对隐私问题没有那么敏感，如果他们愿意用隐私交换便捷性，很多情况下他们是愿意的，那我们就可以用数据做一些事情。但我们要遵循一定的原则，如果数据会使用者受益，他也愿意，我们就会去做，这是我们的基本原则，这就是什么该做，什么不该做”。

事件背景：

2004 年，Facebook 成立，开启了将互联网从匿名虚拟网络进入真实用户身份网络的先河，扎克伯格当初称利用用户的真实行为数据会使广告宣传更有效。经过近 10 年的努力，Facebook 2014 年的股票从上市初期的 10 多美元上涨到 160 美元，2015 年全球范围内消息流广告超过了搜索广告量。

2018 年 3 月以来，以下用户隐私数据引起社会问题的重大事件集中爆发：

2018 年 3 月，Cambridge Analytica 被发现利用用户行为数据操纵美国大选，这次有 5,000 万用户信息泄露，Facebook 面临潜在高达 2 万亿美元的罚款，而 2017 年全球 GDP 排名第九的意大利也只有 1.9 万亿美元。随后，不少用户发现 Facebook 采集了自己多年的电话和短信记录信息。

2018 年 3 月 15 日，一篇文章《大数据“杀”你没商量：住同样酒店，你就得比别人贵》，报道揭露了携程和滴滴利用大数据对用户进行差异性定价。

上面新闻报道涉及的公司中，Facebook、滴滴以及携程都在各自的领域取得了垄断性地位。经过了多年的高速增长，想要解决市场份额增长的天花板问题，这些公司不得不采用更激进的方法寻找新的利润增长点。于是，在用户利益保护和追求更多利润的平衡中，它们不得不以损失用户利益为代价谋求利润增长。

主流媒体驳斥：

央视评论：央视评论称，在使用权面前，中国用户“不得不”让渡隐私权。即使国内用户习惯，恰如李彦宏所讲，为效率可以放弃隐私，但那并非他们“愿意”，而是“不得不”。信任绝不应该被辜负，焦虑应该被更妥善地回应。面对迭出的大数据负面新闻，科技巨头恰恰应挺在前面，以切实行动给人以信心。当然，仅仅表态依然不够，当前数字规则远远落后于数字生活，当务之急是为大数据使用建立更完善的原则。

网友驳斥：联系百度竞价搜索排名和魏则西事件

李彦宏言论一出，引起了很多网友的关注和争论。有些网友联系到 2008 年曾被央视曝光百度搜索竞价排名的新闻，同时联想到 2016 年白血病患者魏则西因相信百度搜索的血友病吧推送的医院就医而死亡的事件。

一、差序格局与道德示范的期待

道德行为是指对他人需求做出的社会化回应。[1] 由于受到差序格局文化的影响，道德行为主体根据道德行为对象的亲疏关系不同，采取的道德行为也不相同。一般而言，对于关系亲近者，越可能做出道德关怀的行为，并且投入的资源越多；对于关系疏远者，越不可能做出道德关怀行为，并且投入的资源越少。为了体现上述差序式道德行为的区别，研究者将人们对于关系亲近的“自己人”所表现出的道德行为定义为私德，对于关系疏远的“外人”所表现出来的道德行为定义为公德。[2]

相关研究以“五伦”关系为理论基础，来划分公德和私德之间的边界。提出“君臣、父子、兄弟、夫妇、朋友”五伦之理是属私人对私人之事，归为私德；而超出相知之朋友义务则归为公德。[3] 对于企业家而言，与“五伦”对应的对象分别是政府、股东、员工、合伙人和消费者。因此，对企业家公德和私德行为可做如下理解：企业家私德行为是指企业家对政府、股东、员工、合伙人和消费者所表现出的道德关怀行为；在此范畴以外的道德行为则属于企业家公德行为。相关研究认为，企业家公德行为令消费者产生企业社会责任联想；企业家私德行为令消费者产生企业生产能力联想。[4] 其原因在于企业家的道德行为将影响消费者对企业形象的联想。[5]

“差序格局”出自费孝通先生的《乡土中国》，是费先生对中国传统社会结构的生动表述。他认为，西方社会人与人之间的关系就像“一捆一捆扎清楚的柴”，是“团体格局”。在同一个团体中，每个人与这个团体的关系是相同的，因为人与人之间的地位也是平等的。而中国传统社会的人际关系是一个“差序格局”，社会关系是逐渐由一个个人推出去的，是私人联系的增加，社会范围是一根根私人联系所构成的网络，好像把一块石头丢在水面上所泛起的一圈圈推出的波纹。

二、企业家负面新闻的类型区分

企业家的负面新闻从当事人责任的角度可以分为道德层面和能力层面两个方面，也有一些问题是因为当事人处于复杂的政治、经济、文化背景当中无法避免的，比如 2018 年 12 月，华为首席财务官孟晚舟在加拿大被捕一事，公众想到的并不是企业家个人能力或者道德问题，而是国际经济政治形势。

（一）能力型和道德型负面事件

本章讨论的案例把企业家的负面新闻缩小到个体责任层面，消费者对发生道德负面

---

[1] KOHLBERG L. The child as a moral philosopher[J]. Psychology Today, 1969, 2 (9): 25–30.

[2] 程立涛，苏建勇 . 私德外推即为公德吗？——兼论梁启超的公德私德观 [J]. 河北师范大学学报 ,2007 (2): 54–58.

[3] 李美枝 . 从有关公平判断的研究结果看中国人之人之关系的界限 [J]. 本土心理学研究 ,1993 (1):234–246.

[4] 童泽林，黄静，张欣瑞，朱丽娅，周南 . 企业家公德和私德对消费购买意愿的影响 [J]. 管理世界 ,2015 (4):103–114.

[5] KELLER K L. Strategic branding management: building, measuring, and managing brand equity[M]. 3rd ed. Prentice Hall, 2008.

新闻事件的企业家评价比发生能力负面新闻事件的企业家评价更低。学者童泽林的研究表明[1]：当企业家发生能力负面新闻事件后，就减少消费者对企业家的负面评价效果而言，和解策略优于辩解策略；企业家发生道德负面新闻事件后，就减少消费者对企业家的负面评价而言，辩解策略优于和解策略。消费者面对企业家能力的负面曝光信息，会更多地产生遗憾情绪；消费者面对企业家道德的负面曝光信息，会更多地产生失望情绪。比如，与企业家同为公众人物的运动员，如果因为身体有伤退赛，公众可以原谅。或者因为身体能力所限没有取得好成绩，观众们只是遗憾。但是如果因为舍不得品牌赞助商的广告费而在最后一刻宣布退赛，公众人物本身的道德形象就会受到很大的负面影响，让公众产生怀疑。企业家也是一样，如果是他决策失误导致企业受损或者能力所限导致环境污染等问题，公众只能是责备他并且等待补偿措施；但如果企业家是为了经济利益而置他人生命安全和财产安全于不顾，消费者更多会选择道德评价和法律审判，哪怕法律上并没有受到惩罚，消费者也会给企业家贴上“为富不仁”“无良商人”的标签。

（二）受众狂欢的心理满足

在本章案例中除离婚案件外的三位知名企业家，第一位是因为涉嫌性侵被国外执法机关逮捕并释放，调查审判结果显示双方自愿，只是婚内出轨行为。同时因为其涉及国家资本市场的复杂背景，公众更多以“八卦”心理集体凝视的态度处之，对企业家私德的质疑并不能取代对企业产品的需求，所以该企业在国内市场发展良好，只是国际股价一路下跌，从本质上分析其并不影响企业生存，只是会波及企业在国际市场上的形象。第二位是因为特殊语境中举例不当被网民断章取义，社交媒体的集体传播形成情绪化消费之后企业家不得不及时表态：自己尊重女性。这件事情看似是口误，实则反映了很多社会现实问题：不同社会阶层的认知割裂，不同语境中表达误解严重，产品和服务是直接面向消费者的，企业家说话时要考虑各个阶层的感受，同时必须要谨小慎微处理来自方方面面的评价，以防止个人形象的跌落和企业股价的下滑。新东方创始人俞敏洪在事后的危机公关可谓及时、真诚、到位，但他对女性“有失偏颇”的认知造成的负面影响已经严重损害了其长久塑造的良好个人形象，同时也间接影响到企业形象，虽然这种伤害和影响不会立即反映到股价上，但会降低消费者对企业家和企业的评价。第三位李彦宏的言论对企业的影响最小，原因是隐私保护是消费者权利意识觉醒的表现，这种诉求相对生命安全、财产安全而言是一种尊严需求。从马斯洛需求的五个层次来看，这属于较高层次的需求。李彦宏的观点强调的是目前中国互联网环境和消费者对隐私态度的客观事实，虽然其表述让人不易接受，但对一个技术人员出身的企业家而言这不算个人层面的道德缺陷。虽然消费者会因此联想到魏则西事件和百度搜索竞价排名问题，会从商业伦理和道德的角度对企业家和企业本身提出更高要求，但隐私保护在现实中还是有让人无奈的困境，所以李彦宏的发言也是这三个案例中产生负面影响最小的。这一方面表明了百度在互联网中文搜索市场中的垄断地位和

---

[1]　童泽林，等．企业家公德与私德行为的消费者反应：差序格局的文化影响 [J]. 管理世界，2015(4).

商业客户居多的客观事实，另一方面也强调了技术企业盈利不在于消费者对企业的道德评价高低，而在于其市场地位和事实层面的违法性。如果企业一方面占据市场垄断地位或者处于行业引领者地位，另一方面有来自政府政策技术的支持，那么企业家的言论基本不会伤害企业本身。因为消费者没有选择，只能接受技术企业提供的服务。

企业家能力的负面新闻更多地让消费者产生遗憾情绪，企业家道德的负面新闻更多地让消费者产生失望情绪，也正是这两种不同的情绪导致消费者对企业家的评价存在差异。和解策略更能缓解企业家能力负面新闻给消费者带来的遗憾情绪，从而减少消费者对企业家形象的负面评价；辩解策略更能缓解企业家道德负面新闻给消费者带来的失望情绪，从而减少消费者对企业家形象的负面评价。

三、道德评价与企业形象关联度

从归因理论、认知评价理论和危机情境沟通理论三个角度来看，在负面新闻曝光的框架下，公众对企业家的认知评价并不一定会直接关联到企业形象。

（一）归因理论

归因理论认为，人们会对某一事件的责任归属产生情感反应，利益相关者对组织的责任归属判断会影响消费者、公众等群体的反馈，进而采取最佳的应对策略。如果一个企业具有与负面新闻声誉类似的危机历史，那么利益相关者对危机的感知责任可能会增加，并且会间接地产生更大的声誉威胁。企业的危机历史和先前声誉对其声誉现状都有直接影响，这表明充分调查企业的危机背景是成功缓解组织危机的要件。伴随着公众对企业危机责任归因判断的增加，消极影响（如公众的愤怒情绪）会增加，积极影响（如公众的同情心）会减少。因为那些受到负面影响的人不大可能传播积极的企业口碑，而受到正面影响的人在持续的负面信息浸染下很可能会放弃原有态度。所以，危机传播管理者需要考虑利益相关者对组织所担负的感知责任以及对它的声誉评估，并且有效分化管理其感知和评估。

在采取任何有效的危机响应措施之前，面对危机中的受害者，企业应该提供物理操作性指示并且实时调整信息发布内容，在企业没有危机历史和负面声誉的时候，仅以此响应措施就足以应对受害者集群性质的危机。从防御性到适应性的不同尺度反应是企业面对危机声誉受损时能够采取的策略，归因理论主张根据公众对于负面事件的责任归属进行对策调整。

（二）认知评价理论

企业危机是否受企业家负面新闻影响，关键看利益相关者的期待，看企业家的能力或者道德出现瑕疵是否影响到满足关键利益相关者的期望。归因理论和危机情景理论虽然是重要的危机传播理论，但是它并没有讨论信息的形式，如传统媒体、社交媒体和口碑传播是如何影响公众危机传播行为的。它可能因为过于注重组织而受到质疑，特别是由于它注重作为结果的声誉，而忽略了危机信息如何在社会舆论层面进行扩散传播。认知评价理论是站在消费者如何接触信息渠道的角度去分析危机信息的传播扩散形式。

以社交媒介的危机传播（Social-Mediated Crisis Communication）这一新兴的研究框架为例：它主张通过揭示社交媒体、传统媒体和口碑传播的相互关系，解释并在某些情况下预测危机的走向。它最初以博客为中介研究危机传播模式，后来由于各种新兴的社交媒体对信息扩散有各种影响，便将博客以外的其他多种形式也纳入了社交媒介的危机传播管理。

认知评价理论认为，社交媒介环境中有三个主要的危机传播主体：有影响力的社交媒体内容创建者、社会媒体追随者和社会媒体不活跃者。这些类别是从博客危机传播模型中的三种公众类型演变而来，即有影响力的博客作者、博客追随者和非博客追随者。社交媒体创建者在社交媒体上发布内容；追随者通过在线和离线通信，发布创建者的信息；不活跃者则从传统媒体上收集关于危机的信息，并通过口碑将其传达给创建者和追随者。[1] 认知评价理论同时使用谣言心理学和最佳实践为不同形式媒体，如传统媒体、社交媒体和口碑传播，提出危机应对策略，基于归因于组织的责任的严重程度，以公众对其不同程度的宽容来构建信息，同时考虑到公众对危机、现有关系和危机的历史看法相关的负面情绪。

在企业家发生负面新闻之后，尤其是企业家道德评价所引发的负面新闻，主流媒体的传播影响力和讨论关注度远不如社交媒体。在此过程中，要充分考虑社交媒体对企业家负面形象的建构，即社交媒体内容创建者将专业记者生产内容 PGC 和用户生产内容 UGC 有效结合，传递出符合讯息补贴原则的故事来影响公众判断，进而建构企业形象，影响企业危机走势。

（三）危机情境沟通理论

危机情境沟通理论是危机传播学的重要理论之一，它建立在归因理论的基础上，主要用来解释危机应对策略和危机状况之间的关系。库姆斯 [2] 认为，在危机组织选择应对策略之前，利益相关者首先要获得指导性的信息，来告知其如何从物理层面保全利益，进行信息调整，帮助利益相关者给出心理层面的危机认知。即“事实层面”的信息和“价值层面”的信息。当企业发生危机后，尤其是以企业家为主体的负面新闻曝光后，利益相关者了解事件的“客观事实”层面只是第一步，第二步就是进行价值判断，能否将企业家个体价值与企业价值绑定，进而让利益相关者认可，这是价值层面的统一。在很多由企业家引发的企业危机当中，事实层面的信息传递并不能有效说服利益相关者产生认同，比如企业家因为感情不和离婚，但是公司股东、公众股民还有投资人会认为离婚事件造成了公司股价下跌，客观上造成了个人利益严重受损，这个时候利益相关者的价值和企业家、企业的价值

---

[1] AUSTIN L, LIU B F, JIN Y. How audiences seek out crisis information: exploring the social mediated crisis communication model[J].Journal of Applied Communication Research, 2012, 40(2) :188–207.

[2] COOMBS W T, HOLLADAY J. The paracrisis: the challenges created by publicly managing crisis prevention[J].Public Relations Review, 2012, 38 (3):408–415.

是有冲突的，这种冲突可以通过利益受损来体现。

在危机情境沟通理论中，纠正行为是调整信息内容的一部分，它通过确定责任和声誉威胁程度来应对企业危机。责任类型可分为：自然灾害、谣言、工作场所暴力、产品篡改等较低层面责任归属事件；连锁事故反应，包括最小责任事件，如挑战（当利益相关者声称组织行为不当时）、技术错误导致产品损害等；可预防的事故集群，包括人为失误、组织失误等责任归属度较强的事件。根据库姆斯的说法，在组织确定危机类型之后，它需要考虑其危机历史和先前的声誉，以确定声誉威胁的程度。[1] 以企业家离婚或者婚内出轨事件为例，这些新闻曝光的受害人仅限定在与企业家私人关系较为密切的家人范围内，并不会对公众造成实质性的伤害，但是为什么会引发股价下跌、使得投资人恐慌以及员工的人心惶惶呢？归根结底还要具体分析离婚事件背后股权变更或者企业管理权的变化对企业运营造成的威胁，如果企业无法正常运转，无法向消费者提供具有品质保障的商品或服务，那么必然会影响到企业形象建构甚至企业生存。所以对企业的利益相关者来说，并不是企业家所有的越轨行为都会对其造成严重的经济损失或者声誉威胁，只有涉及与企业运营相关、影响产品服务品质甚至因私德引发公众信任危机的事件才会造成真实的危机创伤。

（四）国企的特殊性

国有企业在面对企业领导负面新闻的时候多采取“缄默”的应对策略。“缄默”策略是国有企业依靠政府，通过行政手段和政府影响力来平息事态、控制危机负面信息的战略。公关从业者[2] 对“缄默”战略表述如下：第一，企业淡化危机，保持低调。第二，国有企业通过政府回应负面信息。其官方网站上的声明或政府发布的公告措辞严谨。第三，政府指示媒体不要危言耸听，而要更多地宣传报道正面新闻。国有企业将政府视为危机的避难所。第四，国有企业领导人属于公职人员，只要其越轨行为受到了公诉机关和党组织内部的严厉处罚，舆论热议就会减弱，危机事件不会影响消费者对企业的信赖。

四、企业家负面新闻的传播渠道

（一）主流媒体坚持对内容进行筛选

主流媒体的报道通常显得更加客观，它们通常是由固有的新闻元素而不是由社会媒体提出问题引发的。这些因素取决于新闻因素，如新奇性、名人因素、对整个社会的影响、人类利益、与公众的相关性等。作为议程制定者，主流媒体提出了公众辩论中关注的公共问题——食品安全和就业指导方针、部长劳资关系审查、消费者保护和歧视等。

由于主流媒体的报道受限，企业家和组织的官方正式消息也只能通过新媒体去发布，

---

[1] COOMBS W T, HOLLADAY J. The paracrisis: the challenges created by publicly managing crisis prevention[J].Public Relations Review, 2012, 38 (3):408–415.

[2] SIAH J, BANSAL M, PANG A.New media: a new medium in escalating crises?[J]. Corporate Communications: An International Journal, 2010,15(2) : 143–155.

其权威性、正式性和严肃性就会让公众产生怀疑。在怀疑的声音中，公众倾向于追逐负面的吸引眼球的新闻，而不愿意相信正式的官方报道，这也在客观上造成了企业危机公关的难度。因此，善用新媒体进行危机公关是在当前舆论环境下企业公关部门和相关人员必备的公关技能和业务素养。

鉴于社交媒体可以先于传统媒体发布新闻，在很多情况下，社交媒体为主流媒体提供了跟随的平台。社交媒体时代的新闻业被描述为严重依赖信息技术、互动并坚持一个令人无法停歇的 24 小时 ×7 天新闻周期。[1] 新闻收集的过程也从线性转变为网络化，从而与消息源和反应堆保持持续的通信和交互。詹金斯 [2] 描述了新闻业中参与式文化的出现，内容制作者和媒体受众已经从不同的独立角色转变为“根据一套新的规则，彼此互动的参与者，而职业记者没有一个人完全遵循这些规则”。互联网通过向受众提供新的和额外的信息生成途径赋予了受众权力。

（二）不容忽视的社交平台选题来源

记者现在需要利用社交媒体平台“建立关系，倾听他人”。Poindexter[3] 列出了新一代消费新闻的方面：可访问性、永久更新、搜索能力、共享能力、链接易用性和可靠性、评论能力、贡献能力和酷性等。主流媒体也开始强调源自社交媒体平台的内容，以显示其跟上了时代的步伐。克里斯滕森和莫特森 [4]（2013）发现业余爱好者在战争期间讲故事，这些故事最终被媒体利用。在 2009 年伊朗大选后的街头抗议活动中，纽曼 [5] 观察到主流媒体强调了来自社会媒体的信息，并监控了 Twitter、Facebook 和博客圈上的一系列活动。尽管在抗议期间审查制度很普遍，但社交媒体工具使信息得以自由流动，改变了新闻制作人之间的交流与互动方式。[6] 另一项对 2009 年伊朗大选的研究发现，社交媒体作为一种新闻收集工具，要么被用作来源（21%），要么被用作话题（27%），要么被提及（44%），要么被用作话题和来源（8%）。[7] 一项 2017 年全球数字新闻研究发现，越来越多的证据表明，记者正在将社交媒体频道视为新闻来源。在全球范围内，超过一半（54%）的受访记者使用微博，44% 的人访问了他们已经知道故事来源的博客，商业记者可以利用社交媒体来监

---

[1] BENOIT W L, PANG A. Crisis communication and image repair discourse[M] HANSEN-HORN, T. , NEFF, B.D. Public relations: from theory to practice, Pearson Allyn & Bacon, Boston, MA, 2008:244-261.

[2] KIESOW D, SCHILLER. Social media is underused as a journalism tool[J/OL].[2010-11-22]. http: //www.poynter.org/latest-news/media-lab/social-media/106897.

[3] POINDEXTER P M. Millenials, news and social media[M]. Peter Lang, New York:Peter Lang,2012:27.

[4] KRISTENSEN N N, MORTENSEN M. Amatuer sources breaking the news, metasources authorizing the news of Gaddafi's death[EB/OL]. [2013-4-26]. http://dx.doi.org.libproxy.lib.unc.edu/10.1080/21670811.2013.790610.

[5] NEWMAN N. The rise of social media and its impact on mainstream journalism: a study of how newspapers and broadcasters in the UK and US are responding to a wave of participatory social media, and a historic shift in control towards individual consumers[J].Reuters Institute for the Study of Journalism, University of Oxford,2009.

[6] VALENTINI C, KRUKERBERG D. Iran's Twitter revolution: a case study about a political crisis[M]//The 2nd International Crisis Communication Conference, Aarhus, Denmark, 2011:832-862.

[7] KNIGHT M. Journalism as usual: the use of social media as a newsgathering tool in the coverage of the Iranian elections 2009[J].Journal of Media Practice,2012, 13(1):61-74.

视或调查谣言与负面新闻。

新媒体技术至少具有三个特征：数字化、融合化和网络化。数字化意味着多媒体信息可以容易地与其他“智能”设备和用户共享、连接，而不管其地理边界或时区。用户生成的内容导致消费者参与的增加，并促进意见自由流动、公众在线分享经验。通信的命令控制从组织转移到消费者，这已使竞争环境变得平坦。[1] 在线信息和对话不再由政府、主流媒体和组织自上而下控制。通过 Facebook、Twitter、YouTube、Flickr 和博客等社交媒体平台的授权，个人能够成功地与巨型公司竞争。[2]“网民”“公民记者”“博客作者和社交媒体影响者”正在成为从业者需要参与的重要利益相关者。

本章考察的除企业家离婚案之外的三个案例均来自网络，在社交媒体平台上获得了动力，然后才过渡到主流媒体。它分析了危机是如何在网上引发和加剧的，以及当信息在主流媒体上发布时，危机是如何获得可信度的。通过这样做，它试图确定危机的发展趋势和潜在的减轻负面影响的措施。本章还分析了组织危机是如何在网上产生、获得吸引力以及如何升级到主流媒体上的，确定了其引人注目的新媒体元素，解释了其获得主流媒体关注的原因。它分析了导致危机在网上触发和离线获得合法性的原因，旨在为从业人员提供一个框架，以参与有效的危机管理战略。

（三）社会媒体的兴起使得危机升级

首先，互联网允许新闻以指数速度传播至更广泛的受众。坏消息在自媒体平台可以在几分钟内迅速传播。社交媒体将真假难辨的信息迅速扩散出去。图片、视频、音频可以随时下载并上传到其他流行论坛，通过朋友圈、微信群、视频分享平台、博客、电子邮件和聊天室由不同的人快速传播。其次，社交媒体的进入壁垒相对较低，这使得所有人都能进入。西亚尔认为“这解释了为什么当在线媒体报道危机时，更多的人开始意识到它们，甚至通过进一步传播它们来帮助它们延续下去”。因此，Siah 等人[3] 发现社交媒体独一无二的特性，如用户交互性、多媒体能力和缺乏门禁等，也是“它的致命弱点”。社交媒体提供了新闻和信息的替代来源。这也可能导致不准确的信息、欺骗和“附带利益”的传播。[4] 再次，社交媒体以上特点会强化危机的不可控性，如信息生产者借此作为表达利益相关者意见的额外渠道强化危机；可以发布对某个话题或组织的谣言；可以吸引利益相关者使企业事件成为负面话题。媒体炒作被定义为“由媒体产生的、由特定事件引发的、由媒体新

---

[1] SHAPIRO A L. The control revolution: how the internet is putting individuals in charge and changing the world we know[M]. New York: Public Affairs, 1999.

[2] BERNOFF J, Li C.Harnessing the power of the oh-so-social web[J].MIT Sloan Management Review, 2008,49(3):36-43.

[3] SIAH J, BANSAL M, PANG A. New media: a new medium in escalating crises?[J].Corporate Communications: An International Journal,2010,15(2) :143-155.

[4] HO B, AUYONG G, DONG et al. A. Enduring image: toward a conceptualisation capturing defining moments in crises – and how these impact organisations[C]. The 10th Conference on Corporate Communication, New York, 2011:276-293.

闻制作的自我强化过程中所放大的墙对墙的新闻波"[1]。随着危机在网络上获得动力，它变得疯狂起来。可以说，社会媒体炒作，被定义为网民产生的炒作，在社会媒体领域引起巨大的反响，它由关键事件触发，并由在用户参与讨论的能力中自我增强的品质维持，甚至在新闻发展成媒体炒作之前就已经存在。

与此同时，主流媒体并不总是遵循社会媒体讨论的议程。Silver[2]（2011）对占领华尔街的抗议活动所进行的一项研究发现，尽管社会媒体在抗议活动期间始终如一地对其进行报道，但大多数主流媒体实际上忽视了这一事件。抗议者与警方发生冲突后，报道愈演愈烈。皮尤研究中心的"卓越新闻项目"研究发现，只有 2% 的新闻消费者使用推特获取关于故事的信息或获得反馈。[3] 因此，尽管主流媒体继续监控社会媒体内容，但新闻报道似乎在很大程度上取决于被禁止的一套新闻价值。乔治[4] 认为，专业记者的优势在于他们"用多种来源核实信息的纪律，用机构记忆来感知事物何时看起来更复杂，以及用经验和专门知识来磨炼更高级的判断"。美国总统巴拉克·奥巴马在谈到 2013 年波士顿爆炸案相关网络信息泛滥时提醒主流媒体注意其责任。"在这个即时报道、推特和博客的时代，人们很容易抓住任何一点信息。但是，当这样的悲剧发生时，公共安全处于危险之中，风险如此之高，重要的是我们要做好这件事。这就是我们进行调查的原因。这就是为什么我们无情地收集这些事实的原因"[5]。因此，对于记者来说，问题是通过社交媒体获取的新闻的可信度，尤其是来自他们不熟悉的信源的可信度。然而，如果他们找到足够的理由报道在社交媒体上首次出现的故事，比如在人们承担责任、自发而强烈地引发危机的时候，这些故事一旦被录用，就会变得可信。拉里西等人[6] 研究发现，尽管社会媒体没有在主流媒体上制定新闻报道的议程，但记者"似乎并不反对"。

五、规范个人行为预防组织危机

首先，企业家要慎重用个人形象替代企业形象。虽然个人良好形象和个人魅力同企业形象绑定可以给企业带来巨大的关注度和宣传效益，但是一旦发生负面新闻，企业家如同企业的形象代言人一样，瞬间化成一个负面的靶子，供竞争对手和公众去"攻击"和"消费"。不同的是，企业聘请明星作为形象代言人，当明星发生越轨行为或者不当言论的时候，可以通过道歉或者解聘等方式更换新的代言人。但是，当企业领导人发生负面新闻的

---

[1] AUSTIN L, LIU B F, JIN Y. How audiences seek out crisis information: exploring the social mediated crisis communication model[J].Journal of Applied Communication Research, 2012, 40(2) :188–207.

[2] SILVER N. Police clashes spur coverage of wall street protests[EB/OL]. (2011–10–07)[2012–4–13]. http://fivethirtyeight.blogs.nytimes.com.libproxy.lib.unc.edu/2011/10/07/police–clashes–spur–coverage–of–wall–street–protests.

[3] HOLCOMB J, MITCHELL A.How mainstream media outlets use Twitter[N/OL][2012–3–20] www.journalism.org/node/27311

[4] GEORGE C. Freedom from the Press[M].Singapore: NUS Press, 2012:79.

[5] BRADY T. When facts interfere with a good story[J].New York Times International Weekly–Today, 2013,4(5).

[6] LARISCY R W, AVERY E J, SWEETSER K D, et al. An examination of the role of online social media in journalists' source mix[J]. Public Relations Review,2009, 35:314–316.

时候，不可能自我解聘于自己创立的企业。基于此，在以个人形象替代企业形象的宣传过程中，企业要慎重对待，谨慎行事。同时，企业家们需要严格要求自己，在社会公序良俗和道德情操方面满足一定的公众期待或者做好个人隐私保密工作。因为，一旦企业家的负面新闻被曝光，影响到的不仅仅是个人利益或者家庭情感关系，在更大范围内会波及企业投资人、股东、高管、员工、消费者、供应商等相关的群体利益。

其次，当企业一旦因为领导人负面新闻发生危机时，不同的企业性质有不同的危机公关策略。由于我国舆论环境的特殊性，公司常用第三方背书来否认指控，最小化危机的严重性。它与其他策略一起使用，以加强或展示集体权力。第三方通常为专家、权威，在危机中为原本处于困境的组织提供权力、信誉和话语权。所以企业在日常社会关系维系之中要广泛建立良好的媒体关系、政府关系和公众关系，在自身限于危难之时，才会有利益相关人挺身而出为企业解困。但大多数情况下这种第三方背书仅限于拥有强大政策支持和政治资源的国有企业。

再次，通过新议题设置的方法来转移公众话题焦点。危机中的组织可以通过提出无关的话题、戏剧化或者制造宣传噱头来转移注意力，而不需要做出明确的解释。这是危机中的组织在短期内用来转移公众注意力的策略。国有企业通过与政府合作展开一个新项目来运用这一战略，以转移公众对危机的注意力，并将危机损失降到最低。政府的普遍影响和政府与国有企业的密切关系在很大程度上决定了企业对政府权威的依赖。在企业采取缄默策略的时候，需要考虑本土消费者的文化特征、媒体控制、公众对政府的信任。中国公众的集体主义和服从文化决定了第三方代言策略的有效性。同样，实践者认为，间接的交际风格、媒体缺乏专业性以及受众注意力跨度的缩小，都有助于“设立新话题”的应用。应征者提及的其他策略也应予以注意。例如，突出政府领导人的积极形象、利用关系与媒体沟通等减少被媒体曝光的“私下解决问题”策略等，都被视为公共关系实际操作过程中的方法。

在企业家负面新闻所引发的企业危机案例中，大多数公关从业者认为，“缄默”战略、“第三方认可”和“设立新话题”是基于文化特色与舆论环境的策略。这些策略在很大程度上受到政治结构、文化背景、媒体特征、企业机制以及公众特质的影响，而这些因素又与西方国家不同。政府在企业决策中发挥着重要作用，特别是在国有企业的战略方向上。因此，在应用任何基于西方语境的理论框架之前，必须考虑中国本土的社会语境。

◆ 如何看待危机公关中的“引爆者”

A. 企业领导者的个人言行

企业领导人尤其是企业的实际控制人与企业的成功密不可分。同时其负面新闻会直接影响企业声誉，成为企业危机的“引爆者”。有研究表明，社会公众不太关心企业领导人的正面新闻，更愿意关心其负面报道，进而将其个人言行与企业声誉进行关联。

一方面，通过研究企业负面事件对其声誉的影响，我们发现良好的声誉对企业家及其所在企业有正面作用，它代表着企业在社会资本与商誉方面的存量。Zavyalova 等人另辟蹊径从“社会资本”的角度分析了负面事件对企业的价值影响。[1] 另一方面，企业家高声誉并不能带来企业高绩效，声誉对改善企业绩效帮助甚微。但是声誉对于企业和企业家来说是一种压力，企业家为了维护自身形象不得不做出符合大众对“企业家”想象的事情，对企业家的负面行为起到一定抑制作用。[2] 对于企业来说，声誉是一种积极的作用机制，在市场中与利益相关者进行多方长期博弈的进程中，有时候利益并不总是一致的，总会有此消彼长的时候，如何保障声誉不因一方的利益损失而受到损害，同时对方也不会采取报复性手段，这些因素都催生了声誉机制效益的研究。

Milgrom（2001）通过对大企业问卷调查发现，企业家声誉有七大因素：诚信、顾客至上、立足国内外市场、前瞻性眼光、领导能力、应变能力及沟通能力。在企业领导人不同类型的负面行为中，对企业价值造成严重损失的是商业欺诈，此外是窃取知识产权、贿赂等负面行为。[3] 已有实证研究显示，企业领导人尤其是实际控制人的负面事件特别是与个人行为相关的话题如果带有一定娱乐性，总是很容易受到娱乐、财经等媒体的关注，并迅速成为公众关注的热点。财经媒体对此类事件的关注点集中在企业股权变动、企业控制权转移、因负面事件造成的企业股价大跌、企业套现阴谋论等，而社会大众和娱乐媒体主要对企业家个人的花边新闻更感兴趣。

虽然企业在生存发展过程中很难不发生负面事件，但是对于企业家个人而言他需要从以下三个方面重视个人声誉与企业形象。第一，企业领导人要利用自身良好的声誉为企业创造一定的品牌形象，注重个人道德品质的培养，积极维护企业形象，进行正面有效的个人形象塑造和个人言行管理。正所谓“德不配位，必有余殃”，“君子不立于危墙之下”。第二，传统企业家强调“高调做事、低调做人”，但在互联网高度发展、人人皆是自媒体的时代，企业家纷纷化身企业形象代言人，高调的言行让企业存在很多潜在风险。企业领导人在不同场合、不同时间、不同受众群面前的发言、行为很可能被无处不在的自媒体和受众录制视频上传到网络上，甚至被断章取义。信息的快速流动让公众没有理解企业家言行的上下文语境，很容易造成误解和歧义。君子谨言慎行，企业可将代言交给专业的人去做。第三，企业本身要建立完善的针对企业领导人的声誉管理系统，提前做好针对企业家、高级管理层、实际控制人负面事件的预警、预案和处理对策，以确保在负面事件发生的第一时间进行积极合理的应对。同时，如果要面向社会公众宣传、包装企业家，不仅要善于利用各种资源，同时要确保没有与之形象塑造相反的素材曝光给社会公众。合理利用、维护企业领导人的声誉和形象为企业加分，不要盲目透支企业管理层的个人隐私来置换大众的消费意愿。

---

[1] ZAVYALOVA A, PFARRER M, REGER R K, et al. Reputation as a benefit and a burden? How stakeholders' organizational identification affects the role of reputation following a negative event[J].Academy of Management Journal,2016, 59(1): 253–276.

[2] RANFT A L, ZINKO R, FERRIS G R, et al. Marketing the image of management: the costs and benefits of CEO reputation[J]. Organizational Dynamics, 2006,35(3):279–290.

[3] MILGROM P R. Good news and bad news: representation theorems and applications[J]. The Bell Journal of Economics, 1981: 380–391.

B. 企业品牌企业家个人化的风险

企业品牌企业家个人化具有多方面的因素。第一，由于网络媒体的发展，企业家可以通过各种自媒体渠道、企业官方微信、微博传播通道将个人言行在第一时间大量向社会公众曝光。在流量即财富的时代，吸引的注意力越多，公众流量转化成企业目标人群的可能性就越大，相当于企业家站台用免费的媒介通道为企业做广告和形象代言，可以节省大笔营销费用。而媒体也会出于选题和经济因素需要，主动报道企业和企业家。这种被动报道会对企业股价和经济收益产生影响。

已有研究表明，媒体报道会对股票市场产生显著影响。媒体的正面报道能够拉升企业的股票价格。例如，Solomon 发现，投资者关系管理公司往往会制造有利于代理人公司的正面报道，从而引起代理人公司股票价格短暂的上升。[1]Kim 和 Meschke 发现，企业 CEO 访问 CNBC 前后，其股票经历了一个短期的先上升再下降的过程。同理，媒体的负面报道会拉低企业的股票价格。同时，媒体在对企业进行报道时存在着偏差（Bias）或者倾向性（Slant）。媒体报道偏差的产生，既来源于媒体自身的供给动机，也来源于相关利益集团的需求偏好。[2]Curun 和 Butler 发现，地方性报纸会更倾向于正面报道广告投入较多的当地企业，为的是迎合广告商的需求。[3]

第二，企业家希望通过娱乐化形象的塑造，拉近自身和消费者的距离。面向广大消费者，企业更愿意拉近与社会公众的距离，因为这会直接影响其产品或服务的口碑。部分企业家想利用娱乐化营销方式将个人塑造成类似明星一样的社会公众崇拜偶像，如马云、雷军、董明珠等企业家，他们在社会上拥有广泛的崇拜者和消费者粉丝群体。由于企业家被塑造成企业的代表，那么这些企业家形象会自动关联企业形象，如乔布斯是苹果的精神领袖，马斯克是特斯拉的核心品牌输出人物。消费者会将其对企业家的积极感知和良好印象自动迁移至其产品和服务。再比如贾跃亭哪怕在美国二次融资上市，由于他在国内欠下了利益相关人的巨额款项尚未偿还，社会公众对其也很难有正面的认知。

第三，由于企业文化建设的需要，如果企业产品和服务缺少亮点，那么它就会通过打造企业家形象来获取公众注意力，以此为企业赢得有利的舆论环境。正是由于媒体报道偏差的存在，才给媒体寻租和企业品牌企业家个人化带来了潜在风险。

媒体报道偏差的存在，暗示出媒体和企业之间可能存在合谋行为；而媒体报道对股票价格的影响，则为企业与媒体的合谋动机提供了解释。[4] 从理论上来说，企业或相关利益集团很可能会通过“赞助商”“广告费”等方式进行利益输送，贿赂媒体进而操纵媒体，使其进行有利于企业的有选择性的报道，进而左右股票价格并获取额外收益。

虽然企业家是企业文化建设的倡导者、企业文化的提炼者和升华者、企业文化的亲自

---

[1] SOLOMON D.H, Selevtive Publicity and Stock Prices[J]. Journal of Finance, 2012, 67(2),pp.599–638.

[2] MULLAINATHAN S, SHLEIFER, The market for news[J]. American Economic Review, 2005, 95(4),pp.1031–1053.

[3] GURUN U G, BUTLER. Don’t believe the hype: local media slant, local advertising and firm value[J]. Journal of Finance, 2012, 67(2), pp. 561–598.

[4] 才国伟，等. 企业和媒体存在合谋行为吗——来自中国上市公司媒体报道的间接证据 [J]. 管理世界，2015(7).

垂范者和实时更新者。但是企业家作为一个个体，也会存在这样那样的缺点，过度曝光企业家并将企业与企业家绑定就好像过度信赖品牌代言人一样，一旦个体行为发生不可挽回的错误，就会给企业带来难以估量的损失。因此，企业要充分重视将企业品牌企业家化的风险，防患于未然，时刻准备着负面新闻发生时如何解除绑定或者第一时间运营危机传播管理方案。

➢ 课后思考题

1. 请问公众为什么要关心企业家的道德失范行为和能力失范行为，对比二者哪种更容易引发企业的形象危机和生存危机？

2. 以上 8 个案例中请从企业家个人行为所引发的社会负面新闻及消费者认知的视角，按照其对企业影响度从大到小进行排列，分析对利益相关人的影响，并指出排序依据。

Chapter 10
第十讲　由内部员工引发的企业舆情

- 利益相关者与企业品牌
- 危机中与内部员工沟通
- 危机中与业务伙伴沟通
- 危机中对话式沟通理论
- 危机中与品牌顾客沟通

案例 1　员工陷入争端后企业负责人的态度

➢ 事件概述

2016 年 4 月 17 日下午 3 点 05 分，新浪微博账号“大众公社”发布了一条微博，视频中快递小哥的三轮车不小心和一辆正在倒车的现代轿车发生剐蹭，司机下车后对快递小哥又打又骂，该视频引起广泛转载与热议。事情发生在北京一小区内。在 1 分 42 秒的视频中，这位车主对快递小哥进行了 7 次打脸，且连续爆粗口十余次。而快递小哥除了说一句“对不起”之外，没有还手，而是一直躲闪。该视频共计 4 万次转发，2 万条评论，不少网友都指责私家车主辱骂、打人太过分。

顺丰集团在当晚 7 点 26 分转发此条微博并做出回应：“我们的快递小哥大多都是二十几岁的孩子，他们不论风雨寒暑穿梭在大街小巷，再苦再累也要做到微笑服务。真心希望发生意外时大家能互相理解：首先是尊重，我们已找到这个受委屈的小哥，顺丰会照顾好这个孩子，请大家放心。”此条微博得到了 2 万次转发、4 万条评论、7 万次网友的点赞。顺丰当晚就冲上微博热搜第一：面对员工受辱，顺丰官方出面，在第一时间挺身而出，成功向公众传递了“为员工负责”“让员工有安全感”的企业形象。当晚，自媒体平台曝光顺丰集团总裁王卫的朋友圈截图，王卫写道“我王卫向着所有的朋友声明！如果我这事不追究到底！我不配再做顺丰总裁！”该截图也在之后媒体对王卫的电话采访中被证实。微博平安北京也在当晚 11 点发出微博表示当地派出所已接到报警，正在调查处理。

4 月 18 日，顺丰发表了一条微博，声明已向警方报案，并安排快递小哥进行伤情鉴定。在声明中顺丰表明以下态度：1. 鉴于对方反复殴打小哥，行为极其恶劣，我司不同意对方调节诉求，对于这种寻衅滋事现象，建议追究刑事责任；2. 以后如发生类似事件，顺丰仍将依法维权，对员工的合法权益保护到底；3. 服务行业十分辛苦，需要彼此理解与尊重，希望大家以此为鉴，共同维护社会公平正义。18 日下午，《快递》杂志和《中国邮政快递报》记者电话连线王卫，请他就此事发表看法。王卫重申了此前在朋友圈的表态，决不允许有人粗暴对待快递员，不接受调解，坚决走法律途径解决问题，追究到底，让打人者承担应有的法律责任。王卫用“震怒”来形容自己看视频时的情绪。“看这个视频时，我觉得是我在挨打。这不是赔钱和道歉的问题，这是尊严的问题。顺丰一贯教育员工从内心尊重每一个人。如果我在这件事上妥协，如何面对所有的顺丰员工，如何配做顺丰总裁？”

18 日下午 6 点，平安东城官方微博通报了这一事件的处理结果，打人者李某因寻衅滋事，被依法处以行政拘留十日。事实上在警方处理决定下来之前，该司机就已经在网上被人肉搜索出来，并在短时间内收到大量的骚扰电话和侮辱短信。打人者李某是一个个体出租车司机，称已经借助报纸向受伤快递员和公众致歉。

从危机传播管理的角度来看，顺丰圆满地解决了这次争端，打人者受到法律惩罚，社会正义感得到伸张。2017 年 2 月 24 日顺丰集团在深交所的上市仪式上，总裁王卫共邀请了 3 位员工一同敲钟，其中就有这位被打的快递小哥，顺丰再次刷新了自己良好的企业形象。

➢ 对话股价

顺丰于 2017 年 2 月 24 日在深交所上市，该事件发生时，顺丰还未上市。但在敲钟仪式当天，这位被打的顺丰小哥，也同其他两位员工代表一同被请到了现场。在现场，王卫庄严承诺：对员工的关爱永远不会变，并表示没有员工血汗付出，没有一线、二线、三线员工披星戴月地工作就没有顺丰。王卫再次强调顺丰的今天，是员工做出来的，而不是他一个人的功劳。

在各大媒体争相对快递小哥被打事件和顺丰总裁爱护员工的言行进行后续报道的时候，顺丰于2016年5月正式进入借壳上市流程。其实早在2013年，成立20多年的顺丰首次对外融资。德勤和国家邮政局发展研究中心2014年发布的《中国快递行业发展报告》显示，2013年8月20日，元禾控股、招商局集团、中信资本、古玉资本共同投资顺丰约25%的股份，投资金额80亿元人民币。[1]2016年5月23日，A股上市公司鼎泰新材发布公告，拟以全部资产和负债与顺丰控股全体股东所持的顺丰股份100%股权的等值部分进行置换。鼎泰新材作价8亿元，顺丰控股作价433亿元，公司还将发行股份募集总金额不超过80亿元的配置资金。[2]2017年2月23日，顺丰借壳鼎泰新材（002352）正式在深圳证券交易所敲钟，且鼎泰新材将于24日正式更名，证券简称由“鼎泰新材”变更为“顺丰控股”，证券代码不变。[3]2017年2月24日，在敲钟仪式上，顺丰请来的三位员工代表：基层快递员，深圳客服中心的客服代表和顺丰航空的员工。其中一位正是此前被打的快递小哥。

➢ **媒体呈现**

在媒体呈现方面，有些网站针对顺丰快递小哥被打一事，主要转载了《法制晚报》的一篇报道，简单陈述了客观事实。光明网、新华网、央广网等，详细阐明了事实经过。各大网站及时跟进，报道事件的后续进展。许多电视新闻节目，如东方卫视和北京卫视的新闻栏目也都对此事有所报道，它们更多是将目光聚焦在该事件的起因、经过、结果。同情快递小哥并谴责打人司机的行为。部分节目发表批判性观点：打人司机的确有错，但是个人信息遭到人肉，网友对于打人司机的处置方式是否欠妥也成为讨论的话题。大多数节目报道支持顺丰集团这种以法律手段维护权益的行为。

微博平台上该事件发酵过程自成体系，其影响逐步升级。第一阶段，因为打人视频的首发是微博平台。4月17日，视频一经发出就被大量的网友转赞评，曝光率也持续飙高。这也使其他媒体以及顺丰都选择微博作为观点表达的主阵地。（见图10-1）

第二阶段：“玩车志”公众号在微信上发布了该视频，顺丰总裁王卫看到后于当日晚转发，并表态：“我王卫向着所有朋友声明！如果我这事不追究到底！我不配再做顺丰总裁！”社会舆论对于该事件的关注度也因为顺丰总裁的转发而再度升级。本项目组根据媒体已曝光文本内容检索发现，近五年快递员被打的新闻不止一次，如圆通、申通等均有类似事件发生。但是一家企业的负责人能在事发12小时之内以保护员工的强硬姿态对被打事件进行回应，非常少见。这显示出总裁对于“员工受欺负”事件的重视程度，而其言论也体现出企业保护员工的决心。与此同时，顺丰集团第一时间发布维权声明，同时呼吁大家尊重服务行业，保

[1] 新浪科技．中国物流公司掀IPO热潮 顺丰或将在A股上市[N/OL].（2016-02-20）[2019-10-26]. http://tech.sina.com.cn/i/2016-02-20/doc-ifxprucs6279405.shtml.

[2] 网易科技．借壳上市 顺丰到底是个怎样的公司[N/OL].（2016-05-24）[2019-10-26].http://tech.163.com/16/0524/08/BNQN6PKT000915BF.html.

[3] 凤凰财经．顺丰24日借壳上市 掌门王卫身价逾千亿超李彦宏.[N/OL].（2017-02-23）[2019-10-26]. http://finance.sina.com.cn/stock/s/2017-02-23/doc-ifyavrsx4771524.shtml.

护弱势群体，再次体现该企业的人文关怀。引起广大网友的关注和理解，刷新了受众对顺丰速运品牌形象的认知。

(a) (b)

图 10-1 顺丰集团对快递小哥被打一事的回应—新浪微博截图

第三阶段：各大平台的井喷式讨论，除了新浪微博和微信这两大平台，腾讯新闻、网易新闻等新闻客户端，知乎、贴吧等社交平台的讨论异常激烈。在一致性的舆论声讨中，相对比较理性的有《快递小哥们被打："血汗模式 2.0"不可再持续》[1]，文章从"基层快递员与普通道路使用者的'路权'之争两败俱伤"、"渔翁"是电商买卖双方、"金玉其外的快递模式，剥削的是一线员工，电商服务业是血汗制造业的 2.0 版"等不同角度对事件背后的商业运作模式进行了理性分析。

> **评价分析**

总体来看，社会舆论和媒体都非常支持顺丰方面的做法，个别声音表示：顺丰总裁这一做法可能欠妥，但针对公司内部员工的归属感、安全感公关和企业对外形象塑造却非常成功。当舆情过去，媒体和公众相对冷静之后，人民网刊发《褪去戾气再看"快递小哥被打事件"》，具有深度的理性思考。首先，它肯定了顺丰依法维权的方式，顺丰比同期发生负面事件的如家公关更成功。其次，它网罗了对于此事报道中的不同媒体声音，如《网易新闻》报道中所

[1] 王杨 . 快递小哥们被打："血汗模式 2.0"不可再持续 [N/OL]. (2016-04-21)[2019-10-26]. https://view.news.qq.com/original/intouchtoday/n3502.html.

提及的关于标签化与面孔转换的问题。《电商报》关于电动三轮车取缔问题的相关讨论。再次，它跳出危机公关的角度看待此次事件对行业的影响，延伸思考道路使用规则和行业效率优先的弊端等。在顺丰的转发和后续声明中，人民网也同样指出"以暴制暴"并不能从根本上解决问题，包括打人司机的隐私信息被人肉出来，这种做法看似是为快递小哥出气，实则也是一种施暴行为，且公众很难从中得到自省。

事件之后，媒体对于快递从业人员的关注度显著提高，相较于2014、2015年有了明显的提高。以《新京报》和《北京青年报》为例，自2016年4月，含有关键词"快递小哥"的微博数量有了明显增加，从2016年5月至2016年11月半年内含有"快递小哥"关键词的报道是2014年1月至2016年4月事发前报道量的两倍以上。

案例2　和颐酒店女生被袭

➢ **事件概述**

2016年4月3日，在北京798和颐酒店单独住宿的网名为"弯弯_2016"的女性在酒店乘坐电梯过程中遭遇陌生男性的袭击，在此过程中她一直呼救、挣扎，酒店员工目睹了全部过程，但是并未上前制止。最后该女性被另一位女性房客搭救。遇袭之后，弯弯向酒店投诉未果，同时向公安机关报案。

4月5日，弯弯将自己的经历和从监控视频中截取的画面整理后发布到新浪微博上，并@和颐酒店 @平安北京 @如家酒店集团 @携程 希望得到回应，在此之后她多次转发视频讲述事件发生经过，并多次提及向酒店负责人、携程投诉无果。晚8点10分，弯弯首次发表长微博完整描述事件始末，再次指出了酒店的不作为。弯弯的多条微博得到了一些营销号和大号的转发，迅速得到广泛的社会关注。晚9点27分，弯弯再次发微博称接到和颐酒店来电，其工作人员上来没有任何解释、道歉、安抚，而是试图花钱删微博。

4月6日，在引起大范围针对酒店和公安机关的负面舆论之后，和颐酒店和携程旅游网在新浪微博上发表声明对此事进行回应，称将高度关注弯弯女士的遭遇，并协助警方调查事件始末。如家酒店也于当日举行新闻发布会，承认酒店自身的安保问题，并对此做出道歉，承诺将对酒店进行整改。对于网络中的传言，如家酒店称相信政府和警方会给出调查结果。平安北京也在微博首次回应：警方正在彻查，请您继续关注。

4月7日，弯弯与酒店进一步沟通，向如家酒店集团提出了"承认错误、进行整改、积极配合警方"等要求，并再次声明：她发微博的初衷是为了解决问题，合理维权。没有接受也不接受任何形式的经济赔偿，只希望如家对旗下所有酒店提出相应具体的整改措施，并将所有信息翔实公布，对公众负责。

4月7日，如家酒店集团官方微博发布CEO孙坚写给弯弯的道歉信，称对她的遭遇表示痛心，希望能当面道歉，并提及对酒店的具体整改措施。

4月8日，如家酒店官方微博称"经过我们与当事人充分坦诚地沟通，弯弯最终接受了我们的道歉"。同日，犯罪嫌疑人被抓获。

4月28日，如家CEO孙坚接受《中国企业家》的采访，反思女子遇袭事件时称"不要对抗风口上的事件"，他自述选择站出来道歉的原因是："你今天背的是这个企业，你背的是全企业的 8 万员工，在这里要生存，要就业。所以你没有任何选择，必须承担责任。”[1]

2016 年 10 月 21 日，弯弯发布最后一条微博，称看到涉事男子被北京市朝阳区检察院提起公诉的新闻，觉得十分欣慰。半年以来她的生活已经回到了正轨，十分感谢当时帮助她的陌生人、媒体和网友们。和颐酒店女生遇袭事件就此落幕。

事件被曝光后的第二天凌晨，如家酒店集团给出了第一则声明，内容如下（见图 10-2）：

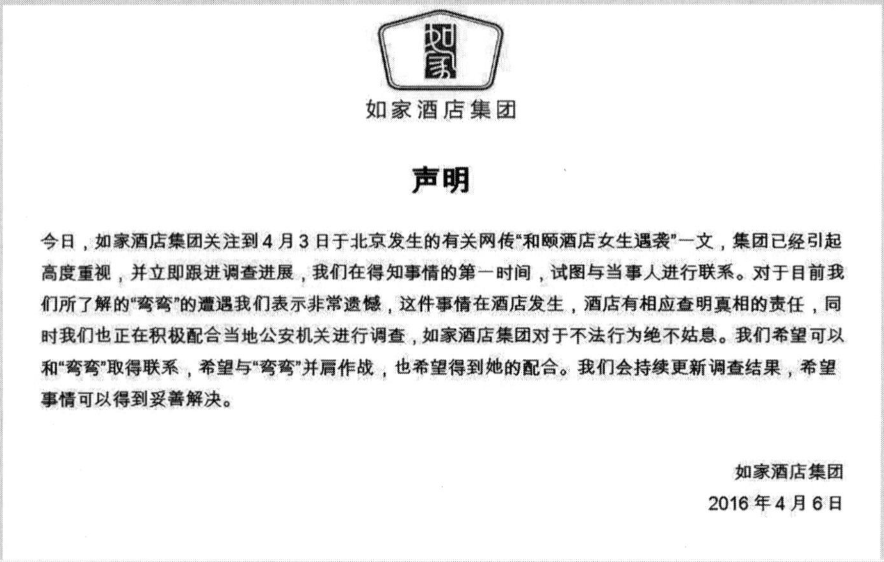

如家酒店集团

声明

今日，如家酒店集团关注到 4 月 3 日于北京发生的有关网传“和颐酒店女生遇袭”一文，集团已经引起高度重视，并立即跟进调查进展，我们在得知事情的第一时间，试图与当事人进行联系。对于目前我们所了解的“弯弯”的遭遇我们表示非常遗憾，这件事情在酒店发生，酒店有相应查明真相的责任，同时我们也正在积极配合当地公安机关进行调查，如家酒店集团对于不法行为绝不姑息。我们希望可以和“弯弯”取得联系，希望与“弯弯”并肩作战，也希望得到她的配合。我们会持续更新调查结果，希望事情可以得到妥善解决。

如家酒店集团

2016 年 4 月 6 日

图 10-2 如家酒店集团声明

声明中，如家酒店集团称：“在得知事情的第一时间，试图与当事人联系。”根据整个事件的时间线来看，第一时间应是在 4 月 5 日凌晨或是白天，但从受害者弯弯的微博中可以看到，和颐酒店和弯弯第一次主动联系的时间点为晚上 9 点，并且酒店起初并没有任何解释、道歉、安抚的意思，而是问弯弯有什么要求，可以给钱删微博。到此为止，酒店有两点被质疑：第一，事件发生时没有及时与受害人主动联系；第二，和受害人联系时并没有任何解释，而是想直接用金钱解决问题。

声明中又提道“对于目前我们所了解的”，这句话保留了事件反转的其他可能；其后说道“酒店有相应查明真相的责任”，事件本身在酒店发生，无论是酒店的安保问题还是酒店的管理问题，酒店都应该负责任，而不是像声明中写的一样“有查明真相的责任”。声明的后半部分提到了“三个希望”，“希望”背后的意思是事件并没有像期望的那样发展，因此可以认为如家酒店声明中阐述的事实是弯弯并没有配合酒店的行动。声明最后说道“会持续更新调查结果”，由于声明发得比较早，因此酒店声明中的这句话就是给关注事情的网友一

[1] 李亚臻．如家 CEO 孙坚反思酒店遇袭风波 [N/OL].(2016-04-28)[2019-10-26].http://www.iceo.com.cn/com2013/2016/0428/301298.shtml.

个承诺，承诺一定会持续更新调查结果，但事实上如家酒店或是和颐酒店在这个声明后并没有持续更新，这会让公众产生如家酒店不守承诺的感觉。

在如家酒店集团召开的新闻发布会上，和颐品牌北京地区总经理刘红妮、北京望京798和颐酒店总经理出现在发布会现场。在发布会中，酒店方负责人发表声明并鞠躬致歉，并说明发布会推迟是因为一直在与当事人弯弯进行沟通，希望发布的声明得到她的认可。而后刘红妮宣读了一份来自酒店的声明，声明中指出北京望京798和颐酒店在事件处理中确实存在安保管理、顾客服务不到位的问题，酒店管理、服务人员在对顾客的关注和处理问题的效率等方面存在缺失，并承诺在今后的管理和服务中，全力提供安全、舒适的消费环境。

受害者弯弯在微博中发文提到，事件发生的和颐酒店是在携程App上预订的，4月5日事件曝光后弯弯与携程联系，投诉和颐酒店相应的安全问题及资质检查。携程在事件发生第二天回应会协助用户配合警方调查，但并未给出对事件或和颐酒店的态度，此后也无其他回应。

在微博中弯弯同时提到了“平安北京”，希望警方重视此事，并且她给出相应的解决方案，但平安北京迟迟没有回复，有记者给接警的酒仙桥派出所打电话询问案件，派出所给予的回应是“这件事不归我们管”。平安北京第一次官方的回应是在4月6日中午11点，内容是“警方正在彻查，请您继续关注”，并没有明确交代对犯罪者和如家酒店集团将采取哪些具体的行动措施。

➢ **对话后果**

事件经过三天的发酵，如家酒店集团CEO孙坚在4月8日早发表致歉信，随后公关部门称“经过我们与当事人充分坦诚地沟通，弯弯最终接受了我们的道歉”。信中提到，发生这种恶性事件，酒店负有不可推卸的责任，并详细说明了酒店的不周到之处。经过此事之后，酒店表示会进行全面整改，并解释了整改细节，同时酒店希望弯弯及关注此事的网民可以实时监督，希望弯弯可以体验整改后的酒店。

孙坚的致歉信言辞诚恳。首先，它表明了酒店方没有第一时间安抚受害者，而后将责任揽到自己身上，并且详细解释了不周到之处，使公众看到如家酒店集团明确、细化、深刻的漏洞自查过程。其次，信中提到要进行全面整改，指出整改细节，让公众看到如家酒店集团诚恳的态度。致歉信落款虽然是如家酒店集团CEO孙坚，但发布者是如家酒店集团，从始至终孙坚并未露面。而且孙坚在4月28日接受《中国企业家》采访时其态度和致歉信上的不尽相同。

当《中国企业家》采访者问到孙坚对“酒店遇袭事件”的相关处理问题时，孙坚回应事件基本上平息了，但没想到会被炒作成这样。在孙坚看来，整件事情会造成这么大的反响是因为炒作。站在危机传播管理的角度看，事件之所以会在短时间内达到如此高的热度，是因为如家酒店集团的回应不及时，如果在第一时间他们就与受害人联系并商量解决对策，事件不会引发公众热议。对于企业品牌塑造而言，当事的两名酒店工作人员代表了整个酒店的服务系统，两名工作人员的安全意识薄弱是因为酒店的培训管理疏漏、企业理念错位造成的。然而孙坚却表示他非常同情酒店的工作人员，他们的生存压力非常大，因此公众应该理解并包容工作人员的不周到。这种态度带给消费者的感受是他将部分责任推到了服务人员的身上。企业负责人这种将责任“甩锅”给基层员工的做法屡见不鲜，很难获得公众舆论的谅解。

从危机传播管理的系统角度看，企业首席运营官需要具备危机应对意识。首先，当危机发生时，需要一个代表性人物站出来表明立场。如果是为了平息舆论而道歉，那么一定要给出令人信服的理由。具体到如家酒店集团，CEO 始终认为整件事情的背后有推手，事件的发酵是由于炒作。孙坚表明站出来道歉的原因是他身上背负的是企业 8 万名员工，要生存就要就业，别无选择必须承担责任。这样的说法与 20 天之前官网的致歉信完全相悖，使社会舆论再次倒向与如家期待相反的方向，使得孙坚及如家酒店集团的形象一落千丈。

如果事件没有在微博曝光，如家酒店集团不会重视这件事情。从酒店经理关机假装消失就可以看出其想蒙混过关，以为受害者会因为联系不到人而就此罢休。但没想到的是，网络的力量把他们推向了风口浪尖，迫于舆论的压力，如家管理层才不得不着手调查此事并给出说法。

1. 对于酒店形象的影响

如家酒店集团的办事效率和酒店 CEO 孙坚的事后回应都使得酒店的形象在大众心目中一落千丈，同时也影响了酒店的正常经营，与事发地点和颐酒店相距 20 公里的一家如家酒店连锁店也因为“女子遇袭事件”的影响而停止营业，整件事情使部分公众在网络上自发抵制如家酒店。

2. 对于酒店消费者的影响

已经入住如家酒店的消费者内心会感到不安，担心自身安全得不到保障。事件发生后，部分消费者及潜在消费者表明立场：今后预订酒店不再考虑如家酒店集团旗下的任何酒店。

3. 对于酒店股价的影响

如家酒店集团从 2001 年开始创业，只用了短短五年的时间就赶超了历史更长的锦江之星连锁酒店，成为中国第一家上市的经济型连锁酒店。在危机事件发生前，2016 年 4 月 1 日，如家酒店和首旅酒店合并，从美国纳斯达克退市后正式投入国企的怀抱。

➢ 媒体呈现

大部分媒体对如家酒店集团旗下“和颐酒店女子遇袭”事件的态度都很客观，只呈现事件的前因后果和解决方案。其中，央广网发布标题为《专家称女子遇袭酒店方难逃追责　涉事男子或构成寻衅滋事罪》[1] 的文章表明态度——酒店方应该对事件负相应的责任。文章中写明了律师给出的对于事件的分析和事件中的法律问题。《京华时报》[2] 给出了北京市朝阳区旅游发展委员会相关负责人的态度，指出和颐酒店在服务中并没有按相关规定履行责任。同时，酒店由于办事效率低下以及相关的违规情节，会受到相应的惩罚，而且会影响酒店在未来的等级评定。

➢ 事件受关注的原因分析

据统计，“和颐酒店女生遇袭”事件在不到一个月的时间内，引发的全网信息量高达

[1] 王逸群 . 专家称女子遇袭酒店方难逃追责　涉事男子或构成寻衅滋事罪 [N/OL].(2016-04-08)[2019-10-26]. http://it.chinanews.com/sh/2016/04-08/7827080.shtml.

[2] 田虎 . 北京朝阳旅游委：若和颐违规责任属实 将面临罚款 [N/OL].(2016-04-08)[2019-10-26]. http://finance.sina.com.cn/chanjing/gsnews/2016-04-08/doc-ifxrcizs7007094.shtml.

360.7 万条。在 2016 年 4 月份的十大社会热点事件里，后九条的全网信息量加在一起比此事还少 146 万条。[1] 为什么这件事就造成了如此大的影响？究其原因主要涉及公共安全，并且与社会期待的反差较大。

1. 公众对事发地的安全期待较高

事件发生在 4 月 3 日，被曝光是在 4 月 5 日，正值清明节小长假结束第一天，除了常规的扫墓报道外，此事件在热点新闻较少的情况下更容易被公众关注。同时事发地点在首都北京的朝阳区，在公众心目中，这应该是全国乃至全世界治安最好最安全的地方。发生“女性在酒店被袭”事件，与公众的认知和内心期待不符，容易吸引人们一探究竟的好奇心。

2. 自媒体标签化传播

当事人弯弯于 4 月 4 日晚连夜注册了新的新浪微博账号 @ 弯弯 _2016，于 5 日 00:03 在优酷视频上传了题为“20160403 北京望京 798 和颐酒店女生遇袭”的视频，时长 3 分 38 秒。于 00:06 在微博上发文“我上传了：【视频：20160403 北京望京 798 和颐酒店女生遇袭】”。于 00:12 在微博上设置话题 # 和颐酒店女生遇袭 # 并链接优酷上的视频。这两条微博长时间没有引起什么人关注。4 月 5 日从上午到下午弯弯再接再厉，从 08:01 到 15:32，又陆续发出了 11 条微博，把她在和颐酒店遇袭、报案及投诉的经过进行分段陈述。

直到 4 月 5 日 20:00，这 13 条微博都未引起大量关注。此时弯弯发出的第一条微博已经在网上挂了 20 个小时，只有 259 次转发和 48 条评论，这是 13 条微博中受到关注最多的。还有好几条微博甚至一直保持 0 转发加 0 评论的状态。以此时间点计算，弯弯这 13 条微博引来的转发合计 456 次，累计的评论仅有 75 条。并且从评论的内容来看，发声者应该多为弯弯的亲朋好友，或对其慰问，或为其呐喊，却一直显得势单力薄。

事件扩散是在 4 月 5 日 20:00 到 4 月 5 日 24:00。弯弯于 20:10 再发微博，将视频链接配了长微博，最引人注目的是在原来设置的话题 # 和颐酒店女生遇袭 # 后又新加了一个话题 # 卖淫窝点案底酒店 #。这条微博带来了 93.7 万次转发、28.3 万条评论和 1.68 亿次阅读。效果与白天的那 13 条相比截然不同。

3. 大 V 助推口口相传

4 月 5 日 21:36 一个关键人物加入，把网上转发弯弯的微博势头推向高潮。@ 所长别开枪是我（粉丝 556 万）转发了弯弯最新的这条微博并加以评论，很快他的微博就被转发了 70,000 多次。他的微博在 21:44 得到 @ 休闲璐的转发，再经三条大 V 间的传播路径实质性造成了此话题的大规模蔓延。在以“@ 所长别开枪是我”为引爆点的扩散圈里，仅粉丝过百万的十个大 V 合计粉丝数量就超过 5,000 万，这些大 V 带来的直接转发接近 20 万次。

此后，众多娱乐明星也对弯弯微博进行转发和评论，特别是拥有巨大粉丝量的女明星纷纷站出来表态，呼吁维护女性安全。比如 @Angelababy（粉丝 7,191 万）、@ 海清（粉丝 942 万）、@ 马苏（粉丝 1,367 万）、@ 舒淇（粉丝 3,191 万）等。这些充满正能量的评论非常容易获得粉丝们的赞同和支持，使得整个网络舆论场形成了指向性的共振。

[1] 方宏进 . 用数据复盘“和颐酒店女生遇袭”事件 [N/OL].(2016-05-06)[2016-10-26]. https://www.tmtpost.com/1707824.html.

➢ 微博求助迅速引发关注的原因分析

1. 公众的高安全期待

事件发生在人们心中治安最好的城市——首都北京。这使人们不自觉产生一种对自身安危的紧张和恐慌感，推己及人联想到这种事也可能发生在自己身上，这种恐慌所带来的传递速度和广度十分惊人。事件发生后，警方、酒店的敷衍、不作为助力了公众的吐槽与消息的传播，让公众对自身安全产生不确定性的同时也对社会治安和警方产生了质疑。

2. 女性权益期待提升

随着女性社会地位和经济地位的提升，女性权益的话题和讨论日渐增多。此次女生遇袭事件，引起了整个社会年轻女性的共鸣。和颐酒店经理“一没死人，二没着火，三没发生强奸案”的论调让权利意识已经觉醒的现代都市白领女性无法接受，这一言论也成为网友抨击的焦点。和颐酒店经理在电视采访中的回应，不仅仅是在伤害涉事女子，也是对寻求法治与安全保障的广大消费者的不屑与蔑视。

3. 关于事件炒作的质疑

首先，从资金方面来说：运用淘宝的标价，包括不同级别的转发、点赞、评论等，想要达到如此规模的转发量至少需要300万元。可见花钱炒作网络舆情成本极高，而且“和颐酒店女生遇袭”事件中未见显著受益者和受益机构。由此看来，此事件应该是顺应网络民意而成为舆论焦点的。

其次，对于受害人弯弯而言。其受益体现在她所曝光的事件得到了较为满意的答复，而不是经济效益。与凭借事件热度获取关注的“网红”不同，无论是网络发声，还是接受媒体采访，她始终坚持保护自己的真实面目和身份，并声明自己不谋求任何经济补偿而只是要为自己乃至广大外出旅行者讨要说法。这一系列举动从一开始就使自己站在了维护社会正义的道德制高点上，也杜绝了通过此事为自己谋取经济利益的可能性。

再次，由于此事在网上迅速传播的时间与和颐酒店的母公司如家酒店集团宣布完成从美国退市并入首旅酒店集团高度吻合，所以有观点指出：不排除是如家酒店的竞争对手手笔。在经济型酒店竞争白热化的背景下，让如家酒店声誉下降，其竞争对手可以获得市场份额提升的机会。但如家酒店集团CEO孙坚表示酒店业色情小广告是一个社会现象，并不是如家酒店独有的服务项目。靠这个丑闻来“攻击”如家酒店，实际上是一竿子打遍所有经济型酒店。

➢ 原则分析

1. 承担责任原则

危机发生后，如家酒店集团首先应该维护的就是弯弯女士的利益。在事发当晚就应该及时与弯弯联络，询问她的诉求并努力解决。更重要的是，要及时发布公告，提醒公众要注意防范类似事件的发生。但是如家酒店集团的实际做法却格外冷漠，4月6日公布的第一条声明只提如家有“查明真相的责任”，没有及时地对受害者进行安抚，它最关心的是自己的声誉而毫不在意公众的利益。4月8日如家酒店集团发布CEO孙坚的致歉信，内容丰富、情感真挚并提出了整改方案，接着公关部又称“经过我们与当事人充分坦诚地沟通，弯弯最终接受了我们的道歉”。但后续接受采访时一番“不要试图对抗一个在风口的事件”的言论又使如家酒店集团的风评一路猛跌。根据主动承担责任原则：危机发生后，企业应该第一时间表态，即使受害者在事件发生中有一定责任，企业也不应首先追究其责任，否则会各执己见，加深矛盾，引起公众的反感，不利于问题的解决。

2. 真诚沟通原则

企业处于危机漩涡中时，内部员工的一举一动都是公众和媒介的焦点。此时应该主动与新闻媒介联系，尽快与公众沟通，说明事实真相，促使双方互相理解，消除目标消费人群的疑虑与不安。万万不能抱有侥幸心理，企图蒙混过关。实际上，通过当事人弯弯在如家第一封声明发表前三个小时所更新的微博可知，虽然如家酒店集团在声明中表示对暴力事件的遗憾和当事人的关心，却在电话里要求当事人删除微博。这种回避自身问题和错误的做法，会造成公众心目中企业管理层“表里不一”的形象认知，使如家酒店的品牌形象在公众心中大打折扣。

如家酒店集团官方微博在 4 月 6 日 15:41 第二次发表声明，再次承认错误和道歉，并表示将加强管理，同时它指出该事件涉及治安问题，已交给当地警方处理，对网络中的各种谣言，政府和警方会给出调查结果。这份声明，将全部“压力”都推给了政府和警方。除此之外，如家酒店集团在新闻发布会上的表现不尽如人意。原定 11:00 的发布会，被酒店方一推再推，直到 15:30 才正式开始。和颐品牌北方城区总经理刘红妮在发布简短的声明后便匆匆离场，在面对记者围堵和不断提问时，刘红妮大多也只是简单回应：看微博。如家酒店集团这种毫无诚意的做法，使道歉单薄无力，难以重拾消费者的信任和尊重。

3. 速度第一原则

好事不出门，坏事传千里。在危机出现的最初 12—24 小时内，消息会像病毒一样，以裂变方式高速传播。但这个时候可靠的消息往往不多，社会上充斥着谣言和猜测。企业的一举一动都将是外界评判的依据。媒体、公众和政府都将密切关注着涉事企业发布的第一份声明。对于企业危机处理的方法和立场，舆论赞成与否往往都会立刻呈现于自媒体的网民讨论之中。因此企业必须当机立断，快速反应，果决行动，与媒体和公众进行充分、有效、一致性的沟通，从而控制事态的蔓延，避免舆情恶化。

和颐酒店女生遇袭事件发生在 4 月 3 日晚，当事人第一次发布微博是在 4 月 5 日凌晨。而如家酒店集团发布的第一条声明是在 4 月 6 日凌晨，距离事发已 70 小时，网络舆论和声讨对和颐酒店及如家酒店集团都已经形成了强关注。显然，如家酒店集团错过了危机化解的最佳时刻。

4. 系统运行原则

在逃避一种危险时，不要忽视另一种危险。在进行危机管理时必须系统运作，绝不可顾此失彼。只有这样才能透过表面现象看本质，创造性地解决问题，化害为利。如家品牌部人员向腾讯财经透露[1]，“从事发 3 号到 5 号，一直是事发酒店方面在与弯弯处理问题，包括电话联系弯弯删微博事宜，并没有将问题上报，而集团与管理层都是在 4 月 5 日通过舆情监测才第一次得知事发”。得知此事后，如家酒店集团从 4 月 5 日晚开始电话联系“弯弯”，

---

[1]　方子，张琴，罗飞. 如家 CEO 孙坚回应和颐事件：个别酒店对顾客关注不够 [N/OL].(2016-04-07)[2019-1027]. https://m.hexun.com/stockrec/2016-04-06/183160141.html.

直至6日上午10:30才和弯弯取得联系。由此可见如家酒店集团缺少完整的危机应对管理方案和统一协调的部门统领。

5. 权威论证原则

在整个事件之中，如家酒店集团没有采用第三方背书的方式挽回自己的声誉，使得自说自话的危机传播管理缺少后援团。权威论证可以邀请酒店协会的监管者进行入住，邀请消费者不定期入住监督，还可以邀请新闻媒体监督，并举办旅游管理领域的专家教授座谈等。权威论证的思路和渠道很多，但是如家酒店集团并没有采取其中任何一种，只能说明这家企业的管理层从思想上就缺乏危机传播的管理意识。

一、利益相关者与企业品牌

弗里曼说，利益相关者就是能影响一个组织目标的实现或者受到一个组织实现其目标过程影响的所有个体和群体。组织（主体）存在多样性，因此对利益相关者分类的研究也不尽相同。David Wheeler 与 Maria Sillanpaa（1997）[1] 把企业的利益相关者主要分成四类（见表 10–1）：

表 10–1 利益相关者分类

序号	分类	组成
1	主要社会利益相关者	股东和投资人、普通雇员和管理者、顾客、当地社区、供应商和其他合作企业
2	次要社会利益相关者	政府和监管机构、行政机构、社会压力群体、媒体和学术评论者、贸易团体、竞争者
3	主要非社会利益相关者	自然环境、未来几代人、非人类物种
4	次要非社会利益相关者	环境保护压力群体、动物福利组织

尽管企业拥有品牌名称和商标的所有权，但真正的品牌是存在于利益相关者的心智之中的，利益相关者对品牌的看法和支持度最终决定着品牌的价值，企业品牌管理应致力于经营企业品牌与利益相关者之间的关系。

关系营销理论认为，企业营销活动是一个为利益相关者创造价值同时自己也获得价值的双向交流过程，企业的有形资产将变得不那么重要，取而代之的是企业的关系和沟通价值的提升。[2]

当然，品牌与利益相关者之间的互动关系不是凭空产生的，企业品牌和利益相关者彼此之间存在双向利益要求和期望，是品牌与利益相关者互动的根本动因，是品牌关系产生和互动的前提和基础。

---

[1] 夏恩君，薛永基，刘楠 . 基于利益相关者的企业伦理决策模型研究 [J]. 技术经济 .2008(4):103–108.

[2] KENT M L, TAYLOR M. Toward a dialogic theory of public relations[M]. Public Relations Review, 2002,28:21–37.

不同的利益相关者与企业品牌之间的需求各不相同，企业品牌关系管理应首先梳理清楚这种双向利益需求的内容和特点。无论是否有直接的商品交易行为发生，所有的利益相关者与企业之间都存在显性契约或者隐性契约，利益相关者的利益要求都源于他们与企业之间所存在的综合性社会契约。[1] 比如，对于多数企业品牌来说，顾客是最重要的利益相关者，它是企业产品价值实现和利润获得的直接来源。除了有偿获得商品或服务之外，顾客对企业品牌存在一组期望和要求：产品和企业品牌形象好，产品和服务质量高，能了解商品和消费信息，能安全消费，评价和投诉自由，得到教育，索要合法赔偿顺利等。企业对顾客也有需求和期望，如希望他们保持品牌忠诚，重复购买，以口碑传播公司的良好形象，给品牌产品或服务提出合理建议，顾客的意见（如抱怨和投诉）能通过正常渠道与企业首先沟通，顾客之间互相交流学习，建立和参与品牌社区等。

再如，随着公众社会责任感的逐步增强和媒介传播环境的变化，社会公众对企业品牌的影响力日趋强大。一般来说，社会公众期望企业品牌能够承担社会责任，实施社会营销，不破坏和污染环境，不危害人体健康，诚信经营，提供真实的企业生产和产品品牌等商品信息，传播积极向上的消费文化等。企业品牌则期望社会公众能够喜爱公司产品，适时转化为顾客，传播企业品牌积极正面的形象等。此次事件的利益相关者有：当事人弯弯、事发酒店 798 和颐酒店及其母公司如家酒店集团、收购如家酒店集团的首旅酒店、其他经济型酒店、警方、携程旅行网、已入住酒店的旅客和所有潜在旅客（所有公众）。

二、危机中对话式沟通理论

自 20 世纪 90 年代末以来，公共关系学者一直延续着 1989 年由罗恩・皮尔森提出的对话概念。[2] 皮尔森 [3] 将对话定位为公共关系的一种伦理方法，他将“与受组织行为影响的所有公众建立和维持沟通关系”定位在道德正确的层面。基于这一理念，Botan[4] 推动从业者从单向交流模式过渡到更符合道德的真诚信任的双向对话交流过程。他认为，传统的公共关系方法将公众置于次要地位，使其成为满足组织政策或营销需求的工具，而对话则将公众提升到与组织平等的沟通地位。这种关系框架标志着公共关系理论的重大转变，主张公共关系角色是组织的道德支柱，而不仅仅是组织支持系统。面向公众的沟通是在不考虑利益相关者需求的情况下真实有效地传递企业信息。

在公共关系理论对称模型的基础上，Kent 和 Taylor[5] 开发了第一个框架，用于在互联网上促进组织和公众之间的对话关系，即公共关系对话沟通的综合理论。该理论将对话定

[1] DONALDSON, SHAD. Bargaining power in Buyer Supplier Relationships[J]. Produetion and Inventory Management Journal,1999,40(1).

[2] BOTAN C H, TAYLOR M. Public relations: state of the field[J]. Journal of Communication, 2004,54(4):645–661.

[3] PEARSON R. A theory of public relations ethics[D]. Unpublished doctoral dissertation. Ohio University. 1989:329.

[4] BOTAN C H. Ethics in strategic communication campaigns: the case for a new approach to public relations[J]. Journal of Business Communication,1997,34(2):188–202.

[5] KENT M L, TAYLOR M. Toward a dialogic theory of public relations[J]. Public Relations Review, 2002,28:21–37.

义为一种交流方向，对话不是一个过程或一系列步骤。相反，它是持续沟通和关系的产物。对话的五个原则包括：一是包容和协作方向的相互性，二是就可能影响企业的问题咨询公众，三是支持和承认消费者的生活需求，四是承担系统脆弱性的风险和未预料的后果，五是为了企业和消费者的共同利益进行对话并做出承诺。

具体到内部员工所引发的企业形象危机，对话理论的应用更为关键。在以上两个危机案例中，员工与外部消费者的冲突对话，企业家与社会公众的对话，企业家与普通员工的对话，企业管理者与记者的对话（和颐酒店经理对记者说一没死人、二没着火、三没发生强奸案），企业领导层与记者的对话（如家酒店集团 CEO 接受记者采访时表示面对炒作不得不主动承担责任，需要考虑员工和企业生存），这些对话沟通在事实层面和情感层面都能有效引导消费者的认知判断和情绪走向。

2014 年，Kent 和 Taylor[1] 将参与原则作为澄清和促进公共关系对话的一种方式。他们认为：对话是一种特定类型的关系互动的产物，而不仅仅是任何交流互动。参与是对话的必要组成部分，因为没有它，就不会有真正的对话。这一概念似乎与社交媒体传播和新媒体技术的进步特别相关，因为新媒体技术是一种以前所未有的方式促进参与的资源。然而，许多研究发现，实践者（危机责任人）并没有像学者们希望的那样利用社交媒体来促进对话。[2] 如今，大多数企业公共关系部门都认识到，利用新媒体和社交网络是必要的，这一点可以从企业博客、Twitter 账户和数字内容创建的激增中得到证明。具体到本章案例，面对危机对比两家企业，显然顺丰非常善于使用新媒体发声，与外部公众进行沟通，不管是顺丰创始人王卫在自己朋友圈的发声，还是顺丰新浪官方微博的公开表态，这些与外部公众的沟通非常有效地引导了消费者对企业品牌形象的建构和认知。但是，如家酒店集团在这方面显然做得不到位，虽然公开声明情真意切，但是员工、管理层和领导层面对记者采访时的沟通对话显然与自媒体平台上的声明无法统一，让外部公众感到其对话缺少诚意，道歉也是迫不得已。

然而，社会媒体和数字工具的简单采用并不一定会导致以受众为中心的双向传播。Rybarko 和 Seltzer[3] 发现，财富 500 强公司在促进对话交流方面使用 Twitter 的次数不足，类似于传统网站、博客和其他社交媒体网站。在企业公共关系中真正使用社交媒体的对话需要从业者在适当的时候持续监控渠道并与利益相关者接触，而不是简单地将社交媒体作为另一种传统媒体。虽然如家在微博平台上发布了诚恳的道歉声明，但是在危机发生后第一时间并没有主动联系利益相关者（受害人弯弯）进行有效沟通，而是一味要求其删除微博。

---

[1] KENT M L, TAYLOR M. Dialogic engagement: clarifying foundational concepts[J]. Journal of Public Relations Research,2014, 26(5):384–398.

[2] RYBALKO S, SELTZER T. Dialogic communication in 140 characters or less: how fortune 500 companies engage stakeholders using Twitter[J]. Public Relations Review, 2010,36(4):336–341.

[3] RYBALKO S, SELTZER T. Dialogic communication in 140 characters or less: how fortune 500 companies engage stakeholders using Twitter[J]. Public Relations Review,2010,36(4):336–341.

三、危机中与内部员工沟通

在危机发生后企业如何与内部员工沟通至关重要，这一群体与其他利益相关者群体在与组织的关系类型、利害关系和认同程度方面有所不同。在这个团队中，经理和员工有不同的职能，可能导致不同的期望和响应。管理者对危机的看法取决于组织的价值观，进一步说取决于公司治理。由于违法行为具有内部控制权，公司领导和管理人员尤其担心个人名誉受损。同时，他们必须管理和协调所有其他集团的利益，并对公司的业绩和生存负责。

在危机发生过程中员工的工作满意度和组织承诺会受到危机的影响。然而，如果经理们低估了员工索赔的重要性，那么他们面临的风险比消极的工作态度更可怕。前台员工的态度可能会影响其他利益相关者群体尤其是客户。在服务公司中，员工“象征性地向客户代表组织”[1]。例如，2015 年 3 月，一架德国飞机撞上阿尔卑斯山后，许多空乘人员由于恐惧以及个人的沮丧和悲伤，拒绝工作。这种行为向客户发出强烈的信号，从而影响他们对安全和信任的看法。就和颐酒店的危机而言，如果员工在弯弯发生危机的时候，第一时间站出来维护酒店治安，就没有受害人在微博上哭诉。如果酒店经理面对记者采访时表现出关切的态度并进行自我检讨，就不会引起消费者对如家品牌的反感。如果如家 CEO 在面对记者采访时不是强调炒作而是发自内心对受害者表示关心而非迫于舆论压力道歉，公众会认为如家酒店集团从领导者到管理层再到员工都是可以改正错误、重新树立酒店良好形象的。但是，由于企业缺乏统一协作的危机传播管理预案，面对企业危机，内部缺少统一的声音，缺少统一的负责人来统筹，使其员工、管理层和领导在面对外部公众沟通的过程当中，难以树立一个真诚道歉、负责任的企业形象。

在危机传播管理当中，企业多重视对外部公众的信息沟通，而忽略了对内部员工的及时沟通。事实上，内部员工通常都希望知道他们能做什么，或者应该做些什么。如果员工需要承担一些处理危机的任务，就应该提前对他们进行教育和培训。如果危机的后果可能导致公司被迫撤销某些工作岗位（撤销可能是暂时性的或是永久性的），需要慎重地告知员工什么样的选择对他们来说是可行的，以及未来的发展情况会是怎样的。内部员工的类别有以下四种：1. 退休人员和股东；2. 管理层；3. 普通员工；4. 小时工和实习生。

危机中为什么要与内部人员交流？因为沟通能够让员工有归属感，让他们感受到自己是不可或缺的一部分。员工被告知后，应由专门指定的发言人全权代表公司发言，太多声音会让事件变得更复杂。尽量不要让内部员工通过新闻媒体了解自己企业的危机。一般来说，企业保持员工了解进程常用的方法有以下几种：1. 会议；2. 闭路电视；3. 邮件；4. 公共广播系统；5. 内部公告牌；6. 内部办公系统；7. 微信群等。

---

[1] WATERS R D, JAMAL J Y. Tweet, tweet, tweet: a content analysis of nonprofit organizations' Twitter updates[J]. Public Relations Review, 2011,37(3):321–324.

四、危机中与品牌顾客沟通

顾客是企业生存和发展的生命线，是品牌生存和发展的保障。市场上有一句口号：顾客永远是正确的。顾客的需要就是经营者的目标，认真预测顾客的需求，研究顾客的心理，认真听取顾客的意见，提供顾客满意的品牌及其服务，处理好顾客与品牌之间的利益关系，是顾客公关的主要内容。品牌建设可以作为公司所有行动的一个有效试金石：包括在会议室里、在金融市场上、在员工的协议里、在与顾客的互动关系中、在和其他利益相关者的对话中等。品牌建设和品牌关系发展的责任不仅仅是营销部门的责任，而且是整个企业所有部门的共同职责，是一项全员、全过程、全方位的事业。

一般情况下，企业在经营实践过程中面对危机，会优先考虑投资人的利益。然而，优先考虑投资者的损失可能会损害道德原则，并随后引发其他利益相关团体（如客户）的负面看法。他们对危机事件的行为反应最终会降低购买意愿，并对销售产生强烈影响。此外，客户可以通过社交媒体发泄他们的不满，有关危机的信息可以迅速传播，从而影响到更广泛的利益相关者。政府代表在违法行为中可能是一个更被动的利益相关群体，而且他们的初步评估可能缺乏个人相关性。[1] 随后对严重性的二次评估取决于组织本身和其他利益相关者群体的反应。比如在西方社会，如果顾客开始公开抱怨有害的产品，政治家们可能会把心烦意乱的顾客视为潜在的选民，从而试图通过发表同意声明来取悦他们。然而，客户的索赔有时可能与员工的索赔不一致，这给决策者造成了困惑。

具体到顺丰和如家的案例，其品牌消费者有很大的不同之处。随着物流业的飞速发展，人们日常使用快递的频次越来越高。顺丰本来就以服务品质有保障和速度快在行业内占有一席之地，唯一的不足是价格较同行业其他品牌高。而顺丰在此危机中塑造的企业形象与其一贯的低调务实的风格是统一的。反观如家在危机中表现出来的态度，面对目标消费人群（主要是企业白领和外地游客），作为经济型酒店，如家虽然价格不高但是具有广泛的受众群体，而在此次危机中它表现出来的懈怠态度让消费者非常失望。危机发生后如何修复企业品牌形象，可以从以下几个方面入手。

第一，通过公关活动增强顾客的信任感和好感。通过形式多样的公关活动促使顾客了解品牌的宗旨、政策、经营范围和特色，经常地、全面地向顾客传递品牌生产和经营的有关信息，在增强顾客的信任感和好感的基础之上建立品牌声誉。

第二，利用大数据时代的便利，实施顾客关系管理。互联网的飞速发展为搜集顾客背景资料、建立大规模、动态的数据库提供了便利条件。使用大数据挖掘工具，与“意见领袖”建立长期的、牢固的合作关系，通过消费引导，培育并维系稳定的顾客群，发挥“意见领袖”在品牌消费中的示范作用。

第三，做好新产品、新品牌的公关活动。经营者推出新产品、新品牌之前，让经销商

---

[1] FEDIUK T A, COOMBS W T, BOTERO I C. Exploring crisis from a receiver perspective: understanding stakeholder reactions during crisis events[M]//Coombs W T, Holladay S J. Handbook of Crisis Communication, MA:Wiley-Blackwell, Malden,c2012: 635–656.

和顾客对新产品、新品牌的形象、性能、特征有足够的了解，信息沟通渠道全面铺开，安排更多的市场营销人员进行推销演说，与广告、人员推销和零售促销等手段配合，扩大声势，让品牌家喻户晓。

在新组织结构模型里，所有部门和机构都围绕品牌，由于每个人都要对品牌负责，所以不再存在所谓的市场部门，构建公司品牌居于所有行动和部门的中心。在新的利益相关者环境下管理品牌，需要认真考虑公司经营、责任、活动和危机应对策略对品牌管理的影响，“品牌塑造”渗透在公司的方方面面，需要每一个员工参与。

五、危机中与业务伙伴沟通

国外学者对业务伙伴的研究主要集中在业务伙伴集中度与企业绩效相关性、业务伙伴之间的议价能力、业务伙伴的协同合作关系等方面。那么，在企业发生危机之后，业务活动对于企业度过危机有什么帮助和支持作用呢?

首先，在危机中，业务伙伴主要从经济层面支持企业。这体现在企业与供货商和客户之间的议价能力[1]方面。议价能力理论以波特提出的五力模型为代表。波特[2]认为，行业内存在供应商的议价能力、客户的议价能力、替代产品或服务的威胁力、新进入者的威胁力、现有竞争者的竞争力等五种作用力。由于这五种作用力的存在，如果企业所处的行业内客户数量较少，那么客户处于优势地位，客户的议价能力就越强，此时，企业就不得不通过提高产品质量或者降低产品价格的方式来争取客户，增加销售收入。同样，企业所处行业内，如果供应商的数量较少，那么供应商就处于优势地位，供应商的议价能力就越强，这种情况下，供应商很可能会通过降低产品质量或者提高产品价格的方式，使企业的利益受损，从而不利于企业绩效的提升。

在供求关系势力结构矩阵中，如一对多的关系，数量较少的一方往往处于优势地位。如果只在较少的供应商甚至只在单个的供应商处进行采购交易，那么供应商提供的原材料的价格和质量对企业的生产经营将产生重要的影响，并且对企业的盈利能力产生直接的影响。此时，企业对供应商的依赖程度较高，供应商的议价能力较强，根据波特的议价能力理论，企业绩效会因此受到不利的影响。同理，当企业与较少或者单一的客户进行销售交易时，表明该客户对企业的生产经营活动的重要性较高，客户议价能力强，进而对企业的绩效也会产生不利的影响。此外，Sutari[3]认为，由于企业从供应商处采购原材料，而客户进行产品销售，因此供应商议价能力的高低直接影响企业获取原材料的成本，客户议价能力的高低则直接影响企业产品的售价，进而影响企业的绩效，因此供应商和客户的议价能力对企业绩效会产生重要影响。由此可见，企业通过兼并收购等方式进行供应链上下游间的整合并在行业中形成垄断，将有可能提高企业的议价能力，进而提升企业绩效。

---

[1] Schelling(1956) 将议价能力定义为谈判双方通过不同的谈判策略与对方达成协议或者影响谈判结果的能力。

[2] PORTER M E. How competitive forces shape strategy[J].Harvard Business Review,1979.57(2):3–4.

[3] SUTARI R. Understanding industry struture[J].CMA Management, 2000,73:34–37.

其次，危机中，业务活动从产业链供给合作层面支持企业，主要体现在企业与供应商和客户之间的协同合作关系方面。企业与供应商和客户之间建立的伙伴关系是根据双方业务往来的合作事项而达成的有利于双方发展的承诺和协议。供应链上下游的企业之间需要以互相信任合作的态度，在产品的研发、技术创新、渠道开发等方面协同互助，实现业务伙伴之间资源的优势互补和信息资源的共享，促进双方的共同发展。这样能够降低供应链上的总成本，降低供应链库存，进而提升合作双方企业之间的运营以及财务绩效。由此可见，企业与供应链上下游企业之间建立合作关系，有利于提高企业的效率，获得互补资源，赢得竞争优势，最终对企业绩效的提升起到积极的作用。

Vereecke（2005）[1]利用欧洲制造企业的数据进行了更加细致的研究，发现供应链中企业之间的协作并不一定能够提高企业绩效。企业绩效与供应链上下游企业之间的协作深度有较强的相关性，因此只有加强企业与供应商和客户之间的协作，实现深入的信息资源共享，才能够提升企业绩效。

Patatoukas（2012）[2]的研究在控制影响企业绩效的其他因素、剔除行业差异后，得出企业客户集中度与财务收益率之间存在正向相关性的结论。通常情况下，大客户给企业生产经营活动的优势胜过其带来的劣势，虽然客户集中度较高的企业拥有较低的毛利率，但是集中和大批量的销售使企业的销售和管理成本下降，同时提升了存货周转率和资产的流动性。因此从总的效应来看，客户集中度高将使企业获得较高的利润率，提升企业业绩。

最后，危机中业务伙伴从品牌价值承诺视角支持企业。如果企业能够妥善处理危机，其投资人、上下游产业供货商和经销商会更加认可并主动推广其品牌价值。这有利于形成共同的品牌消费者联盟。在企业的品牌建设过程中，管理层必须适应新时代，调整组织的价值观、价值主张，即由“传统的顾客观、交易观、利润至上”转向“利益相关者价值至上”，品牌关系由“顾客—品牌关系”转向“利益相关者—品牌关系”。品牌价值是一个关于利益相关者价值需求的综合体系，即品牌价值是利益相关者价值的整合。

品牌的“价值承诺”实际上就是要满足利益相关者的价值需求和期望。同时，品牌价值主张一定要从利益相关者的价值需求出发，然后通过商业经营过程、关系互动过程，将品牌价值传递给利益相关者，使利益相关者产生对品牌的积极感知、联想、信任、认同、满意和忠诚，并通过利益相关者的人际关系和多重角色关系向外传播。另外，品牌价值一定要建立在对利益相关者有意义的价值之上，这必然要求组织能够对利益相关者的价值需求和期望有深入了解。同时，品牌价值主张要有个性、比竞争者的价值主张更切合利益相关者的需要。需要特别强调的是：大多数国有企业都有不错的价值主张或价值诉求，但这些品牌主张往往只是在各种宣传材料、公司报告或公司网页上被象征性地提及，没有转化为公司管理政策，一般的公司也没有针对各部门如何向利益相关者传递品牌主

[1] VEREECKE A, MUYLLE S. Performance improvement through supply chain collaboration: conventional wisdom versus empirical findings[R].Vlerick Leuven Gent Working Paper Series,2005.

[2] PATATOUKAS, PANOS N. Customer-base concentration:implications for firm performance and capital market[J].The Accounting Review,2012,87(2):363-392.

张而制定行动指南和考核标准。

◆ 如何看待危机公关中的“重构者”

A. 正向的危机重建者

如果企业陷入某种负面新闻或者危机当中，包括财务欺诈、商品质量问题、由员工引发的企业社会责任信誉问题，那么这时企业形象可能会一落千丈，失去合作者、供应商及客户的信任，面临各种成本的增加。巨额的损失使企业在面临危机时更有动力进行印象管理。当企业涉嫌财务欺诈或面临业绩下滑等问题的时候，企业更有动力同股东、媒体、投资分析师以及利益相关者进行沟通，从他们那里获得合法性以及声援支持。当企业涉及环境污染等社会责任问题的时候，企业倾向于对股东和利益相关者进行印象管理以重新获得合法性。[1] 当企业商品出现质量问题的时候，企业首先考虑的是通过印象管理手段来挽回消费者对产品和企业的信心。

一般来说，当企业的实际形象与其希望给外界留下的印象有差别的时候，该企业就有动力进行印象管理。危机发生之后，企业要重新塑造企业形象，这也是企业正向价值输出意愿最显著的时刻。当同行业其他企业陷入丑闻时，外界可能会猜测与其相似的企业未来也可能会陷入类似的丑闻，即存在潜在风险。因此，担心同行业的其他企业影响到自身企业声誉和形象，该企业会主动采取相应的印象管理策略。

那么如何从正向视角对企业价值进行重构呢？

首先，在危机之后，企业可以用社会化媒体营销和传统媒体传播相结合的方式重构品牌形象。一方面，传统媒体的传播背书侧重于增强消费者对企业的信赖感，增强品牌意识，提高品牌知名度，扭转企业因为负面舆论给公众留下的不良印象。另一方面，社会化媒体传播对于企业在危机之后重建形象有至关重要的作用。学者 Richard 等（2011）认为，社会化媒体营销不是单纯地丰富网站内容、视频资料，更是为消费者提供一种体验。通过对第 52 届格莱美音乐颁奖典礼进行个案分析发现，这次事件活动中，除了电视广告、户外广告及印刷品广告外，主办方还将有关提名人的视频在电视上的收视率、人物在线广告所受的关注度、粉丝们在社会化媒体上发布的相关帖子收藏在一个名为“粉丝人气观测仪”（fan buzz visualizer）的网站装置中，粉丝们可以通过互动将自己喜欢的作品推向话题高潮。这里的运营不是针对某一具体的明星，而是针对活动当中的具体作品。将这种思路关联到企业价值创造的正向输出可以看出，如果企业将形象与关联企业产品或者核心技术进行关联，就无须对企业领导人或品牌形象代言人进行过度宣传包装。因为人的不可控因素太大，而产品与技术相对更加稳定，并且也与消费者自身利益的关联性更强。

其次，从传播主体的角度来看，自我推销和产品展示是典型的最大化正面效应印象管理策略。研究发现，当创业者展示出他们创业的热情和激情的时候，更容易获得风险投资人的青睐并获得融资。同理，当企业家、企业管理层、企业员工向社会公众展示其全身心

---

[1] 金婧，印象管理理论在企业战略管理中的应用——回顾与展望 [J]. 管理学季刊，2018(2).

投入工作为消费者提供高质量产品、高水平技术、高品质服务的时候，消费者一样会对企业产生好感。当然，创业者可以通过营造一种合适的场景和氛围、着装和语言表达，发出信号来展现其专业性、对周围事物的掌控力以及对情感的约束力。比如特斯拉从来不做广告，但是特斯拉的实际控制者马斯克却是科技界的话题宠儿，其一举一动，一条私人信息发布都会成为新闻。这种不是无意识的私人生活的公共呈现，而是一种将企业声誉与个性彰显绑定的形象塑造方式。数据显示，善于通过各种视觉信号展现其专业性、掌控力和约束力的创业者更容易获得投资。自我推销的程度与获得外界认可并不是完全的正向关系，而是一个倒 U 形的关系。Parhankangas 和 Ehrlich（2014）发现当创业者在自我推销的过程中使用适当的正面语言以及适当地推销其创新性时，更容易获得天使投资的青睐。面对危机传播管理的“重构者”也是同理，社会公众面对企业危机之后适当的正面传播可以接受，但无法接收反差过大的正面形象的自我推销。比如说某国零售品牌因受到该国政治因素影响在他国遇到社会公众抵制，或者被舆论推上风口浪尖，此时它可以保持沉默或者选择道歉，而偏偏它选择了大幅度促销降价打折，虽然会有人去抢购，但无疑这会让它在舆论层面受到进一步围攻和批判。

最后，从第三方背书的角度去理解正向的危机重建要素。在企业遭遇危机之后，危机重建可以从社会公众参与和监管层背书视角出发。一方面邀请社会公众参与监督、体验，形成一种目标消费人群的自发性传播；另一方面社会监管层的认可相当于是官方的背书，对民营企业尤其重要。特别是涉及产品质量安全和标准监测检验等方面，广大消费者更愿意相信官方数据。2020 年以来由于疫情的影响，很多消费者更愿意采取线上采购的方式。与此同时一种新的零售方式应运而生，即社区营销。很多供货商绕开线下超市、线上电商，直接对接小区物业，将产品价目单和实物通过物业服务人员在朋友圈、社区群、官网呈现给社区居民。而社区居民基于对物业管理公司的信任更愿意采购内部人推荐的产品，这种营销方式中，物业管理团队成为这些商品厂家的背书者。第三方背书在互联网时代越来越从大众化营销中的弱关系因素回归到个人周边亲人、同事、邻里、社区的强关系人际信任之中。一方面这和互联网时代越来越多的网络诈骗让人产生更多警惕有关，另一方面疫情期间的各种谣言让人们更愿意相信官方媒体和监管部门的背书。纷繁复杂的信息环境让人们在辨别过程中消耗大量的精力，在此环境中，强关系传播和官方媒体组织机构背书是更有效的正向危机重建的要素之一。

B. 负向的矛盾加剧者

伴随着互联网平台的准入门槛降低和自媒体的兴盛，企业开始通过建设自有媒体平台矩阵，如企业官方微博、小程序、微信公众号、视频号等传播矩阵，绕过了训练有素的大众媒体，以一种企业营销的视角发布新闻，直接与消费者等企业利益相关者进行互动沟通。尤其是在一些事件营销和危机公关活动中，企业社交媒体能快速直接面向公众发布信息，让公众第一时间了解企业态度和整体事件的发展进程，为企业赢得宝贵的传播准备时间。在新媒体环境中，企业媒体化运作有助于推动媒体生态系统走向多元与开放，让受众更加了解企业，让企业降低信息沟通成本。

首先，印象管理研究有一个前提假设：信息不对称。如果印象管理的发动者和目标人群都有着同样的信息，那么印象管理恐怕很难奏效。负面报道发生后，企业表现出大量旨在管理组织在利益相关者心中形象的行为，即印象管理行为，它也是组织防御性印象管理行为。防御性组织印象管理（Defensive Organization Impression Management）是指突发事件引起声誉威胁后，组织以向各大媒体发出声明的方式，使用否认、辩解、道歉和补偿等具体策略，影响社会公众对组织形象认知的行为。但是，由于在利益相关者中，企业往往会优先考虑股东和上层管理者的声誉维护，会第一时间否认。如2019年京东刘强东事件中其公关部门第一时间的辟谣策略反而让相关讨论愈演愈烈，这种一开始否认后来又承认的策略会让企业在公众心中形成“无法信任”“撒谎狡辩者”的印象。

其次，媒体作为信息传播的放大器，在信息时代的影响力巨大。随着社会公众社会责任意识的增强，消费者会格外关注企业在各种灾情之中承担社会责任的行为。比如2021年7月20日河南发生罕见暴雨后城市严重内涝，鸿星尔克表示捐助物资和善款共计5,000万元，一时之间网民掀起了抢购鸿星尔克产品的热潮，使这家原本已经淡出营销舆论圈的运动品牌短短三天内销售额超过7,000万元。可见企业的社会责任在媒体的关注报道和网友自发关注之下，会成为联系社会公众和利益相关者的有利纽带。从2008年的三鹿奶粉事件、汶川地震万科捐款门事件、2010年富士康员工连续跳楼事件，到2017年的海底捞后厨卫生事件等，企业危机在社会公众眼中会成为其建构社会责任形象的一部分，一旦企业的社会责任履行不当则会给企业带来声誉损失甚至破产威胁。

最后，企业内部员工尤其是管理层接受媒体采访或者使用职务身份认证的公开自媒体账号对公众发表与危机相关的言论时，不能将个人在小范围内的情绪带入社交平台，因为此刻企业内部员工代表的是企业在危机中的态度问题。如和颐酒店店长的不当言论，对女性顾客不屑和不尊重的态度，让广大消费者在情感上无法接受。2021年8月初某汽车品牌在内部工作群讨论邀请已被公安机关拘捕的犯罪嫌疑人明星吴某作为自己的代言人，引起了社会公众极大反感。通过挑战社会公序良俗和道德底线来做营销，不免让企业陷入尴尬。该品牌CEO公开表示：出这个主意的市场公关部负责人，和参与讨论并发表不当言论的半个品牌公关团队将全部被开除，需要让这些员工付出代价！该品牌迅速发表声明称：个别人员相关言论严重挑战社会主流价值观，给社会带来极其恶劣的影响，违背了公司原则和宗旨，公司决定立即开除市场公关部负责人，群内所有发表不当言论的人员也同时被开除。这个案例生动表明了，员工内部行为一旦被赋予了企业品牌信息，就会和企业形象绑定，消费者不会管它是不是员工和管理者的私德问题，会理所当然将其认定为职务行为。

➢ 课后思考题

1. 请问顺丰面对员工被欺辱的事件如果不表态会怎样？顺丰官方表达的内容是对外界公关还是对内部公关？内部公关和外部公关之间的关系是什么？

2. 请问在和颐酒店女生遇袭事件中酒店是否应该承担责任？为什么？从危机公关的角

度看，酒店员工和酒店经理在危机中负有哪些不可推卸的责任？和颐酒店经理的危机传播出现了什么错误？

3. 对比顺丰快递员被打和和颐酒店女生遇袭事件，对比公众对待社会弱者的态度有哪些异同之处？企业在面对自身员工或者酒店公共区域发生的欺凌事件中承担着哪些责任？

后 记

“千呼万唤始出来，犹抱琵琶半遮面”，书稿付梓，是对笔者十年教学工作的一个阶段性总结。2011 年笔者从华中科技大学博士毕业进入北京工商大学广告系任教，正式走上了大学讲台。从“广告策划”“商业创意与品牌传播”“危机传播管理”到“品牌传播与实务”“新闻传播政策法规与伦理”“Media Ethics and Regulation”等课程，在教学相长的过程中，逐渐加深了对于企业品牌传播和危机传播管理的理解和认知。同时，笔者作为主要执行人参与了北京市国资委委托课题“国有企业品牌形象建设”（2014—2016 年），作为主持人获批国家社科基金青年项目（2019 年）、教育部社科青年项目（2018 年）、北京市高校教师人才队伍建设“拔尖人才”项目（2017 年），在项目执行过程中，调研了大量企业，发现企业对危机传播管理人才的渴求。

笔者在研究企业危机传播管理案例的过程中，吸收了众多前辈学者的思想成果，也得到了很多企业经营管理者的访谈支持，没有他们的成果指引和经验分享，这本书不会成形。近年来，伴随着媒介技术突飞猛进，信息分享和传递方式日新月异，无形中改变了危机扩散方式、危机停留在受众心中的时长、不同类型的危机对品牌的伤害及修复措施，种种现象促使研究者从实践中反思，探析案例共性，梳理逻辑架构，传承发展，力求有所突破。

在书稿的写作过程中，笔者提炼、归纳了本科生在“危机传播管理”课堂上的小组辩论观点，其中部分观点被吸纳进相关章节。站在 95 后、00 后的视角有助于理解未来一代眼中的危与机，也能透过年轻人的视角去看待企业危机处理态度是否能被公众所接纳。与此同时，在案例教学过程中如何创新教学方法，让涉世未深的学生能够理解企业面对危机事件中的传播策略、媒介选择、传播内容，提升学生危机识别能力和危机传播的应变能力，也是本书希望与各位同行一起探讨的话题。

最后，笔者要感谢中国传媒大学出版社副社长张毓强教授和张莉莉编辑的指导和帮助。尤其在与张莉莉老师沟通稿件校对、图片选取的过程中，我深深被她的责任心和耐心细致打动。笔者深知这本书案例选取挂一漏万，观点尚有不成熟之处，烦请各位专家学者与业界同行批评指正。本书案例资料来源为严肃性学术网站、企业财报、媒体公开报道，引用出处均已标注，但由于各种原因，无法与著作权人一一取得联系，在此一并致谢。如有版权问题，请与我们联系。

2021 年 10 月 26 日于北京

图书在版编目（CIP）数据

企业危机传播管理/ 张慧子著. -- 北京：中国传媒大学出版社，2022.2
ISBN 978-7-5657-3080-1

Ⅰ.①企… Ⅱ.①张… Ⅲ.①企业危机—传播学—研究
Ⅳ.①F272.35

中国版本图书馆CIP数据核字（2021）第210624号

新闻学与传播学"十四五"规划教材·案例型系列教材
企业危机传播管理
QIYE WEIJI CHUANBO GUANLI

著　　者	张慧子
策划编辑	张莉莉
责任编辑	张莉莉
封面设计	拓美设计
责任印制	李志鹏

出版发行	中国传媒大学出版社		
社　　址	北京市朝阳区定福庄东街1号	**邮　　编**	100024
电　　话	010-65450532　65450528	**传　　真**	65779405
网　　址	http://cucp.cuc.edu.cn		
经　　销	全国新华书店		

印　　刷	三河市东方印刷有限公司
开　　本	787mm×1092mm　1/16
印　　张	13.75
字　　数	300千字
版　　次	2022年2月第1版
印　　次	2022年2月第1次印刷

书　　号 ISBN 978-7-5657-3080-1 / F·3080　　**定　　价** 56.00元